CB137759

O diário de ANNE FRANK

O diário de ANNE FRANK

Tradução
Georgia Mariano

Principis

Esta é uma publicação Principis, selo exclusivo da Ciranda Cultural
© 2019 Ciranda Cultural Editora e Distribuidora Ltda.

Texto
Anne Frank

Tradução
Georgia Mariano

Revisão
BR75 | Clarisse Cintra e Silvia Baisch
Fernanda R. Braga Simon

Produção e projeto gráfico
Ciranda Cultural

Dados Internacionais de Catalogação na Publicação (CIP) de acordo com ISBD

F828d Frank, Anne, 1929-1945

O diário de Anne Frank: The Diary of Anne Frank / Anne Frank. - 6. ed. - Jandira, SP : Principis, 2019.
224 p. ; 16cm x 23cm.

Inclui índice.
ISBN: 978-65-509-7040-6

1. Biografia. 2. Frank, Anne. I. Título.

2019-2265 CDD 920
CDU 929

Elaborado por Odilio Hilario Moreira Junior - CRB-8/9949

Índice para catálogo sistemático:
1. Biografia 028.5
2. Biografia 82-93

6ª edição em 2020
www.cirandacultural.com.br
Todos os direitos reservados.
Nenhuma parte desta publicação pode ser reproduzida, arquivada em sistema de busca ou transmitida por qualquer meio, seja ele eletrônico, fotocópia, gravação ou outros, sem prévia autorização do detentor dos direitos, e não pode circular encadernada ou encapada de maneira distinta daquela em que foi publicada, ou sem que as mesmas condições sejam impostas aos compradores subsequentes.

SUMÁRIO

PREFÁCIO

Anne Frank era uma garota muito observadora, inteligente, que adorava escrever. Quando fez 13 anos, ganhou um caderno de capa dura, que naquela época era usado para colecionar autógrafos. Assim que viu o presente, teve a ideia de usar para fazer um diário. Inventou uma amiga chamada Kitty e passou a escrever cartas para ela, contando tudo o que se passava na sua cabeça: as confidências de uma adolescente, sua visão do mundo e os acontecimentos do cotidiano.

Anne e sua família eram judeus de origem alemã e moravam em Amsterdã, na Holanda. Era 1942, auge da Segunda Guerra Mundial. A perseguição de Hitler aos judeus se tornou insuportável, por isso a família Frank, juntamente com amigos, escondeu-se e viveu na clandestinidade por mais de dois anos.

Longe da escola, dos amigos e da liberdade, Anne Frank se apegou cada vez mais à sua amiga de papel e produziu textos recheados de informações detalhadas e clareza impressionante. O documento sobreviveu à guerra, ao holocausto e ao tempo. Mais de 70 anos depois, é um dos livros mais vendidos de todos os tempos. Foi traduzido para 60 idiomas, virou filme, peça de teatro, minissérie, desenho animado e história em quadrinhos.

DOMINGO, 14 DE JUNHO DE 1942

Vou iniciar a partir do instante em que ganhei você, quando o vi na mesa, entre meus outros presentes de aniversário. (Eu estava junto quando você foi comprado, mas isso não faz diferença.)

Na sexta-feira, 12 de junho, eu estava acordada às seis horas da manhã, o que não era surpreendente, uma vez que era o meu aniversário, mas, como não tinha permissão para levantar àquela hora, fiquei na cama um pouco mais. Controlei a minha curiosidade até as seis e quarenta e cinco. Quando não pude me segurar mais, corri até a sala de jantar, onde minha gata Moortje fez muita festa para me cumprimentar.

Um pouco depois das sete, falei com meus pais e fui com eles para a sala para abrir meus presentes. Foi você, meu diário, que vi primeiro. E era, sem dúvida, o melhor de todos. Também ganhei flores. Rosas, peônias e um vaso de planta. Meus pais me deram uma blusa azul, um jogo, uma garrafa de suco de uva, que para mim parecia um pouco com vinho (afinal de contas, vinho é feito de uva), um quebra-cabeça, um pote de creme para o corpo, 2,50 florins e um vale-presente para dois livros. Ganhei outro livro também, chamado *Câmara Escura* (mas Margot já tinha, então troquei o meu por outra coisa), um prato de biscoitos caseiros (que eu mesma fiz, é claro, já que estou virando uma especialista em assar biscoitos), muitos doces e uma torta de morangos da mamãe. E uma carta da vovó, bem no dia, mas é claro que foi uma coincidência.

Depois, Lies veio me buscar para irmos à escola. Antes de começar as aulas, comemorei com distribuição de doces para os professores e colegas.

Por hoje vou terminar. Estou muito contente em ter você, meu diário.

SEGUNDA-FEIRA, 15 DE JUNHO DE 1942

Fizemos a minha festa de aniversário no domingo à tarde. Assistimos em casa a um filme do Rin Tin Tin, que foi o maior sucesso. Falamos muitas bobagens e nos divertimos bastante. Vieram vários amigos e amigas. A mamãe sempre quer saber com quem eu quero me casar. Acho que ela ficaria espantada se soubesse que gosto do Peter Wessel. Sempre finjo que não estou nem aí quando falam dele.

Há anos convivo com a Lies Goosens e a Sanne Houtman. Elas já foram minhas melhores amigas. Recentemente conheci Jopie van der Waal na Escola Judaica. Passamos muito tempo juntas e hoje ela é a minha melhor amiga. A Lies anda mais agora com uma outra amiga, e a Sanne frequenta outra escola, onde também arranjou uma amiga.

SÁBADO, 20 DE JUNHO DE 1942

Querida Kitty,

Escrever um diário é realmente uma experiência estranha para alguém como eu. Não apenas porque nunca escrevi nada antes, mas também porque me parece que, mais tarde, nem eu nem ninguém achará algo interessante nos desabafos de uma garota de 13 anos. Mas isso não importa. Gosto de escrever e quero aliviar o meu coração de todos os pesos.

"O papel é mais paciente do que os homens." Muitas vezes penso isso quando, nos meus dias melancólicos, coloco a cabeça entre as mãos e não sei o que fazer comigo. Ora quero ficar em casa, ora quero sair e, na maior parte das vezes, fico sem sair do lugar. Sim, o papel é paciente! E não pretendo mostrar este caderno com o nome pomposo de diário para ninguém. A não ser que um dia eu encontre um amigo verdadeiro, isso provavelmente não fará muita diferença.

E agora volto ao ponto principal de todas essas considerações: não tenho um amigo de verdade!

Vou me explicar melhor, pois ninguém pode compreender que uma garota de 13 anos se sinta só. É mesmo estranho. Tenho pais amorosos, uma irmã de 16 anos, uns 30 conhecidos que podem ser chamados de amigos. Tenho um bando de admiradores que me fazem todas as vontades. Na aula, eles olham meu rosto com um espelhinho de bolso e só se dão por satisfeitos quando eu rio. Tenho parentes, tias e tios, muito simpáticos, uma casa bonita e, pensando bem, não me falta nada senão uma amiga de verdade! Com todos os meus numerosos conhecidos só consigo fazer bobagens ou falar sobre coisas banais. Pode ser que essa falta de confiança seja defeito meu. Mas não há nada a fazer e lamento não poder mudar as coisas. É por isso que comecei o diário.

É para eu fazer de conta que tenho uma grande amiga. A este diário que vai ser minha grande amiga, vou dar o nome de Kitty.

A minha conversa com Kitty seria difícil de entender se eu não contasse primeiro a história da minha vida, embora sem grande vontade.

Quando meus pais se casaram, o meu pai tinha 36 anos, e a minha mãe, 25. Minha irmã Margot nasceu em 1926, em Frankfurt. E, em 12 de junho de 1929, eu nasci. Como somos judeus, emigramos, em 1933, para a Holanda, onde meu pai se tornou diretor da Travis A-G. Esta empresa trabalha em estreita ligação com a Kolen & Co., no mesmo edifício.

A nossa vida decorria com preocupações habituais, pois as pessoas de família que ficaram na Alemanha não escaparam das perseguições de Hitler. Depois dos *pogroms* de 1938, os dois irmãos de minha mãe fugiram para os Estados Unidos. Minha avó, com 73 anos, veio morar com a gente.

A partir de 1940 foram acabando os bons tempos. Primeiro veio a guerra, depois a capitulação, em seguida a entrada dos alemães. E então começou a miséria. Nossa liberdade foi restringida por uma série de leis contra os judeus. Obrigaram-nos a usar a estrela amarela e a entregar as bicicletas. Não nos deixavam andar nos bondes e muito menos de automóvel. Os judeus só podiam fazer compras das três às cinco horas e só em lojas judaicas. Não podiam sair à rua depois das oito da noite nem sequer ficar no quintal ou na varanda. Não podiam ir ao teatro nem ao cinema, nem frequentar qualquer lugar de divertimentos. Também não podiam nadar, nem jogar tênis ou hóquei, nem praticar qualquer esporte. Os judeus não podiam visitar os cristãos. As crianças judaicas eram obrigadas a frequentar escolas judaicas. Cada vez saíam mais leis... Toda a nossa vida estava sujeita a enorme pressão. Jopie dizia a cada passo: "Já nem tenho coragem para fazer seja o que for porque tenho sempre medo de fazer qualquer coisa que seja proibida".

A vovó morreu em janeiro. Ninguém imagina o quanto eu gostava dela e que falta ela me faz. Em 1939, me mandaram para o jardim-escola Montessori. Depois, estudei ainda as primeiras séries primárias naquela escola. No último ano, a diretora, a senhora K., era chefe da minha turma. No fim do ano, despedimo-nos comovidas e ambas choramos muito. Desde o ano passado, a Margot e eu frequentamos a Escola Judaica. Ela está na nona série, e eu, na sexta.

SÁBADO, 20 DE JUNHO DE 1942

Querida Kitty,

Está tudo tão calmo agora! Papai e mamãe saíram, e a Margot foi jogar pingue-pongue com uns amigos. Eu também tenho jogado bastante pingue-pongue nos últimos tempos. Tanto que quatro de nós formamos um clube chamado A Ursa Menor Menos Duas. Um nome realmente bobo, mas é baseado em um erro. Nós queríamos batizar o clube com um nome especial e, como éramos cinco, tivemos a ideia de chamá-lo Ursa Menor. Achávamos que ela tinha cinco estrelas, mas estávamos enganadas. Tinha sete, como a Ursa Maior, o que explica o Menos Duas. Ilse Wagner tem uma mesa de pingue-pongue, e o casal Wagner nos deixa jogar na ampla sala de jantar sempre que desejamos. Como nós cinco gostamos muito de tomar sorvetes, principalmente no verão, e como sente-se muito calor jogando pingue-pongue, o jogo acaba quase sempre numa visita a alguma das confeitarias onde os judeus ainda podem entrar: Delphi ou Oasis. Há muito tempo paramos de procurar dinheiro na bolsa, na maioria das vezes a loja está sempre bem cheia e no meio de tanta gente costuma ter alguém conhecido, até um ou outro admirador. E eles oferecem tantos sorvetes que a gente não conseguiria tomar tudo nem em uma semana.

Você deve ter ficado admirada por eu, apesar de tão nova, já falar em admiradores. Infelizmente, ou não, isso parece inevitável na nossa escola. Quando um dos garotos pergunta se pode me acompanhar até minha casa de bicicleta, é certo que se apaixone logo por mim e que não me perca de vista durante algum tempo. Depois, pouco a pouco, sossegam, principalmente porque eu faço de conta que não vejo os olhares apaixonados e continuo alegremente a pedalar. Se aquilo passa do limite, começo a fazer umas manobras na minha bicicleta, a pasta cai no chão, e o garoto é obrigado a descer da bicicleta dele para pegar a pasta e me entregar. Nesse meio tempo, mudo o assunto da conversa.

Esses são os mais inofensivos. Tem alguns que nos atiram beijos ou nos tocam no braço, mas eles estão definitivamente tentando com a pessoa errada. Quando isso acontece, desço da bicicleta e falo que dispenso a companhia dele ou finjo que estou ofendida e mando passear. E pronto, Kitty, agora já podemos ser boas amigas.

Até amanhã!

Sua Anne.

DOMINGO, 21 DE JUNHO DE 1942

Querida Kitty,

A turma inteira está em polvorosa. O motivo, é claro, é que a reunião de conselho dos professores está chegando. Metade da turma passa o tempo apostando quem passa de ano e quem repete. A Miep de Jong e eu quase morremos de tanto rir por causa dos dois garotos sentados atrás da gente, C.N. e Jacques Kocernoot, que apostaram todo o dinheiro reservado para as férias. Rezam de manhã até a noite. “Vai passar”, “Não vou”, “Vai sim”, “Não vou”... De nada adiantam os olhares suplicantes da Miep; nem minhas crises de raiva os sossegaram. Se você me perguntar, tem tantos burros na minha turma que, se dependesse de mim, reprovava a metade. Mas os professores são as pessoas mais imprevisíveis do mundo. Quem sabe desta vez eles sejam imprevisíveis da maneira certa, para variar. Não estou preocupada por mim ou pelas minhas amigas.

Nós vamos passar. A única matéria que estou na dúvida é Matemática. De qualquer modo, tudo que podemos fazer é esperar. Até lá, continuamos dizendo uns aos outros para não perder as esperanças.

Eu me dou razoavelmente bem com os professores. Ao todo são nove, sete homens e duas mulheres. O senhor Keptor, o velho professor de Matemática, implicava comigo por eu falar demais. Depois de várias broncas, ele me mandou um trabalho de casa extra, uma redação com o tema: Uma tagarela. Uma tagarela! O que se poderia escrever sobre isso? Vou me preocupar com isso depois, pensei. Enfiei o dever no caderno, coloquei-o na pasta e tentei ficar quieta.

Naquela noite, depois que terminei todos os outros deveres, eu me lembrei da redação. Comecei a pensar sobre o tema enquanto mordia a ponta da caneta-tinteiro. Qualquer um pode escrever umas bobagens, com as palavras bem separadas, mas encontrar uma razão evidente da necessidade de falar, aí é que estava o grande problema. Pensei e tornei a pensar e, de repente, tive uma ideia.

Escrevi as três folhas que o senhor Keptor pediu e fiquei satisfeita. Argumentei que falar era próprio das mulheres e que eu me esforçaria para mudar, mas nunca conseguiria completamente, porque a minha mãe falava tanto quanto eu, se não mais. E, como era sabido, contra defeitos hereditários, pouca coisa podemos fazer.

O senhor Keptor riu da minha explicação. Mas, quando na próxima aula falei de novo, ele me mandou fazer outra redação: A tagarela incurável. Escrevi como pude e durante duas aulas me comportei bem. Mas na terceira aula não aconteceu o mesmo, e o senhor Keptor achou que o meu mau comportamento passava dos limites.

– Anne, como castigo por sua tagarelice, vai fazer uma redação com o tema: Quac, quac, quac! Lá vem a dona pata.

A turma morreu de rir. Também ri, embora me parecesse que tinha esgotado a minha criatividade para redações sobre o tema. Tinha de encontrar alguma coisa nova, original. A minha amiga Sanne, boa em poesias, me aconselhou a tratar o assunto em versos e se ofereceu para me ajudar. Fiquei animada. O Keptor queria fazer pouco de mim, mas eu podia dar o troco.

Fiz um poema que foi um sucesso. Era sobre uma mãe pata e um pai cisne. Tinham três patinhos que de tanto fazer barulho foram bicados pelo pai até morrer. Felizmente o Keptor compreendeu a brincadeira e leu o poema em voz alta na nossa e nas outras turmas. Desde então, posso falar sem que o Keptor me passe redações como castigo. Agora ele é quem faz piadinhas a toda hora.

Sua Anne.

QUARTA-FEIRA, 24 DE JUNHO DE 1942

Querida Kitty,

Está o maior calorão. Todos estão bufando e exaustos, e neste calor eu tenho que andar a pé. Só agora compreendo o prazer de andar no bonde ou nos carros abertos, mas esse luxo não é mais permitido para nós, os judeus. Temos de nos contentar com nossos próprios pés. Ontem, na hora do almoço, tive de ir ao dentista na Jan Luykenstraat. É longe da nossa escola, na Stadstimmertuinen. Na aula da tarde, por pouco não dormi. Felizmente há pessoas amáveis que nos oferecem de beber mesmo sem pedirmos nada. A ajudante do dentista é realmente muito gentil.

Só um meio de transporte ainda nos é permitido: a barca. O barqueiro no cais de Joseph-Israel nos leva para a outra margem. Não é por culpa dos holandeses que a vida é dura para os judeus.

Ai, se não precisasse ir para a escola! Durante as férias da Páscoa, roubaram minha bicicleta, e o papai levou a da mamãe para uma casa mais segura, de amigos cristãos! Felizmente as férias estão chegando. Mais uma semana e estou livre disso!

Ontem de manhã aconteceu-me uma coisa engraçada. Quando passei por aquele lugar onde costumava guardar a minha bicicleta, ouvi alguém me chamar. Olhei para trás e vinha um garoto simpático que, na noite anterior, eu tinha visto na casa da Eva, uma conhecida minha. Ele é primo em segundo grau dela. Eu achava a Eva legal, e ela é, mas está sempre falando sobre garotos, e isso às vezes fica chato. Um pouco tímido, disse-me o seu nome: Harry Goldberg. Fiquei admirada, não sabia bem o que ele queria de mim. Mas logo descobri. Queria acompanhar-me à escola.

– Se você estiver indo na mesma direção que eu, vou com você – falei. E andamos lado a lado.

O Harry já tem 16 anos e sabe contar histórias engraçadas. Hoje de manhã, estava, de novo, à minha espera. Espero que isso continue por algum tempo.

Anne.

QUARTA-FEIRA, 1º DE JULHO DE 1942

Querida Kitty,

Até hoje ainda não tive tempo para escrever para você. Quinta-feira fiquei a tarde toda com amigos. Sexta tivemos visitas e assim por diante, até hoje. Harry e eu nos conhecemos melhor nesta semana. Contou-me muita coisa dele. Ele é de Gelsenkirchen e mora com os avós. Os pais estão na Bélgica, mas não tem como ele ir para lá.

Harry tinha uma namorada chamada Fanny. Eu a conheço também. É uma garota fofa e sem-graça. Desde que o Harry me conheceu, percebeu que Fanny quase o fazia dormir de tédio. E eu sou para ele uma espécie de estimulante. Nunca sabemos como a gente pode ser útil para alguém.

Sábado, a Jopie dormiu aqui em casa. Na tarde de domingo ela foi para casa da Lies e eu fiquei entediada. À noite ia ver o Harry, mas às seis ele me ligou:

– Aqui é Harry Goldberg. Por favor, posso falar com a Anne?

– Sou eu mesma.

– Boa noite, Anne. Como está?

– Bem, obrigada.

– Infelizmente não posso ir aí à noite. Mas queria muito falar com você. Pode descer daqui a dez minutos?

– Está bem. Até já.

– Tchau.

Troquei de roupa rapidinho e dei um jeito no cabelo. Eu estava tão nervosa que fiquei na janela esperando por ele. Finalmente, ele chegou. Por um milagre não me joguei escada abaixo, e sim esperei calmamente até ele tocar a campainha. Fui até a porta e ele foi direto ao assunto.

– Anne, minha avó acha que você é nova demais para mim. Ela acha que eu devia visitar os Lowenbach, mas você deve saber que eu não estou mais saindo com a Fanny.

– Não, eu não sabia. O que aconteceu, vocês brigaram?

– Não, nada disso. Eu disse à Fanny que não combinamos um com o outro e, por isso, não vale a pena nos encontrarmos. Disse a ela que pode continuar indo à minha casa e que eu também continuarei a ir à casa dela. Na verdade, desconfiei que a Fanny estivesse saindo com outro garoto e eu a tratei como se estivesse. Mas não era verdade. Meu tio achou que devia pedir-lhe desculpa, porém eu não quis e terminei com ela. Mas esse foi apenas um dos motivos.

– Agora a vovó insiste que eu saia com a Fanny, não com você. Às vezes, os mais velhos têm ideias antiquadas, mas isso não significa que eu tenha que concordar com eles. Eu dependo dos meus avós, mas de certa maneira eles também dependem de mim. Às quartas à tarde estou sempre livre. Veja só, meus avós me obrigaram a me inscrever em uma aula de gravura em madeira, mas na verdade eu vou a um encontro organizado pelos sionistas. Meus avós não querem que eu vá, porque eles são antissionistas. Não sou um sionista fanático, mas isso me interessa. De qualquer modo, tem estado meio desorganizado nos últimos tempos e pretendo deixar de ir. Na próxima quarta será minha última reunião. Assim, podemos nos encontrar nas quartas à noite, sábados à tarde e à noite e no domingo à tarde, e talvez até mais vezes.

– Mas, se os seus avós não estão de acordo, você não deve fazer isso escondido.

– No amor, ninguém manda.

Passamos pela livraria Blankevoort e lá estava o Peter Wessel com mais dois garotos. Era a primeira vez que ele falava comigo em muito tempo, e isso realmente me deixou feliz. Harry e eu andamos e tornamos a andar em volta do bairro e, por fim, combinamos que ele me esperasse na tardinha seguinte às cinco para as sete, em frente à casa dele.

Segunda à noite, Harry veio aqui conhecer os meus pais. Eu tinha comprado um bolo e alguns doces, e tomamos chá com biscoitos. Mas nem eu nem Harry queríamos ficar quietinhos sentados em nossas cadeiras, então saímos para caminhar, e eram oito e dez quando ele me deixou em casa.

O papai ficou muito bravo. Ele disse que eu estava muito errada em não voltar para casa no horário. Tive que prometer estar sempre em casa, pontualmente, às dez para as oito nas próximas vezes. Fui convidada para ir à casa do Harry no domingo.

Vilma me contou que o Harry esteve outro dia na casa dela, e que ela perguntou para ele:

– Quem acha mais simpática: a Fanny ou a Anne?

– Não é da sua conta! – respondeu ele.

Então não falaram mais no assunto, mas, ao se despedir, o Harry disse:

– A Anne é mais simpática, claro, mas não precisa falar isso para ninguém. Tchau!

E vupt!, saiu porta afora.

Por tudo o que ele diz ou faz, sinto que o Harry está apaixonado por mim e, para variar, isso é engraçado. A Margot diria que ele é um tipo simpático. Eu também o acho simpático, mas ele é mais do que isso.

A mamãe está encantada com ele. "Um garoto bonito, muito gentil e bem-educado." Estou feliz que o Harry seja popular com todo mundo. Exceto com as minhas amigas. Ele acha todas elas muito infantis, e tem razão. Jopie continua implicando comigo por causa dele, mas não estou apaixonada. Não mesmo. Tudo bem por eu ter garotos como amigos. Ninguém se importa.

Sua Anne.

DOMINGO, 5 DE JULHO DE 1942

Querida Kitty,

A festa de fim de ano no Teatro Israelita, na sexta-feira, aconteceu como o previsto. Meu boletim não foi tão ruim. Recebi um D, um C em Álgebra e o resto foi B, exceto por dois B+ e dois B-. Meus pais ficaram satisfeitos, mas eles não são como outros pais em relação a notas. Não ligam muito para notas boas ou ruins. Desde que eu tenha saúde, seja feliz e bem-comportada, eles estão satisfeitos. Se essas três coisas estão bem, todo o resto vai dar certo.

Eu sou justamente o contrário. Não quero ser uma estudante fraca. Fui aceita na Escola Israelita sob condições. Eu deveria estar no último ano da Escola Montessori, mas, quando todos os alunos judeus tiveram que se transferir para escolas israelitas, o diretor, o senhor Elte, depois de muita conversa, aceitou a mim e a Lies, mas com muitas reservas. Ela também passou de ano, embora tivesse que fazer de novo a prova de Geometria.

Minha irmã também recebeu seu boletim. Brilhante, como de costume. Se houvesse algo como prêmio por distinção e louvor, ela teria a mais alta classificação, pois é muito inteligente.

O papai passa muito tempo em casa agora. Não tem nada para ele fazer no escritório. Deve ser uma sensação horrível isto de uma pessoa se sentir, de repente, posta de lado. O senhor Koophuis tomou conta da Travis juntamente com o senhor Kraler, da firma Kolen & Co., da qual o papai também era sócio.

Há alguns dias, quando estávamos passeando, o papai me disse que provavelmente teremos de ir para um esconderijo. Disse que vai ser difícil viver isolados do mundo. Perguntei por que é que falava assim.

– Bem, Anne, você sabe que há mais de um ano estamos guardando roupas, móveis e comida em um lugar. Não queremos deixar cair o que é nosso nas mãos dos alemães. E muito menos queremos, nós mesmos, cair nas mãos deles. Por isso não vamos esperar até que venham nos buscar.

O rosto muito sério do meu pai me inquietou.

– Quando vai ser, papai?

– Não se preocupe, vamos cuidar de tudo. Aproveite a sua liberdade enquanto for possível.

Foi tudo. Tomara que essas palavras sombrias não se tornem realidade tão cedo!

A campainha está tocando. Harry está aqui, é hora de parar.

Sua Anne.

QUARTA-FEIRA, 8 DE JULHO DE 1942

Querida Kitty,

Parece que se passaram muitos anos desde domingo de manhã. Aconteceu tanta coisa que tenho a impressão de que o mundo virou de cabeça para baixo. Contudo, Kitty, ainda estou viva, e isso é o principal, como papai diz. Sim, estou viva, mas não queira saber de que maneira.

Você provavelmente não está entendendo uma palavra do que eu estou dizendo hoje, por isso, antes de mais nada, vou contar o que se passou no domingo à tarde.

Às três horas (Harry tinha saído, mas deveria voltar mais tarde) a campainha tocou. Eu não tinha ouvido nada porque estava na varanda, preguiçosamente lendo ao sol. Um instante depois a Margot, toda agitada, apareceu à porta da cozinha e cochichou:

– O papai recebeu uma convocação da SS. A mamãe já foi falar com o senhor Van Daan (o senhor Van Daan é sócio do papai e um grande amigo).

Fiquei atônita. Uma convocação para o papai... Todo mundo sabe o que isso significa. Vi surgir na minha mente imagens de campos de concentração e celas solitárias. Como poderíamos deixar o papai ir para um destino desses?

– É claro que ele não vai – disse a Margot quando nos encontramos na sala de estar, à espera de minha mãe.

– A mamãe foi à casa dos Van Daan para combinar se não seria melhor irmos para o esconderijo já amanhã. Os Van Daan vão conosco; somos, ao todo, sete.

Um grande silêncio. Não fomos capazes de dizer mais uma palavra. A ideia de que o papai estava visitando alguém no Hospital Israelita, sem suspeitar coisa alguma, a demora da mamãe, o calor, a tensão... tudo isso nos emudecia.

De repente, tocou a campainha.

– É o Harry! – disse eu.

– Não abra!

A Margot quis me deter, mas nem foi preciso. Escutamos a mamãe e o senhor Van Daan falando com o Harry. Depois que ele foi embora, entraram e fecharam a porta. A cada toque da campainha ou Margot ou eu tínhamos de descer sem fazer barulho, para ver se era o papai. Não devíamos deixar entrar mais ninguém. Mandaram que nós saíssemos do quarto. O Van Daan queria falar a sós com a mamãe.

Enquanto esperávamos no nosso quarto, a Margot me disse que a convocação não tinha sido para o papai, mas, sim, para ela. Levei, de novo, um susto horrível e desatei a chorar desesperadamente. A Margot tem 16 anos. E eles obrigam garotas assim a partir sozinhas. Felizmente ela não vai se separar de nós. A mamãe tinha repetido as palavras do papai quando me falou em nos escondermos.

Onde vamos nos esconder? Na cidade, no campo, num edifício qualquer, numa cabana, quando, como, onde? Não posso fazer essas perguntas em voz alta, mas elas andam o tempo todo na minha cabeça.

A Margot e eu começamos a guardar nas pastas da escola o que nos parecia mais necessário. A primeira coisa que peguei foi este caderno, depois os rolinhos para cabelo, lenços, livros escolares, um pente e cartas velhas. Guardei nas malas coisas estranhas, mas não estou arrependida. Lembranças são mais importantes do que vestidos.

O papai finalmente chegou, por volta das cinco horas. Telefonou ao senhor Koophuis e pediu-lhe que viesse a nossa casa à noite. O senhor Van Daan foi buscar a Miep, que veio e colocou sapatos, vestidos, casacos e roupas de baixo numa mala. Prometeu voltar à tardinha. Depois disso reinou o silêncio na nossa casa. Ninguém quis comer. O calor continuava e tudo parecia muito estranho!

O quarto grande, no andar de cima, estava alugado a um tal senhor Goudsmit, um homem divorciado, de mais ou menos 30 anos, que aparentemente não tinha nada o que fazer naquela noite, pois, apesar de todas as nossas indiretas educadas, ficou conosco até as dez horas. Às onze horas chegaram a Miep e o Henk van Santen. A Miep trabalha, desde 1933, no escritório do papai e tinha se tornado uma amiga fiel, assim como o seu marido Henk. Mais uma vez, sapatos, meias, livros e roupas de baixo desapareceram na bolsa de Miep e também nos bolsos fundos do Henk. Às onze e meia eles também desapareceram.

Eu estava exausta e, embora soubesse que era aquela a última noite que passaria na minha casa, adormeci num instante e não despertei até que a mamãe me acordou às cinco e meia da manhã seguinte. Felizmente já não estava tanto calor como no domingo. Uma chuva morna caiu durante todo o dia. Nós quatro vestimos tanta roupa como se fôssemos passar a noite numa geladeira. Assim, conseguimos trazer para cá muitas roupas. Nenhum judeu na nossa situação se arriscaria a andar na rua com uma mala cheia de roupas. Eu vestia duas camisas, três calcinhas, um vestido, saia, casaco e capa de chuva, dois pares de meias, botas, uma capa, echarpe e ainda mais coisas. Mesmo antes de sair de casa já me sentia quase sufocada, mas ninguém se preocupou em perguntar como eu me sentia.

A Margot guardou mais livros de estudo na pasta, foi buscar a bicicleta e seguiu pedalando atrás da Miep, em direção ao grande desconhecido. Até então, era como eu pensava nele, já que eu ainda não sabia onde era o nosso esconderijo.

Às sete e meia, saímos e batemos a porta. Só me despedi de Moortje, a minha querida gatinha, que havia de encontrar um bom refúgio num dos vizinhos, se o senhor Goudsmit cumprisse este nosso desejo que deixamos escrito num bilhete.

As roupas das camas, a louça do café da manhã, meio quilo de carne para a gata, na cozinha – tudo isso dava a impressão de termos deixado a casa precipitadamente. Mas éramos indiferentes ao que os outros podiam pensar. Queríamos desaparecer e chegar sãos e salvos ao nosso destino. Nada mais importava.

Amanhã continuo!

Sua Anne.

QUINTA-FEIRA, 9 DE JULHO DE 1942

Querida Kitty,

Corremos debaixo da chuva, a mamãe, o papai e eu, cada um com uma maleta escolar e uma sacola de compras completamente cheia, com os mais variados itens. As pessoas que iam para o trabalho olhavam para a gente. Víamos nos rostos deles que tinham pena de nós por irmos tão carregados e por não nos deixarem andar nos bondes. A nossa estrela amarela no braço falava por si.

Pelo caminho, meus pais contaram em detalhes como nascera o plano do nosso esconderijo. Há meses parte dos nossos móveis e das nossas roupas tinham sido postas a salvo. Estava combinado que estaríamos prontos para nos esconder no dia 16 de julho. Por causa da convocação, as coisas se anteciparam dez dias. Por isso, os quartos que íamos ocupar ainda não estavam preparados como deveriam ser, mas tínhamos de nos conformar.

O esconderijo fica na empresa do papai. Para quem está de fora, tudo isto é difícil de compreender. Por isso vou explicar melhor. O papai nunca teve muitos empregados. Os de agora eram o senhor Kraler, o senhor Koophuis, a Miep e a Elli Vossen, a jovem datilógrafa de 23 anos. Todos sabiam que vínhamos.

Só o senhor Vossen, o pai da Elli, que trabalha no armazém, e os dois criados não sabem do segredo.

O edifício é assim: o grande armazém no térreo é usado como sala de trabalho e depósito e é dividido em várias seções, como estoque e sala de moagem, onde são moídos cravo, canela e um substituto de pimenta.

Ao lado da entrada para o armazém há a verdadeira porta de entrada. Passada a porta, subimos uma escada de poucos degraus até uma outra porta onde, sobre vidros foscos, está escrito, em letras pretas, a palavra escritório. É um escritório grande, muito grande mesmo, muito claro e abarrotado de móveis. Nele trabalham, durante o dia, a Miep, a Elli e o senhor Koophuis.

Depois de passar por uma pequena sala onde há um cofre, um grande armário e um guarda-roupa, você chega a um pequeno, escuro e abarrotado escritório, onde antes o senhor Kraler trabalhava com o senhor Van Daan. Agora ficou só o senhor Kraler. Dá também para passar do corredor diretamente para esse quarto, mas apenas atravessando uma porta de vidro que se pode abrir por dentro com facilidade, mas que dificilmente se abre pelo lado de fora.

Do escritório do senhor Kraler, seguindo pelo longo e estreito corredor, passando pelo depósito de carvão e subindo quatro degraus, chega-se ao escritório particular, o principal cômodo do prédio. Móveis de luxo, escuros, chão revestido de oleado e com tapetes. Tem um rádio, lindos lustres, tudo maravilhoso. Ao lado há uma cozinha grande, arejada, com um cilindro de água quente e um fogão a gás de duas bocas. E, ao lado da cozinha, o banheiro. Este é o segundo andar.

Uma escada de madeira liga o corredor de baixo ao terceiro andar. No fim da escada há um patamar com uma porta à direita e outra à esquerda. A da esquerda conduz à parte da frente da casa, onde ficam os depósitos de temperos, as águas-furtadas e o sótão. Uma outra escada longa, íngreme demais, perigosa, tipicamente holandesa vai da parte da frente da casa até outra porta que se abre para a rua.

A porta da direita do patamar conduz ao "Anexo Secreto" na parte de trás da casa. Ninguém pode sequer suspeitar que, para além dessa porta simples, pintada de cinza, ainda se encontrariam escondidos muitos quartos. Aberta a porta, subimos um degrau e estamos dentro do Anexo.

Em frente da entrada há uma escada íngreme. À esquerda, um corredorzinho leva a um cômodo que vai ser o quarto de dormir e de estar da família Frank e outro pequeno cômodo, que será o quarto e a sala de estudo das duas garotas da família. À direita da escada há um lavatório sem janelas com uma pia. A porta no canto leva a um banheiro, e outra porta dá para o nosso quarto.

Se você subir a escada e abrir a porta no alto, vai ficar admirada ao encontrar um quarto tão grande, bonito e iluminado numa antiga casa junto ao canal como esta. Nesse quarto há um fogão a gás e uma pia. Aqui estava instalado, até há pouco, o laboratório da firma. Ele agora serve de cozinha e de quarto de dormir do casal Van Daan, assim como sala de estar, de jantar e de estudo para todos nós.

Um quartinho minúsculo no corredor será o de Peter Van Daan. Como na parte da frente da casa, aqui há águas-furtadas e um sótão. Veja, já apresentei a você o nosso Anexo Secreto.

Sua Anne.

SEXTA-FEIRA, 10 DE JULHO DE 1942

Querida Kitty,

Acho que a aborreci com a longa descrição da casa. Mas acho que deve saber onde nos acomodamos. Como chegamos aqui é uma coisa que você vai descobrir nas minhas próximas cartas.

Mas, primeiro, deixe-me continuar, pois, como você sabe, ainda não acabei. Depois de chegarmos ao número 263 da Prinsengracht, a Miep fez a gente subir depressa pelo longo corredor, pela escada de madeira até o andar de cima e o Anexo. Ela fechou a porta atrás de nós, nos deixando sozinhos. A Margot tinha chegado muito mais depressa de bicicleta e já estava à nossa espera.

O nosso quarto e os outros cômodos também estavam entulhados de coisas. A bagunça era indescritível! Os caixotes e as malas que, no decorrer dos últimos meses, tinham mandado para cá se amontoavam no chão e nas camas. O quartinho estava até o teto com roupas de cama. Se quiséssemos dormir à noite em camas arrumadas, tínhamos de colocar já mãos à obra. A mamãe e a Margot não foram capazes de mexer numa palha. Se jogaram em cima dos colchões. Se sentiam muito infelizes. Papai e eu, os dois faxineiros, começamos logo o trabalho.

Durante todo o dia desempacotamos caixas, arrumamos armários, martelamos e esfregamos. Quando a noite chegou, caímos, mais mortos que vivos, nas camas limpinhas. Não comemos uma só refeição quente durante todo o dia. Também não precisava. A mamãe e a Margot estavam nervosas demais para comer, e o papai e eu estávamos muito ocupados.

Na terça-feira de manhã, continuamos de onde havíamos parado na noite anterior. A Elli e a Miep fizeram as compras com os nossos talões de racionamento, o papai arrumou as cortinas de blecaute, esfregamos os azulejos da cozinha e, mais uma vez, ficamos ocupados de manhã até a noite. Até quarta-feira, eu não tive tempo de pensar sobre essa enorme mudança na minha vida. Então, pela primeira vez desde a nossa chegada ao Anexo Secreto, tive tempo para contar a você tudo sobre ele e me dar conta do que aconteceu comigo e o que ainda está para acontecer.

Sua Anne.

SÁBADO, 11 DE JULHO DE 1942

Querida Kitty,

O papai, a mamãe e a Margot ainda não conseguiram se acostumar com o sino da Westertoren, que toca a cada quarto de hora. Eu não, gostei desde o começo, ele soa tão tranquilizador. Principalmente à noite. Você sem dúvida vai querer saber o que eu acho de estar escondida. Bem, tudo o que posso dizer é que ainda não sei. Acho que nunca me sentirei aqui como em nossa casa. Mas com isso não quero dizer que não goste daqui. Às vezes, parece que estou de férias numa pensão estranha. Uma ideia diferente de como é a vida em um esconderijo, não é? O Anexo é realmente o esconderijo ideal. Pode ser um bocado úmido, torto e sinuoso, mas será difícil encontrar coisa mais confortável em Amsterdã ou mesmo em toda a Holanda.

O nosso quarto até agora estava completamente nu. Papai trouxe toda a minha coleção de postais de estrelas de cinema. Eu os transformei, com cola e pincel, em lindos quadros para as paredes. Agora o quarto tem um aspecto alegre. Logo que cheguem os Van Daan vamos construir estantes para as paredes e outras coisas úteis com a madeira que está no sótão.

A Margot e a mamãe estão se acostumando. Ontem, pela primeira vez, a mamãe quis cozinhar. Sopa de ervilhas! Mas, enquanto tagarelava embaixo, se esqueceu totalmente da sopa e queimou tudo. As ervilhas ficaram negras como carvão, e era impossível desgrudar do fundo da panela.

Ontem à noite nós quatro descemos até o escritório para escutar a Inglaterra pelo rádio. Eu estava com muito medo de que alguém na vizinhança nos visse e supliquei ao papai para voltarmos para cima. A mamãe entendeu o meu nervosismo e veio comigo. Estamos sempre com receio de que os vizinhos possam nos ver ou ouvir. Logo no primeiro dia fizemos cortinas. São simplesmente retalhos de diferentes formas e cores, ajuntados e costurados pelo papai e por mim. Essas peças de arte estão pregadas nos caixilhos das janelas com alfinetes e aí ficarão enquanto durar o nosso esconderijo.

Do lado direito da nossa moradia é a filial da Companhia Keg, uma empresa de Zaandam, e à esquerda tem uma carpintaria. Nesses edifícios não fica ninguém depois do horário de trabalho, mas nunca se sabe se alguém pode nos escutar. Por isso, proibimos a Margot, que anda terrivelmente resfriada, de tossir à noite. Coitada, volta e meia obrigam-na a engolir codeína.

Os Van Daan vêm na terça. Estou contente. Será mais agradável assim e menos monótono. Esta calma enerva-me, principalmente à noite. Seria bom que algum dos nossos protetores dormisse aqui.

Fico aflita com a ideia de não poder sair e tenho medo de que nos descubram e nos fuzilem. É isso que pesa sobre mim de um modo horrível. Durante o dia não podemos nos mexer à vontade. Não podemos pisar com força e temos quase de cochichar em vez de falar, pois, lá embaixo, no armazém, não devem nos ouvir.

Alguém está me chamando.

Sua Anne.

SEXTA-FEIRA, 14 DE AGOSTO DE 1942

Querida Kitty,

Faz um mês que deixei você de lado. Nem todos os dias acontecem coisas novas. No dia 13 de julho chegaram os Van Daan. Só os esperávamos no dia 14, mas entre os dias 13 e 16 os alemães convocaram cada vez mais judeus, causando muita preocupação, então os Van Daan acharam mais seguro partir da sua casa antes que fosse tarde demais.

Pela manhã, às nove e meia, estávamos ainda tomando o café da manhã quando entrou o Peter Van Daan, um jovem de 16 anos, sem-graça, muito tímido, que não promete ser companhia interessante. Meia hora mais tarde apareceu o casal Van Daan.

A gente riu muito porque a senhora Van Daan trouxe um penico dentro de uma caixa de chapéu. "Sem meu penico, não posso viver", disse ela, e pôs a peça valiosa no seu lugar debaixo da cama. O senhor Van Daan apareceu com uma mesinha dobrável de chá debaixo do braço.

Desde o primeiro dia fizemos nossas refeições juntos e, passados três dias, tínhamos a impressão de termos sido sempre uma grande família. É claro, os Van Daan tinham muito a falar sobre aquela semana que ainda passaram no mundo exterior. Nos interessava bastante, em especial, saber o que tinha acontecido à nossa casa e ao senhor Goudsmit.

E o senhor Van Daan contou:

– Segunda-feira, às nove horas da manhã, o senhor Goudsmit telefonou-me para encontrá-lo. Eu fui imediatamente e o encontrei muito perturbado. Mostrou-me o papelzinho que vocês tinham deixado. Seguindo as instruções, ele pretendia levar a gata ao vizinho, e eu concordei que era uma boa ideia. Ele tinha medo de que a polícia revistasse a casa e, por isso, percorremos todos os cômodos, arrumando tudo, e limpamos bem a mesa. De repente descobri, em cima da escrivaninha, um caderno da senhora Frank com um endereço qualquer em Maastricht. Mesmo sabendo que a senhora Frank havia esquecido o caderno de propósito, fingi surpresa e pedi ao senhor Goudsmit para, com toda a urgência, queimar aquele papel incriminador. Ao mesmo tempo ia dizendo que não fazia a menor ideia da intenção de vocês fugirem. O caderno me deu uma ideia. Disse: "Senhor Goudsmit, agora sei que endereço é esse. Há mais ou menos seis meses apareceu-nos no escritório um oficial alemão de alta patente, um amigo de infância do senhor Frank. Ora, esse oficial prometeu ajudar se ele, um dia, tivesse necessidade. E, pelo que me lembro, esse oficial estava em Maastricht! Suponho que cumpriu a promessa e que levará os Frank à Bélgica e de lá para junto dos parentes deles na Suíça. Pode contar isso aos amigos que perguntarem pelos Frank, mas não mencione Maastricht, por favor".

– Depois fui embora. A história correu e até já me foi contada por várias vezes, segundo essa mesma versão.

Achamos a história muito engraçada e rimos bastante da força de imaginação de algumas pessoas! O senhor Van Daan contou que uma família pensava ter-nos visto quando partimos de bicicleta de manhã cedo, todos juntos. Uma outra senhora sabia categoricamente que um automóvel militar foi nos buscar em plena noite.

Sua Anne.

SEXTA-FEIRA, 21 DE AGOSTO DE 1942

Querida Kitty,

Nosso esconderijo agora é realmente secreto. O senhor Kraler teve a boa ideia de tapar a porta de entrada do Anexo. A polícia está fazendo muitas buscas nas casas, atrás de bicicletas escondidas. O senhor Vossen construiu uma estante giratória que abre para o lado como uma porta. É claro que, para isso, o senhor Vossen teve que saber do nosso segredo. Ele está nos ajudando muito.

Agora, antes de descermos, temos de nos abaixar e depois damos um pulo porque o degrau desapareceu. Depois de três dias tínhamos todos a testa cheia de galos, porque, como não tomávamos cuidado e não estávamos habituados, batíamos quase sempre contra a portinha. Então Peter pregou uma almofadinha de serragem. Vamos ver se vai dar certo!

Não tenho estudado muito. Dei a mim mesma férias até setembro. O papai quer começar a me ensinar, mas precisamos comprar os livros primeiro.

A nossa vida aqui é pouco variada. Peter lavou o cabelo hoje, mas isso não tem nada de especial. O senhor Van Daan e eu estamos sempre brigando. A mamãe me trata como se eu fosse um bebê, o que não suporto. De resto, as coisas estão indo bem. O Peter também não tem graça. É chato e preguiçoso. Passa a maior parte do dia estendido na cama. Às vezes se levanta, faz um servicinho de carpintaria e torna a se deitar. Que idiota!

Está um lindo dia lá fora, bonito e quente, e, apesar de tudo, a gente aproveita o clima se espreguiçando na cama dobrável no sótão.

Sua Anne.

QUARTA-FEIRA, 2 DE SETEMBRO DE 1942

Querida Kitty,

O senhor Van Daan brigou com a mulher. Nunca vi tal coisa na minha vida. O meu pai e a minha mãe não são capazes de gritar assim um com o outro. O motivo foi tão insignificante que nem vale a pena falar nele. Mas, enfim, cada um é como é.

Para o Peter não deve ser nada agradável assistir a essas brigas. Mas ninguém o leva a sério, por ser tão preguiçoso e tão mimado. Ontem estava todo aflito porque tinha a língua azul. Mas pouco depois já tinha passado, e hoje anda com um cachecol grosso em volta do pescoço, diz que tem torcicolo. Sua Alteza tem se queixado também de dor na lombar. E dores nos pulmões, no coração e nos rins, é claro. Ele deve ser um belíssimo hipocondríaco! (É assim que se diz, não é?)

A minha mãe e a senhora Van Daan não se dão muito bem, e realmente há muitos motivos para isso. Um exemplo: a senhora Van Daan só deixou três lençóis no armário das roupas brancas, usado em comum por eles e por nós. Achou que os da mamãe poderiam ser usados pelas duas famílias. Vai ficar muito espantada quando descobrir que a mamãe seguiu o exemplo dela...

Além disso, a senhora Van Daan também fica irritada quando usamos a louça dela e não a nossa. Anda constantemente tentando descobrir o que foi feito da nossa porcelana e nem suspeita que está tão perto dela, no sótão, atrás de uma pilha de material publicitário da Travis. Enquanto estivermos escondidos, os pratos permanecerão longe do alcance dela. Como estou sempre causando acidentes, isso é o melhor! Ontem quebrei um prato de sopa da senhora Van Daan.

– Oh! Você não pode ser mais cuidadosa? Era o último! – gritou ela, irritada.

Mas o senhor Van Daan é agora a amabilidade em pessoa comigo.

A mamãe voltou a me dar um grande sermão, hoje de manhã. Acho isso horrível. As nossas opiniões são muito diferentes. O papai está mais compreensivo, mesmo que às vezes fique zangado durante cinco minutos.

Na semana passada houve um incidente. O motivo foi um livro sobre mulheres e o Peter. Eu ainda não disse que a Margot e o Peter têm permissão para ler quase todos os livros que o senhor Koophuis nos traz da biblioteca. Mas os adultos não queriam dar esse tal livro para eles. Com isso, a curiosidade do Peter foi aguçada. O que estaria escrito num livro proibido? Pegou o livro escondido e foi com ele para o sótão. Durante dois dias tudo correu bem. A mãe dele tinha percebido, mas ficou quieta. No entanto, o pai descobriu tudo. Zangou-se, tirou o livro dele e pensou que o assunto estava resolvido. Não contava com a curiosidade do filho, que não achou a intenção do pai razoável e por isso não desistiu. Procurou, por todos os meios, apanhar o livro outra vez.

A senhora Van Daan, entretanto, tinha falado com minha mãe sobre o assunto. Minha mãe também achava que aquele livro não era próprio para a Margot, apesar de a deixar ler quase todos os outros livros. Mamãe disse:

– Entre a Margot e o Peter há uma grande diferença, senhora Van Daan! Em primeiro lugar, as garotas são quase sempre mais desenvolvidas do que os garotos. Em segundo, a Margot já leu muitos livros sérios e não precisa procurar por aqueles que não são mais proibidos. Em terceiro, ela é muito mais sensível e intelectualmente desenvolvida, o que é resultado dos quatro anos que passou em uma excelente escola.

No início, a senhora Van Daan concordava, embora por questão de princípios não achasse necessário dar aos jovens os livros que, na realidade, eram destinados aos adultos.

Enquanto isso, o Peter aguardava o momento em que ninguém estava prestando atenção nele nem no livro. Às sete e meia da noite, quando toda a família se reuniu no escritório para ouvir rádio, ele levou o seu tesouro para o sótão. Às oito e meia devia voltar para baixo, mas o livro era tão palpitante que ele perdeu a hora e estava descendo a escada do sótão com muita cautela quando o seu pai entrou no quarto. Pode imaginar o que aconteceu... ouvimos o estalar de uma bofetada. Um empurrão, o livro voou por cima da mesa, e o Peter, para o canto do quarto.

As coisas estavam neste pé quando chegou a hora do jantar em família. Peter continuou no andar de cima. Ninguém se importou. Ele teve que ir para a cama sem comer. Nós continuamos a comer, conversando alegremente, quando, de repente... um assobio penetrante... ficamos como que petrificados e pálidos. Olhamos uns para os outros. Os talheres caíram-nos das mãos.

Depois ouvimos a voz do Peter através do cano do fogão:

– Se pensam que desço, estão muito enganados.

O senhor Van Daan deu um pulo da cadeira, deixando cair o guardanapo no chão, e gritou, vermelho como um tomate:

– Agora basta!

O papai, com medo do que poderia acontecer, agarrou o braço dele, e subiram os dois até o sótão. Depois de muita resistência e barulho, o Peter acabou por voltar ao seu quarto, com a porta trancada, e nós fomos jantar.

A senhora Van Daan quis guardar-lhe um pão com manteiga, mas o pai dele foi inflexível.

– Se ele não resolver pedir desculpa imediatamente, irá dormir no sótão!

Protestamos e dissemos que já era castigo ficar sem jantar. E se o Peter se resfriasse? Não havia possibilidade de ir buscar um médico.

O Peter não pediu desculpa e ficou no sótão.

O senhor Van Daan não deu importância, mas na manhã seguinte vimos que o Peter, afinal, tinha dormido na sua cama. Às sete horas, porém, ele subiu, de novo, para o sótão e foi preciso o meu pai intervir com algumas palavrinhas conciliadoras para que ele descesse.

Durante três dias tivemos caras carrancudas e um silêncio teimoso. Depois tudo voltou ao normal.

Sua Anne.

SEGUNDA-FEIRA, 21 DE SETEMBRO DE 1942

Querida Kitty,

Vou contar uns detalhes do nosso dia a dia aqui no Anexo. A senhora Van Daan é insuportável. Toda hora me critica por eu falar muito quando estou no andar de cima. Eu simplesmente deixo as palavras saírem. Agora a madame tem mais um truque na manga: meteu na cabeça que não vai mais lavar a louça. Se tem um pouco de comida no fundo da panela, ela deixa estragar, em vez de guardar em pratinhos de vidro. E, no dia seguinte, quando a Margot está ocupada lavando a louça, a madame exclama:

– Coitadinha da Margot, tem tanto trabalho!

O papai e eu agora estamos montando uma árvore genealógica da família dele. Ele me contou coisas de todos os parentes. Isso me faz sentir muito ligada à família. Também voltamos aos estudos. Dedico-me muito ao Francês e, só de verbos, todos os dias meto na cabeça cinco dos irregulares. Mas eu esqueci muito do que aprendi na escola.

Peter faz os exercícios de Inglês suspirando. Alguns livros escolares chegaram, e eu tinha trazido de casa lápis, cadernos, borrachas e etiquetas. O Pim (é como chamamos o papai) quer que eu o ajude com as lições de Holandês. Estou totalmente disposta a ensiná-lo em troca da ajuda dele em Francês e em outras matérias. Mas ele comete erros terríveis!

Ouço muitas vezes a transmissão radiofônica holandesa vinda de Londres. Ainda há pouco acabou de falar o príncipe Bernardo. Contou que a princesa Juliana está esperando um bebê para janeiro, o que eu acho maravilhoso... Ninguém entende por que eu tenho tanto interesse na família real.

Algumas noites atrás, fui o tema da conversa, e todos decidiram que eu era uma ignorante. Por isso me atirei nos livros. Não quero voltar, mais tarde, ao primeiro ano, quando tiver 14 ou 15 anos. O fato de eu não ter permissão para ler quase nada também foi discutido. A mamãe está lendo Heeren, Vrouwen, Knechten. Mas não querem me deixar ler esse livro (mas a Margot pode!). Primeiro eu tenho que ser tão esperta e culta quanto a minha inteligente e talentosa irmã. Falaram também sobre a minha ignorância em Filosofia, Psicologia e Fisiologia (essas palavras tão complicadas fizeram-me ir ao dicionário. É verdade, eu não sei nada sobre esses temas. Oxalá no próximo ano eu já seja menos ignorante.).

Descobri que para o inverno só tenho um vestido de mangas compridas e três blusas de lã. Papai já me autorizou a tricotar um suéter de lã branca de carneiro. A lã não é das mais bonitas, mas o principal é que seja quentinha. Muitas das nossas roupas estão nas casas de outras pessoas, mas só depois da guerra poderemos ir buscá-las, se ainda existir alguma coisa.

Eu tinha acabado de escrever sobre a senhora Van Daan quando ela entrou. Imediatamente fechei o caderno.

– Então, Anne, posso ver?

– Não, senhora Van Daan!

– Só a última página, está bem?

– Não, também não!

Ai! Que susto que passei. Era mesmo naquela página que falava dela de modo pouco elogioso.

Tem sempre alguma coisa acontecendo todos os dias, mas eu estou muito cansada e com preguiça de escrever tudo.

Sua Anne.

SEXTA-FEIRA, 25 DE SETEMBRO DE 1942

Querida Kitty,

Algumas noites, vou visitar os Van Daan, lá em cima, para conversar um pouco. De vez em quando isso é interessante. Comemos "biscoitos de naftalina" (a lata das bolachas está no guarda-roupa, onde há bolinhas contra traças) e nos divertimos. Falamos do Peter. Eu disse que ele às vezes me dá tapinhas na bochecha e que isso não me agradava nada. Com modos paternais perguntaram-me se eu não poderia, apesar de tudo, amar o Peter como um irmão, pois ele me amava como uma irmã.

Pensei comigo mesma: "Ah, meu Deus!". Mas disse em voz alta: "Oh, não, de maneira nenhuma!". Imagine! Eu acrescentei que o Peter é esquivo, talvez porque ele é tímido, como todos os garotos que não conviveram muito com garotas.

Eu preciso dizer que o Comitê do Anexo (a seção masculina) é de fato engenhoso. Veja só o que eles inventaram para fazer chegar notícias nossas ao senhor Van Dijk, um amigo nosso e representante de vendas da empresa Travis que tem muitas coisas nossas guardadas em sua casa. Eles escreveram uma carta ao dono de uma loja na Zelândia Meridional, que é cliente da Travis, pedindo para ele preencher um formulário. Juntaram um envelope que esse cliente utilizará para a resposta. Ora, o endereço da nossa casa comercial foi escrito à mão por meu pai. Quando a carta voltar, eles vão tirar a resposta do farmacêutico, enfiarão no envelope uma carta escrita pelo papai e, assim, o senhor Van Dijk terá um sinal de vida nosso. Escolheram a Zelândia, na fronteira belga, lugar onde se torna mais fácil fazer passar cartas assim, e porque ninguém pode viajar para lá sem uma permissão especial. Um vendedor comum como o senhor Van Dijk jamais conseguiria essa permissão.

Sua Anne.

DOMINGO, 27 DE SETEMBRO DE 1942

Querida Kitty,

Tive outro aborrecimento com a mamãe ontem. Nem sei quantos foram ultimamente! Na maior parte das vezes não nos entendemos. Também com a Margot já não tenho a mesma intimidade. Não que na nossa família se façam cenas como lá em cima, mas, mesmo assim, não acho graça nenhuma disso. Tenho uma maneira de ser diferente da de minha mãe e de Margot. Sempre compreendi melhor as minhas amigas do que compreendo a minha própria mãe. É lamentável.

A senhora Van Daan está outra vez de mau humor. Fecha à chave a maior parte das suas coisas destinadas ao uso da casa. Eu queria tanto que a mamãe lhe pagasse na mesma moeda!

Há pais que parecem ter prazer especial não só de educar os seus próprios filhos, mas também os filhos dos outros. A essa categoria pertencem os Van Daan. A Margot já não precisa ser educada, é o amor, a bondade e a inteligência em pessoa. Mas o que ela tem a mais tenho eu a menos! A cada passo, durante as refeições, chovem comentários sobre mim, e eu, de vez em quando, não posso deixar de dar uma das minhas respostas atrevidas, até mesmo malcriadas. O papai e a mamãe sempre me apoiam e sem eles eu não me aguentaria na luta. Muitas vezes, os dois me repreendem ou por eu falar demais, ou por meter o nariz em tudo, ou por não ser modesta, mas não há meio de me corrigir desses defeitos. Se o papai não fosse sempre tão paciente, eu já não teria esperanças de ser capaz de me emendar. E, vendo bem as coisas, os meus pais não exigem muito de mim.

Quando me sirvo de pouca verdura, porque não gosto muito, mas pego bastante batata, os Van Daan ficam todos enfurecidos com tais vontades.

– Mais um pouco de verdura! – diz a senhora imediatamente.

– Obrigada, só queria batatas – respondo eu.

– Verdura faz bem para a saúde, a sua mãe também pensa assim. Vai, mais um pouquinho – insiste, até que meu pai intervém e põe fim àquilo.

– Tinha que ver como as coisas eram antigamente na minha casa. Esse tipo de coisa não se admitia. Isto não é educação! Estão estragando a Anne. Ai, se fosse minha filha!

É com estas palavras que termina sempre os seus discursos. Ainda bem que não sou filha dela!

Ainda sobre educação. Ontem houve um silêncio depois que a senhora Van Daan acabou o seu sermão. Por fim, meu pai disse:

– Acho a Anne uma garota bem-educada. Veja, ela já compreendeu que o melhor é não responder aos seus longos discursos. E, em relação às verduras, olhe para seu próprio prato!

Ela se sentiu totalmente derrotada. Papai quis se referir às pequenas porções que ela própria costuma comer. Para se justificar, ela disse que muita verdura à noite fazia mal à digestão.

Mas o que eu queria era que ela me deixasse em paz! É divertido ver como a senhora Van Daan fica vermelha por tudo e por nada. Eu não, e ela tem inveja de mim por isso.

Sua Anne.

SEGUNDA-FEIRA, 28 DE SETEMBRO DE 1942

Querida Kitty,

Nem tinha acabado de escrever ontem, mas tive que interromper. Vou contar mais outro aborrecimento. Mas primeiro preciso dizer que acho horrível e inconcebível que os adultos se irritem e fiquem bravos com tanta facilidade e por causa das mais insignificantes bobagens.

Há pouco tempo eu julgava que só as crianças se irritavam e que isso ia parar de acontecer mais tarde. Às vezes existem motivos para grandes discussões. Mas eles ofendem-se uns aos outros constantemente, com palavras veladas, e isso torna-se insuportável. Já devia ter me acostumado, porque é a mesma coisa quase todos os dias. Mas não posso ficar indiferente se elas giram em torno da minha pessoa. Reclamam de tudo a meu respeito: a minha aparência, o meu caráter, as minhas maneiras, tudo é remexido, criticado e... condenado.

Eu não estava habituada a ouvir palavras duras e gritos. E agora querem que engula tudo isso? Não, não posso! E não tenciono engolir tudo. Vou mostrar-lhes que a Anne não é boba. Ainda vão me admirar e ficar quietos! Eles é que precisavam ser educados, não eu. Cada vez fico mais espantada com tanta falta de educação e tanta estupidez (a senhora Van Daan!). Mas vou me habituar também a isso e qualquer dia ela vai me ouvir. Então serei de fato tão mal-educada, atrevida, teimosa, estúpida e preguiçosa como me querem fazer ver os de lá de cima. Sei bem que tenho muitos defeitos e fraquezas, mas os de cima exageram de uma maneira escandalosa.

Se você soubesse, Kitty, como eu fervo por dentro quando escuto tantos insultos! Qualquer dia a minha raiva acumulada explode!

Acho que estou aborrecendo você, mas não posso deixar de contar ainda uma conversa à mesa, que foi muito interessante e divertida.

Estavam falando da grande modéstia do Pim (o apelido do papai). É tão evidente nele a modéstia que até as pessoas mais simples notam. De repente a senhora Van Daan, que relaciona tudo consigo própria, disse:

– Eu também sou muito modesta, muito mais modesta do que o meu marido.

O senhor Van Daan quis amenizar essa frase e disse com calma:

– Não quero ser muito modesto, porque acho que as pessoas vaidosas vão muito mais longe na vida.

E depois me disse:

– Não seja muito modesta, Anne, não vai servir para nada.

A mamãe concordou, mas a senhora Van Daan teve que se meter de novo e agora, em vez de falar para mim, dirigiu-se aos meus pais:

– Vocês têm uma maneira estranha de dizer as coisas à Anne. No meu tempo de garota isso era impossível. Mas mesmo hoje não é assim que se educa os filhos, exceto em famílias modernas como a de vocês.

Com isso ela quis atacar o método de educação de minha mãe, tantas vezes discutido. Estava vermelha como fogo. Quando uma pessoa ferve daquela maneira quase já perdeu o jogo de antemão. A mamãe, que estava muito calma, quis acabar com a discussão e disse:

– Senhora Van Daan, também acho melhor não ser muito modesto. O meu marido, a Margot e o Peter são de fato modestos demais. O seu marido, a senhora, a Anne e eu não somos vaidosos, mas não nos deixamos ser passados para trás.

– Mas eu sou modesta, senhora Frank! Como se atreve a dizer o contrário?

– Você não é exatamente vaidosa, senhora Van Daan, mas acho que modesta também não é.

– Então queria saber quando é que não sou modesta. Se não cuidasse um bocado de mim, morreria provavelmente de fome. Sou tão modesta como seu marido.

Esse autoelogio fez com que minha mãe desse uma gargalhada, o que irritou a coitada de tal modo que ela continuou a falar e a falar sem conseguir acabar. No fim, a senhora Van Daan se atrapalhou tanto que perdeu o fio da meada e, toda ofendida, levantou-se.

Por acaso o seu olhar caiu sobre mim. Mal ela tinha virado as costas, eu pus-me a abanar a cabeça, de um modo meio piedoso, meio irônico, quase sem querer. Ela, ao ver-me assim, começou a berrar, numa linguagem feia e vulgar como uma velha e gorda peixeira. Aquilo é que era um espetáculo divertido! Se eu soubesse desenhar, tinha-a eternizado naquela atitude. Que modelinho tão ridículo!

Vou dizer uma coisa: se quiser conhecer bem uma pessoa, tem que brigar com ela. Só então pode avaliá-la.

Sua Anne.

TERÇA-FEIRA, 29 DE SETEMBRO DE 1942

Querida Kitty,

Sempre tenho alguma coisa para contar desta casa! Como não temos banheira, tomamos banho numa tina. E, como no escritório (quero dizer, em todo o andar de baixo) tem água quente, vamos os sete alternadamente para baixo. Mas somos muito diferentes uns dos outros, no que se refere a pudor. Por isso, cada um, conforme a sua maneira de ser, escolheu um ou outro lugar para a higiene.

O Peter toma banho na cozinha, embora esta tenha uma porta de vidro. Antes de começar o banho, avisa a todo mundo e pede que não passemos por aquela porta durante uma meia hora.

O senhor Van Daan prefere tomar banho em cima. Acha que vale a pena carregar a água quente, escada acima, para poder gozar as comodidades do seu quarto. A senhora Van Daan, até hoje, ainda não tomou banho. Quer primeiro estudar qual o lugar mais conveniente para ela. O papai prefere o escritório particular, e a mamãe vai para trás do fogão, na cozinha. A Margot e eu escolhemos o escritório grande, para podermos chapinhar à vontade. Todos os sábados, à tarde, fechamos as cortinas e assim nos lavamos na penumbra. A que fica esperando observa, através de uma fenda das cortinas, o que se passa lá fora e se diverte com o vaivém das pessoas.

Mas tenho andado à procura de um lugar mais confortável. O Peter teve uma ideia boa: o grande banheiro que pertence ao escritório. Lá, eu posso ficar sozinha, acender a luz, fechar a porta e até despejar a água sem ajuda de ninguém. Hoje inaugurei o meu novo local. Estou satisfeita.

Ontem o encanador esteve no andar de baixo para deslocar os canos ligados à canalização da nossa moradia. Isso tinha que ser feito porque no inverno a água dos canos pode congelar.

Essa visita foi muito chata para nós. Não se podia abrir uma torneira nem usar o banheiro. Talvez não seja muito elegante contar o que fizemos para remediar o problema. Mas não sou tão pudica que não possa falar em tais coisas. O papai e eu tínhamos tomado providências. Guardamos alguns frascos de conserva que usamos.

Eles não podiam ser despejados e tinham de ficar nos quartos. Mas achei isso menos repugnante do que estar todo o dia quieta, sem poder dizer nada. Você não pode imaginar o quanto isso custou para mim, que tanto gosto de falar. Já somos obrigados a falar muito baixinho. Mas não dizer nada e ficar sentada o dia inteiro sem me mexer, acho que é dez vezes pior! Fiquei com o traseiro achatado e dolorido durante três dias. Precisei fazer ginástica todas as noites para me recuperar.

Sua Anne.

QUINTA-FEIRA, 1º DE OUTUBRO DE 1942

Querida Kitty,

Levei um susto terrível ontem. Às oito tocou a campainha, e eu já imaginava o pior. Já sabe o que quero dizer com isso. Mas disseram que deviam ter sido garotos, e eu me acalmei.

Agora os dias passam num silêncio! Na cozinha do escritório trabalha um farmacêutico, o senhor Lewin, que está fazendo experiências para a firma. Conhece bem a casa toda, e temos receio de que entre no laboratório antigo. Estamos muito quietos. Quem, há três meses, teria adivinhado que a Anne, sempre tão agitada, teria que ficar tanto tempo quieta numa cadeira, sem falar?

No dia 26, a senhora Van Daan fez aniversário. Não houve grande festa. Demos flores, uns presentinhos e um jantar melhor. É tradição o marido oferecer-lhe cravos vermelhos. Falando da senhora Van Daan, quero confessar uma coisa. As suas tentativas de flertar com meu pai me aborrecem do fundo do coração. Ela passa a mão no rosto e no cabelo dele e lhe mostra as suas "lindas" pernas. Tenta sempre que pode chamar a atenção do Pim sobre ela. O Pim não a acha bonita nem simpática e é indiferente às seduções dela. Não sou ciumenta, mas aquilo é duro de suportar. Já disse a ela sem rodeios que a mamãe não se porta assim com o senhor Van Daan.

O Peter, às vezes, é engraçado. Nos divertimos colocando fantasias. Outro dia, ele apareceu num vestido muito apertado de sua mãe, com um chapéu na cabeça. Eu vesti o terno dele e pus a sua boina. Todo mundo morreu de rir e a gente se divertiu muito.

Elli comprou saias para mim e para a Margot. São de má qualidade e muito caras. Ela nos arrumou lições de Taquigrafia por correspondência. No ano que vem seremos taquígrafos. Que bom a gente poder aprender esta espécie de código secreto.

Sua Anne.

SÁBADO, 3 DE OUTUBRO DE 1942

Querida Kitty,

A mamãe contou todas as minhas travessuras para o papai, mas exagerou muito. Foi uma terrível confusão. Ela chorou e eu também, e já tinha passado o dia cheia de dores de cabeça. Então, falei para o papai que gostava mais dele do que da mamãe. O Pim disse que isso havia de passar, mas eu não acredito. Tenho que me esforçar para ficar calma quando falo com a mamãe. O papai quer que a ajude quando ela não se sente bem, mas eu não quero. Estudo muito Francês e estou lendo *La Belle Nivernaise*.

Sua Anne.

SEXTA-FEIRA, 9 DE OUTUBRO DE 1942

Querida Kitty,

Só posso dar notícias tristes e deprimentes hoje. Os nossos amigos e conhecidos judeus estão sendo deportados em massa. A Gestapo trata-os sem a menor consideração. Em vagões de gado leva-os para Westerbork, o campo para judeus. Westerbork deve ser um lugar horrível. Estão lá milhares de pessoas e não há sequer lavatórios nem banheiros suficientes para todos. Pessoas dormem em barracas, homens, mulheres e crianças, todos misturados. Não podem fugir: quase todos podem ser identificados pelas cabeças raspadas e pela aparência judia.

Se na Holanda as coisas são assim, como será nos lugares longínquos para onde levam essa gente? A emissora inglesa fala de câmaras de gás. De qualquer modo, talvez seja a câmara de gás a maneira mais rápida de se morrer... A Miep nos falou de acontecimentos terríveis e está perturbadíssima. Ainda há pouco encontrou, em frente à sua porta, uma velhinha manca. Estava à espera do automóvel da Gestapo que recolhe as pessoas umas após outras. A velha tremia de medo. Os canhões da defesa soavam nos ares. Os raios dos projetores cruzavam no céu, a trovoada dos aviões ingleses ecoava entre as casas. Mas a Miep não teve coragem de arrastar a mulherzinha para dentro da sua casa. Os alemães castigam com dureza tais procedimentos.

Elli também está desanimada e triste. O noivo foi levado para trabalhar na Alemanha. Ela receia que o seu Dirk possa ser atingido quando há bombardeios.

O Dirk não foi o único que teve de partir. Todos os dias saem comboios de jovens, forçados a ir. Um ou outro consegue fugir pelo caminho ou se esconder, mas são tão poucos! A minha história triste ainda não acabou. Já ouviu falar em reféns? Pois inventaram esta coisa requintada. Parece-me o pior de tudo o que inventaram. Gente inocente é presa. Se em algum lugar acontece uma sabotagem e não encontram os autores, fuzilam simplesmente alguns dos reféns. Depois publicam a notícia no jornal. E pensar que também já fui alemã! Hitler tirou-nos a nacionalidade há tempos. Entre aquela espécie de alemães – os hitlerianos – e os judeus existe uma inimizade como não pode haver mais forte em todo o mundo!

Sua Anne.

SEXTA-FEIRA, 16 DE OUTUBRO DE 1942

Querida Kitty,

Agora tenho muita coisa para fazer. Traduzi um capítulo de *La Belle Nivernaise*. Tirei todos os significados novos. Depois fiz um problema de Matemática e ainda estudei três páginas de Gramática. Não gosto nada dos problemas. O papai também os acha complicados. Às vezes, eu resolvo melhor do que ele, mas, para dizer a verdade, nem ele nem eu sabemos muito disso e acabamos quase sempre chamando a Margot para nos dar uma ajuda.

Na Taquigrafia eu sou a melhor dos três. Ontem acabei de ler *Os Salteadores*. É um bom livro, mas não se pode comparar a *Joop ter Heul*. Continuo achando a Cissy van Marxveldt uma escritora brilhante. Os meus filhos vão ler os seus livros. O papai me deu algumas peças de teatro de Krner: *O Primo de Bremen, A Governanta, O Dominó Verde*. É um bom escritor.

A mamãe, a Margot e eu voltamos a ser amigas, o que é muito bom. Ontem a Margot se deitou ao meu lado, na minha cama. Quase não tinha lugar para as duas, mas não faz ideia de como foi bom.

Ela me perguntou se podia ler o meu diário. Eu disse:

– Algumas passagens, pode.

Perguntei pelo diário dela. Disse que também me deixaria ler. Depois falamos sobre o futuro e perguntei o que ela quer ser. Mas ela não quis dizer, é um segredo. Falou vagamente que quer ser professora e suponho que deve ser verdade. Acho que sou curiosa demais. Hoje de manhã me deitei na cama do Peter depois de o ter expulsado de lá. Ele ficou furioso, mas nem liguei. Acho que podia ser mais amável comigo, pois ainda ontem lhe dei uma maçã.

Ontem perguntei à Margot se ela me achava feia. Ela respondeu que eu tenho jeito de brincalhona e os olhos muito bonitos. Uma resposta bastante vaga, não?

Até a próxima.

Sua Anne.

TERÇA-FEIRA, 20 DE OUTUBRO DE 1942

Querida Kitty,

Minhas mãos ainda estão tremendo com o susto que levamos, embora isto já tenha acontecido há duas horas. O prédio tem extintores de incêndio, e ninguém nos tinha dito que vinham recarregá-los. Por isso não havíamos tomado cuidados especiais. De repente, escutei martelarem do outro lado, no vestíbulo. Pensei que fosse o marceneiro.

A Elli estava almoçando conosco e avisei-a para não descer. O papai e eu resolvemos ficar de guarda e escutar atrás da porta até o homem acabar o trabalho. Depois de ele ter martelado por quinze minutos, pôs a ferramenta em cima do armário (pelo menos foi o que achamos) e bateu à nossa porta. Ficamos ambos pálidos. Teria percebido alguma coisa e queria agora decifrar o mistério? Com certeza, pois não parava de bater, puxar, empurrar. Eu quase desmaiei ao lembrar-me de que aquele estranho iria descobrir o nosso belo esconderijo. Estava pensando que ia morrer dentro de pouco tempo, quando ouvi a voz do senhor Koophuis:

– Pelo amor de Deus, abram a porta. Sou eu.

Imediatamente abrimos. O gancho com que se fecha a porta por dentro, e que os conhecidos também usam do outro lado, estava preso, e por isso não puderam nos avisar que vinha o operário. O homem já descera, e o senhor Koophuis, que vinha buscar a Elli, não conseguia abrir a porta e fez aquele barulho todo. Que grande alívio! Na minha imaginação eu tinha visto o homem prestes a entrar no nosso Anexo e virar um gigante invencível. Enfim, tivemos sorte, pois não foi nada disso.

A segunda-feira foi um dia divertido! A Miep e o Henk passaram aqui à noite. A Margot e eu dormimos no quarto dos nossos pais, e o jovem casal nas nossas camas. A comida estava maravilhosa. Mas não faltou também um pequeno incidente. Houve um curto-circuito, causado pelo abajur do papai, e, de repente, ficamos no escuro. A caixa onde ficam os fusíveis fica no fundo do armazém, e não é fácil chegar lá sem luz, mas conseguimos. Em dez minutos, os estragos estavam reparados e apagamos as velas.

Levantamos cedo. O Henk tinha de ir embora às oito e meia e queríamos tomar café da manhã com ele e a Miep, sem pressa. Chovia muito. A Miep desceu ao escritório radiante por não precisar fazer a caminhada de costume. O papai e eu fizemos as arrumações e depois comecei a pôr verbos franceses na cabeça. Em seguida, comecei a ler *Eternamente Cantam as Florestas*, um belo livro. Estou quase no fim.

Esta semana a Elli vem dormir aqui!

Sua Anne.

QUINTA-FEIRA, 26 DE OUTUBRO DE 1942

Querida Kitty,

Estou nervosa! O papai está doente. Tem muita febre e manchas vermelhas pelo corpo, como acontece quando se tem sarampo. A mamãe está cuidando para que ele transpire muito, porque assim talvez a temperatura baixe.

Hoje de manhã a Miep nos contou que a casa dos Van Daan foi toda esvaziada pelos alemães. Ainda não dissemos nada à senhora Van Daan. Ela está muito nervosa ultimamente, e não queremos ouvir falar outra vez, durante horas, do seu lindo serviço de porcelana e das mobílias valiosas que tinha em casa. Também nós tivemos de abandonar tantas coisas bonitas! E de nada adianta lamentar.

Já me deixam ler, de vez em quando, livros para adultos, e agora estou lendo *A Juventude de Vilma*, de Nico van Suchtelen. Não encontro grande diferença entre esse livro e a literatura para jovens. Sei que nesse livro falam de mulheres que vendem o corpo a homens estranhos para ganhar dinheiro. Eu morreria de vergonha! Também se conta que a Vilma começou a ficar menstruada. Queria começar a ficar menstruada. É que isso nos valoriza.

O papai foi buscar no armário os dramas de Goethe e de Schiller. Vai ler agora todas as noites em voz alta.

Começamos com *Don Carlos*. Para seguir o bom exemplo do papai, a mamãe entregou-me o seu livro de rezas. Eu não quis ser indelicada e li umas páginas. Acho o livro bonito, mas aquilo não me diz nada. Por que é que a mamãe quer que eu seja religiosa à força?

Amanhã acenderemos o fogão pela primeira vez. Imagino a fumaça que vai fazer, porque há muito tempo não se limpa a chaminé.

Sua Anne.

SÁBADO, 7 DE NOVEMBRO DE 1942

Querida Kitty,

A mamãe está muito estressada, e isso é um perigo para mim, porque sou sempre eu quem paga o pato. Por exemplo, ontem à noite, a Margot estava lendo um livro com lindas ilustrações. Ela foi para cima e deixou o livro para continuar quando voltasse. Peguei e comecei a ver as gravuras. A Margot voltou, viu o "seu" livro nas minhas mãos e franziu a testa. Queria-o outra vez. Eu estava com vontade de vê-lo mais um bocadinho, mas a Margot ficou brava. Então a mamãe disse:

– Era a Margot quem estava lendo. Devolva para ela.

Nesse momento entrou o papai. Pensou logo que quem tinha razão era a Margot e disse para mim:

– Queria ver a sua cara se a Margot folheasse um livro seu.

Cedi imediatamente e devolvi o livro. Então disseram que eu fiquei ofendida. Mas eu não me sentia ofendida nem brava, apenas estava triste, muito triste.

O papai foi injusto, não devia julgar o caso sem conhecer. Eu teria devolvido o livro à Margot por vontade própria, e muito mais depressa, se meus pais não tivessem se metido no assunto e tomado logo partido dela. Que a mamãe se ponha do lado da Margot é coisa natural. Elas morrem uma pela outra. Já estou tão habituada que não me importo com as descomposturas da mamãe nem com o mau gênio da Margot.

Sou amiga delas porque uma é minha mamãe, e a outra, minha irmã. Mas com o papai a coisa é diferente. Quando ele dá preferência à Margot, quando acha bom tudo o que ela faz, então fico mal, pois o papai é tudo para mim! É o meu ideal, e amo-o como não amo a mais ninguém neste mundo. Sei que ele nem percebe que trata a Margot de maneira diferente.

Também não se pode negar que a Margot é mais inteligente, mais bonita e melhor. Mas não terei o direito de ser levada a sério? Eles acham que eu sou a palhaça da família, e sofro duplamente por levar tanta bronca. Os carinhos superficiais já não me satisfazem, nem sequer as tais conversas chamadas sérias. Espero do papai alguma coisa a mais, que ele certamente poderá me dar. Não que eu tenha inveja da Margot. Não cobiço a sua inteligência nem a sua beleza. O que eu queria era o amor do papai, não só como sua filha, mas como Anne, o ser humano que sou.

Agarro-me ao papai por ser ele o único que me faz conservar o sentimento da família. Mas ele não compreende que eu, às vezes, tenha necessidade de abrir-me, de falar sobre a mamãe. O papai não quer falar dos defeitos da mamãe e foge intencionalmente de qualquer conversa sobre o assunto. Mas o jeito da mamãe pesa-me no coração. Às vezes não consigo dominar-me e faço ver o seu desprezo, a sua ironia e a sua dureza. A culpa não é sempre minha, não é verdade?

Sou em tudo o contrário da mamãe e, por isso, é inevitável que entremos em choque. Não estou criticando o seu caráter, pois isso não me compete. Vejo-a apenas como minha mãe. E ela não é para mim a mamãe que idealizei. Parece que tenho de ser eu mesma a minha mãe. Desprendi-me deles, sigo o meu próprio caminho. Quem sabe aonde chegarei um dia? Na minha imaginação vejo o ideal de mulher e de mãe, mas naquela a quem tenho de dar o nome de mãe nada disso encontro.

Tento sempre não reparar nos defeitos dela, ver somente as suas qualidades e desenvolver em mim o que busco nela. Mas não é fácil, e o pior é que nem o papai nem a mamãe querem ver o que me falta, e é isso que me incomoda. Será que existem pais capazes de contentarem inteiramente os filhos?

Às vezes penso que Deus quer pôr-me à prova. Tenho de me aperfeiçoar sozinha, sem exemplo e sem ajuda, só assim serei um dia forte e resistente.

Quem, além de mim, lerá estas coisas? Quem pode ajudar-me? Preciso de ajuda e de consolo! Sou muitas vezes fraca e incapaz de ser aquilo que gostaria de ser. Sei que tento todos os dias melhorar. Nem sempre me tratam da mesma maneira. Um dia pertenço à classe dos adultos e posso saber tudo e, no dia seguinte, a Anne não passa de um ser inexperiente que julga ter aprendido alguma coisa nos livros, mas que, na realidade, não sabe nada. Ora, eu não sou um bebê nem uma boneca para diverti-los. Tenho os meus ideais, o meu modo de pensar e os meus planos, embora ainda me falte a capacidade de traduzir tudo isso em palavras.

Ai! Tantas, tantas dúvidas que tenho quando estou só, à noite, ou mesmo durante o dia, quando estou presa com toda esta gente que já não posso ver à minha frente e de quem estou farta até não poder mais. Eles nada compreendem dos meus problemas. Assim, volto sempre ao meu diário. É ele o meu princípio e o meu fim. A você, Kitty, nunca lhe falta a paciência, e lhe prometo que vou aguentar. Vou vencer a minha dor e seguir o meu caminho. Só gostaria de ter, de vez em quando, um pouco de sucesso, de ser estimulada e encorajada por alguém que me tivesse amor!

Não me condene! Por favor, compreenda que, às vezes, não posso mais!

Sua Anne.

SEGUNDA-FEIRA, 9 DE NOVEMBRO DE 1942

Querida Kitty,

Ontem foi aniversário do Peter. Ele fez 16 anos e ganhou presentes interessantes: um jogo Monopoly, um aparelho de barbear e um isqueiro. Não que ele fume muito, ele só fuma para se exibir.

Foi o senhor Van Daan quem fez a maior surpresa: deu a notícia de que os ingleses desembarcaram na Tunísia, em Casablanca, na Argélia e em Oram.

– É o princípio do fim! – disseram todos.

Mas Churchill, o primeiro-ministro da Inglaterra, que, com certeza sabe mais disso, declarou num discurso:

"Este desembarque é uma fase importante, mas ninguém deve se convencer de que ele significa o princípio do fim. Eu quero antes dizer que significa o fim do princípio.

Compreende a diferença? Mas, mesmo assim, há motivos para sermos otimistas. Stalingrado, a grande cidade russa que os alemães já cercam há três meses, ainda não se rendeu."

Voltemos agora aos assuntos cotidianos. Quero descrever como nós, aqui no Anexo, nos abastecemos de provisões. Antes de mais nada, digo que os de cima são uns gulosos terríveis. O pão é fornecido por um padeiro simpático que o senhor Koophuis conhece muito bem. Não podemos receber tanto como antigamente em nossa casa, mas é o suficiente. Os talões de alimentação são comprados clandestinamente. Eles estão cada vez mais caros. Primeiro pagávamos 27 florins, e agora já custam 33. Imagina, um simples pedacinho de papel!

Para termos, além das conservas, alimentos em casa que não estraguem, compramos 35 quilos de legumes desidratados que penduramos em sacos no corredor, atrás da porta giratória. Mas com o peso as costuras se rompem e, por isso, resolvemos levar todas essas reservas de inverno para o sótão.

O Peter ficou com a tarefa de carregar os sacos. Ele já tinha levado cinco para cima e estava prestes a carregar o sexto quando a costura inferior arrebentou. Uma chuva, não, uma saraivada de feijão vermelho desabou sobre a escada. Os outros, lá embaixo (felizmente não havia estranhos no prédio), julgavam que a casa ia ruir. O Peter levou um susto, mas, quando me viu ao pé da escada, coberta de feijões que iam se amontoando no chão até acima dos tornozelos, desatou numa grande gargalhada.

Começamos a apanhar os feijões rapidamente, mas os grãos são tão pequenos e escorregadios que passavam pelos dedos e desapareciam em todos os buracos e buraquinhos. Agora, sempre que alguém sobe a escada, encontra um ou outro feijão que entrega lá em cima à senhora Van Daan.

Quase ia me esquecendo do mais importante: o papai já está completamente bem!

Sua Anne.

P.S.: Na rádio acabam de anunciar que a Argélia caiu. Marrocos, Casablanca e Oram também estão nas mãos dos ingleses. Agora não deve demorar a queda da Tunísia.

TERÇA-FEIRA, 10 DE NOVEMBRO DE 1942

Querida Kitty,

Tenho hoje uma novidade sensacional! Vamos receber mais uma pessoa em nosso esconderijo. Sempre falamos que ainda havia lugar e comida para mais uma pessoa. Só não queríamos dar mais trabalho ao Kraler e ao Koophuis. Mas, como as notícias sobre as terríveis perseguições aos judeus se tornam cada vez piores, o papai resolveu sondar as possibilidades.

Resultado: os dois senhores concordaram logo com a ideia. “O perigo é o mesmo para sete ou para oito”, disseram, e com razão.

O problema a resolver em seguida era saber qual das pessoas isoladas das nossas relações se adaptaria melhor à nossa família escondida. Não foi difícil a escolha. Depois de o papai ter rejeitado todas as propostas do senhor Van Daan para receber uma pessoa da família dele, optaram por um dentista muito conhecido, de nome Albert Dussel. A mulher dele está no exterior. Tem fama de pessoa agradável e tanto nós como os Van Daan simpatizamos com ele. Como a Miep também o conhece bem, pode tratar de tudo. Se ele aceitar, terá de dormir no meu quarto no lugar da Margot, que dormirá em uma cama de armar, no quarto dos meus pais.

Sua Anne.

QUINTA-FEIRA, 12 DE NOVEMBRO DE 1942

Querida Kitty,

Dussel ficou muito contente quando a Miep lhe falou de um bom esconderijo. Ela aconselhou-o a vir o mais depressa possível, de preferência depois de amanhã. Mas ele hesitou porque ainda precisava pôr as fichas em ordem, acabar o tratamento de dois clientes e pôr as contas em dia. Foi o que a Miep nos contou hoje de manhã. Não achamos nada bom, pois qualquer demora pode ser prejudicial. Tais preparativos podem exigir, da parte do Dussel, explicações a pessoas que não queríamos que desconfiassem de nada. Pedimos à Miep que o aconselhasse a vir no sábado. Ele disse que não, que viria na segunda-feira. É ridículo. Deveria ter aproveitado logo. Se o prenderem na rua, também não pode pôr em dia a caixa ou acabar o tratamento dos clientes. Quanto a mim, acho que o papai não deveria ter cedido. De resto, nada de novo.

Sua Anne.

TERÇA-FEIRA, 17 DE NOVEMBRO DE 1942

Querida Kitty,

Tudo correu bem. O Dussel já chegou aqui. A Miep tinha falado para ele que esperasse em frente ao correio geral. Ele apareceu pontualmente. Então o senhor Koophuis, que o conhece, foi lá. Disse-lhe que o senhor com quem queria se encontrar viria um pouco mais tarde e que ele, Dussel, esperasse com a Miep, no escritório. Koophuis pegou um bonde, enquanto o Dussel seguia a pé. Ele chegou ao escritório às onze e meia da manhã. A Miep o fez tirar o sobretudo para que ninguém visse a estrela amarela e depois lhe pediu que esperasse no escritório particular do senhor Koophuis.

Ela queria, primeiro, que a mulher da limpeza fosse embora. Mas, claro, o Dussel não sabia de nada. Depois, a Miep levou-o para o andar de cima. Disse-lhe que não podia ficar mais tempo naquele escritório porque dali a pouco os chefes teriam uma reunião. O espanto do homem foi grande quando viu a porta giratória abrir. Ambos entraram.

Nós estávamos todos lá em cima, com os Van Daan, para receber o nosso companheiro com café e conhaque. Entretanto, a Miep o fez entrar na nossa sala de estar. Ele reconheceu logo a mobília, mas, mesmo assim, não suspeitou que estivéssemos tão próximos. Quando Miep lhe disse, ficou de boca aberta, e ela nem lhe deu tempo de a fechar. Fez com que ele subisse imediatamente a escada.

O Dussel caiu numa cadeira, cravou os olhos em cada um de nós e não quis acreditar no que viu. Depois começou a balbuciar:

– Mas... não... mas então, não estão na Bélgica? O tal oficial não veio buscar? E o automóvel? Não foram bem-sucedidos na fuga...?

Explicamos que nós mesmos tínhamos inventado a história do oficial para despistar as pessoas, em especial os alemães, que podiam andar à nossa procura. Dussel ficou impressionado com tanto engenho e mais impressionado ainda quando examinou todo o nosso esconderijo tão bem imaginado e tão bem montado. Comemos todos juntos. Depois ele se deitou um pouco, tomou o chá conosco e pôs nos devidos lugares as suas coisas, que tinham trazido antes de ele chegar. Logo se sentiu como em sua casa, sobretudo depois de lhe terem sido entregues os regulamentos do Anexo (o plano foi feito pelo senhor Van Daan).

Prospecto e regulamento do Anexo Secreto:

Fundação criada propositadamente para a estada provisória de judeus e similares.

Aberta todo o ano.

Bem localizada, calma, com arredores sem florestas, no coração de Amsterdã. Acessível pelas linhas 19 e 17; de automóvel ou bicicleta; e a pé para aqueles a quem os alemães proibiram o uso de qualquer veículo.

Estada gratuita.

Cozinha de dieta sem gorduras.

Água corrente no banheiro (sem banheira) e também em vários cômodos.

Espaço amplo para guardar bens de todos os tipos.

Central de rádio, com emissões diretas de Londres, Nova York, Tel Aviv e muitas outras estações. O aparelho está à disposição dos habitantes das seis horas da tarde em diante.

Horas de repouso: das dez horas da noite às sete e trinta da manhã. Domingo até às dez horas.

Atendendo a certas circunstâncias, também se intercalam outras horas de repouso, conforme indicações da direção. Essas indicações devem ser rigorosamente seguidas, no interesse da segurança comum!

Uma lição de Taquigrafia por semana. Inglês, Francês e Matemática a qualquer hora do dia.

Café da manhã todos os dias, com exceção de domingos e feriados, pontualmente às nove horas.

Almoço: das onze e quinze a uma e quarenta e cinco. Jantar: frio ou quente, não tem hora fixa devido às notícias da rádio. A tina está à disposição dos habitantes todos os domingos desde as nove horas.

Podemos tomar banho no banheiro, na cozinha, no escritório particular ou no outro escritório, conforme o gosto de cada um.

Bebidas alcoólicas fortes só permitidas por ordem médica.

Sua Anne.

QUINTA-FEIRA, 19 DE NOVEMBRO DE 1942

Querida Kitty,

Até que o Dussel é um homem simpático. Não estamos decepcionados. Para falar francamente, não acho muito agradável que um estranho use minhas coisas no quarto, mas, para fazer uma boa ação, todos devemos nos sacrificar.

Nada importa se pudermos salvar alguém, diz o papai, e tem toda a razão.

Logo no primeiro dia o Dussel perguntou-me uma série de coisas, por exemplo, quais eram as horas da mulher da limpeza, quais as do banheiro e onde me parecia o melhor lugar para se tomar banho. Não ria, Kitty, mas no esconderijo todas essas coisas são importantes. Lá embaixo tem tantas pessoas que não conhecem o nosso segredo! É necessário saber bem as horas de trabalho delas para não fazermos barulho. Já expliquei tudo isso ao Dussel, mas fiquei espantada por ele ser tão lento.

Pergunta as coisas duas vezes e mesmo assim não as grava. Talvez ainda esteja um pouco atrapalhado. A surpresa foi muito grande, e é natural que ele tenha de se adaptar.

O Dussel tem contado muitas coisas do mundo exterior, de onde partimos há tanto tempo. Tudo o que conta é triste. Inúmeros amigos e conhecidos foram levados das suas casas, e um destino terrível os espera. Noite após noite os automóveis cinzentos e verdes dos militares atravessam as ruas a toda a velocidade. Os "verdes" (a SS alemã) e os "pretos" (a polícia nazista holandesa) procuram os judeus. Se encontram algum, levam com toda a família. Tocam, por exemplo, numa porta e, se não encontram lá nenhum judeu, tocam na do vizinho, e assim por diante. Às vezes, andam com listas de nomes e procuram sistematicamente pelos "marcados". Só consegue escapar quem foge a tempo. Às vezes aceitam um resgate, mas são poucos os que conseguem escapar.

Fazem, hoje, o que há muitos anos foi feito com os escravos. Maltratados, torturados, mortos, enfim. O que aconteceu com eles, nos tempos antigos, está hoje acontecendo com os judeus. Não poupam ninguém, homens, mulheres, velhos, crianças.

E nós aqui tão bem guardados! Podíamos fechar os olhos a toda esta miséria, mas estamos sempre em aflição por aqueles que nos são caros e a quem não podemos dar uma ajuda.

Quando estou deitada na minha cama tão quente e confortável, enquanto as mais queridas amigas sofrem lá fora, talvez expostas ao vento e à chuva, mortas até, sinto-me quase má. Tenho medo ao pensar em todas as pessoas às quais tanta coisa me liga e ao lembrar-me de que estão entregues aos mais cruéis carrascos que a história dos homens já conheceu. E tudo isso só por serem judeus!

Sua Anne.

SEXTA-FEIRA, 20 DE NOVEMBRO DE 1942

Querida Kitty,

Estamos todos um pouco desconcertados. Até agora só recebíamos de vez em quando notícias sobre os judeus. E talvez fosse melhor assim. Quando a Miep às vezes falava do destino trágico de pessoas conhecidas, a mamãe e a senhora Van Daan punham-se logo a chorar, de modo que ela achou melhor não contar mais nada.

Fizemos muitas perguntas ao Dussel, e o que ele conta é medonho, é bárbaro. Não se consegue pensar em outra coisa. Será possível que alguma vez mais possamos sair e nos divertir como outrora, mesmo quando tudo isto tiver passado? Mas a verdade é que, se transformarmos o nosso esconderijo numa casa de luto, se ficarmos sempre melancólicos, não adianta nada, nem para nós nem para os que lá fora sofrem.

Não posso fazer coisa nenhuma sem pensar naquela gente que partiu. Se rio despreocupadamente, me acho injusta por estar alegre. Mas vou chorar todo o dia? Não, não posso. E o desânimo certamente passará. Além dessas misérias, há outra coisa desagradável, assunto pessoal e nenhuma importância tem comparado às tragédias das quais acabo de falar: quero dizer que me sinto tão só ultimamente! Sinto um vazio enorme dentro de mim. Antigamente não pensava muito nisso. Os divertimentos e as amizades me tomavam o tempo. Mas agora preocupam-me problemas sérios. Reconheci, por exemplo, isto: o papai, embora me seja tão querido, não pode substituir todo o meu mundo de outrora.

Acha que sou ingrata, Kitty? Às vezes tenho a impressão de não poder suportar mais: ouvir todas essas coisas horríveis, ter as minhas próprias dificuldades e ainda por cima ser o bode expiatório para tantas coisas que acontecem!

Sua Anne.

SÁBADO, 28 DE NOVEMBRO DE 1942

Querida Kitty,

Gastamos eletricidade demais, ultrapassamos os limites. Temos de fazer economia, caso contrário cortam-nos a corrente e ficaremos quinze dias sem luz. Das quatro e meia em diante não podemos ler mais. Matamos então o tempo com várias distrações: adivinhas, ginástica, falar inglês ou francês ou sobre os livros que acabamos de ler... Com o tempo tudo se torna monótono. Descobri uma coisa nova: com o binóculo posso espreitar os quartos iluminados dos vizinhos da frente. Durante o dia não podemos abrir as cortinas nem um centímetro, mas à noite já pode ser. Eu antes não sabia que os vizinhos são pessoas tão interessantes. Observei alguns enquanto comiam; numa outra família passavam um filme, e o dentista, bem em frente, estava tratando uma velhinha cheia de medo.

A propósito de dentista! O senhor Dussel, que diziam saber lidar tão bem com crianças e gostar muito delas, é um chato antiquado. A cada passo faz sermões sobre boas maneiras e bom comportamento. Como sabe, tenho a pouca sorte de dividir o quarto com esse senhor tão respeitável e, como sou tida como a mais mal-educada dos três jovens daqui, nem sei como escapar de tantas broncas e alertas. Olha, finjo que sou surda! Mas aguentaria tudo isso se o homem não fosse um grande dedo-duro e se não tivesse escolhido a mamãe para as suas reclamações. Assim, recebo primeiro uma bronca dele, depois a mamãe junta outra e, se estou com sorte, a senhora Van Daan também mete o bedelho para me censurar.

Ai, Kitty, não é fácil ser a pessoa mais mal-educada, ou melhor: o para-raios de uma família escondida que sempre critica e corrige! À noite, na cama, quando passo em revista todos os meus pecados e todos os defeitos que me atribuem, me perco nessa abundância de queixas e, quase sempre, começo a chorar... ou a rir, conforme a disposição. Depois adormeço com a ideia tola de querer ser diferente do que sou, ou de que não sou como queria ser e de que faço tudo ao contrário. Queria agir de outra maneira e não ser como sou. Santo Deus! Agora estou embaralhando tudo, não fique brava! Mas não risco o que está escrito e rasgar a folha também não posso, porque há grande falta de papel. Seria mesmo pecado! Assim só posso aconselhar a não voltar a ler a última frase nem tentar se aprofundar, porque é capaz de não conseguir voltar à superfície!

Sua Anne.

SEGUNDA-FEIRA, 7 DE DEZEMBRO DE 1942

Querida Kitty,

Chanukah e São Nicolau quase coincidem neste ano. O Chanukah comemoramos apenas com as velas, mas, como são agora uma preciosidade, só as acendemos durante dez minutos. Com as velas acesas, cantamos a canção de Chanukah! O senhor Van Daan montou um lindo candelabro. O São Nicolau, no sábado, foi ainda mais lindo.

A Elli e a Miep vinham para cima cochichar com o papai e, assim, estávamos todos muito curiosos, pois desconfiamos que estavam preparando alguma surpresa.

Às oito horas descemos a escada, pelo corredor escuro (arrepiei-me toda; tinha medo de não voltar inteira), para o escritório, no outro andar.

É um quarto sem janelas e, assim, podíamos acender a luz. O papai abriu o armário e todos exclamaram: "Que lindo!". No centro estava um grande cesto, enfeitado com papéis coloridos e guarnecido simbolicamente com a máscara do Pedro Preto, o ajudante de São Nicolau.

Levamos o cesto para cima. Cada um recebeu seu presente, com um versinho. Ganhei uma boneca, cuja saia serve para guardar coisas. O papai recebeu um suporte para livros; a mamãe, um calendário. A senhora

Van Daan, uma bolsa para guardar pano de pó; o senhor Van Daan, um cinzeiro... Todos os presentes tinham sido bem elaborados. Foi um sucesso nosso primeiro São Nicolau.

Também demos presentes para nossos amigos lá de baixo, coisas que tínhamos ainda dos velhos tempos. Disseram-nos hoje que o senhor Vossen fez com as próprias mãos o cinzeiro para o senhor Van Daan e os suportes para o papai. Acho admirável alguém fazer coisas tão bonitas.

Sua Anne.

QUINTA-FEIRA, 10 DE DEZEMBRO DE 1942

Querida Kitty,

Antes da guerra, o senhor Van Daan negociava frios, salsichas, chouriços e outras especialidades. A firma contratou-o por ser um comerciante muito hábil e experiente. E agora ficamos maravilhados com a sua habilidade de salsicheiro.

Encomendamos no mercado negro carne para fazer conservas para os tempos difíceis. É interessante ver a carne passar pela máquina, duas ou três vezes. Depois juntam-se os temperos, mistura-se tudo bem e, por fim, enchem-se as tripas com aquela massa. Comemos no almoço salsichas frescas com chucrute! As salsichas têm de secar bem e, por isso, colocamos num varal suspenso no teto. Sempre que alguém entra no quarto e vê as salsichas balançando, não pode deixar de rir. É uma exposição engraçada.

Havia uma tremenda desordem no quarto. O senhor Van Daan (com um avental da esposa), todo gorducho, mais gorducho ainda do que de costume, tratava da carne. Parecia mesmo um açougueiro, com as mãos cheias de sangue, a cara vermelha e o avental sujo. A senhora Van Daan quer fazer mil coisas ao mesmo tempo: estudar Holandês por um livro, remexer a sopa, examinar a carne com a qual o marido trabalha e ainda ter tempo para se queixar das suas costas doloridas.

Bem-feito! Quem é que manda as mulheres vaidosas fazerem ginástica só porque não querem ter um traseiro gordo?

O Dussel, com um olho inflamado, estava junto ao fogão fazendo compressas. O papai, sentado na cadeira, procurava aproveitar os poucos raios do sol. Julgo que tenha dores de reumatismo, estava todo encolhido e seguia com olhos tristes o trabalho do senhor Van Daan. O Peter corria pelo quarto atrás do gato, que se chama Mouschi. A mamãe, a Margot e eu descascávamos batatas. Fazíamos automaticamente, pois contemplávamos, fascinadas, a atividade do senhor Van Daan.

O Dussel inaugurou o consultório de dentista. Só por diversão, vou descrever a sessão com a sua primeira paciente.

A mamãe passava a ferro, e a senhora Van Daan, a primeira vítima, estava sentada numa cadeira, no meio do quarto, enquanto o Dussel tirava cerimoniosamente todos os seus instrumentos. Pediu água-de-colônia para desinfetar e vaselina para substituir a cera. Depois olhou para dentro da boca da senhora Van Daan. Tocou-lhe num dente molar, cutucou com um ferrinho, o que a fazia estremecer e gemer sem noção, como se estivesse morrendo de dores. Depois de um exame sem fim, pelo menos na opinião da paciente, pois na realidade só tinham se passado dois minutos, o Dussel queria começar a obturar um dente. Mas isso, sim! A senhora Van Daan se defendeu com braços e pernas, de tal maneira que o Dussel teve de largar o gancho com o qual limpava o buraquinho. O gancho ficou lá, espetado no dente. Você precisava ver! A senhora se agitava para um lado e para o outro, tentava tirar o gancho, mas só conseguia cravar ainda mais. O Dussel não se comovia. De mãos nos bolsos observava o espetáculo.

E nós, os outros espectadores, ríamos. Não deveríamos ter feito isso. Fomos malvados! Eu também teria me portado assim e teria gritado o quanto pudesse.

Depois de muito esforço, suspiros e gemidos, a senhora Van Daan tirou o ferro, e o Dussel retomou o seu trabalho como se nada tivesse acontecido. Tão depressa manejou os instrumentos que a senhora não teve tempo para mais brincadeiras. Mas suponho que ele nunca tenha tido tantos ajudantes em uma consulta. O senhor Van Daan e eu éramos os assistentes, e agora imagino tudo aquilo como um quadro da Idade Média: "charlatães trabalhando". Por fim a paciência da senhora acabou. Disse que tinha que olhar a comida. Uma coisa é certa: tão cedo não voltará ao dentista.

Sua Anne.

DOMINGO, 12 DE DEZEMBRO DE 1942

Querida Kitty,

Estou observando, através de meia fenda da cortina, o que se passa lá fora. Anoitece, mas ainda consigo ver o suficiente para escrever.

É curioso ver as pessoas correndo! Parece que estão com pressa, quase tropeçam nos próprios pés. Os ciclistas passam numa velocidade que não consigo distinguir as mulheres dos homens.

Este quarteirão é de gente do povo, e a maioria tem aparência pobre. As crianças andam tão sujas que eu só me atreveria a tocar nelas com pinças. São autênticos moleques e falam um dialeto que quase não compreendo.

Ontem, quando a Margot e eu estávamos tomando banho, tive uma ideia: se pudéssemos pescar algumas daquelas crianças, pela janela, com um anzol, daríamos um banho, vestiríamos e depois as soltaríamos de novo.

– Amanhã estariam sujas outra vez! – interrompeu-me a Margot.

Há mais coisas para ver: os automóveis, os barcos e a chuva. Escuto o barulho do bonde e fico imaginando uma porção de coisas. Como nós aqui não temos estímulos, os nossos pensamentos também pouco variam. Dos judeus passamos para a comida, da comida à política, da política..., mas já que falo de judeus: ontem, ao espreitar pela cortina, vi dois judeus. É uma sensação estranha, quase como se eu os traísse e estivesse aqui para espionar a sua infelicidade.

Bem em frente a esta casa há um barco habitado por um pescador com a família. Eles têm um cãozinho que já conhecemos pelo latido. A gente vê o rabinho dele quando corre ao longo da borda do barco.

Agora chove muito, e as pessoas se escondem debaixo dos guarda-chuvas. Só vejo capas de chuva e chapéus. Nem preciso ver mais, porque já conheço bem aquelas mulheres metidas nos seus casacos vermelhos ou verdes, com calçados tortos, uma bolsa gasta debaixo do braço, os corpos inchados por comerem batatas demais e outras coisas de menos. Uma traz a tristeza estampada no rosto, outra parece feliz, mas isso depende do bom ou do mau humor dos seus maridos.

Sua Anne.

TERÇA-FEIRA, 22 DE DEZEMBRO DE 1942

Querida Kitty,

Ficamos animados em saber que cada um de nós terá para o Natal meio quarto de quilo de manteiga, fora a do racionamento. Oficialmente recebemos meio quilo, mas isto é para os mortais felizes que vivem lá fora, na liberdade. Gente escondida como nós, que, com oito cartões de racionamento só pode comprar mercadorias para quatro pessoas, fica radiante com tão pouco! Cada um de nós quer fazer doces com a sua manteiga. Eu farei bolachas e duas tortas. Temos muito o que fazer e a mamãe disse que não me deixaria ler nem estudar enquanto não acabasse as minhas obrigações domésticas.

A senhora Van Daan está na cama, por causa da coluna. Reclama o dia inteiro. Cuidamos dela e trocamos as compressas, mas ela nunca está satisfeita. Só queria que ela já estivesse outra vez em pé e se virasse sozinha. Mas tenho que ser justa: ela é muito trabalhadeira e, quando se sente bem, moral e fisicamente, chega a ser divertida. Todo dia me mandam fazer silêncio. Pelo visto, sou muito barulhenta, e, como se ainda não bastasse, o meu companheiro de quarto resolveu pedir silêncio durante a noite. Nem sequer admite que eu me vire na cama. Faço de conta que não ligo, mas qualquer dia vou retribuir-lhe o pedido. Aliás, aos domingos, ele acaba com a minha paciência. Acende a luz de madrugada para fazer ginástica.

Aquilo parece que dura horas e, como ele está sempre distraído, bate contra as cadeiras que servem para prolongar a minha cama e acabo acordando. Mas, como ainda não dormi o bastante, quero adormecer de novo. Depois de ter percorrido os caminhos da força e da beleza, ele começa a fazer a toalete! As cuecas estão penduradas num gancho. Portanto, vai até lá e volta. Mas vê que esqueceu a gravata em cima da mesa. Lá vai ele para lá, para cá, esbarrando nas cadeiras. E pronto! Acabou o meu descanso dos domingos! Mas valerá a pena a gente queixar-se de homens velhos e esquisitos? Às vezes tenho vontade de fazer uma brincadeira: apagar a luz, desatarraxar a lâmpada e esconder as roupas dele. Mas não faço nada disso por amor à santa paz.

Ai! Como estou ficando ajuizada! Aqui é preciso ter juízo a cada passo: para não responder, para cumprir as ordens, para ser sempre amável, prestativa, transigente e sabe Deus o que mais! Estou abusando do meu juízo que, já por si, não vai longe e receio que não me sobre nenhum para depois, para quando a guerra acabar.

Sua Anne.

QUARTA-FEIRA, 13 DE JANEIRO DE 1943

Querida Kitty,

Estamos todos perturbados hoje, não conseguimos fazer nada com calma. As notícias lá de fora são horríveis. Dia e noite arrastam os coitados das suas casas. Só deixam levar o que cabe na mochila e algum dinheiro (mas tiram mais tarde). Separam as pessoas em três grupos: homens, mulheres e crianças. É comum as crianças voltarem da escola e não encontrarem os pais, ou as mulheres voltarem das compras e dar com a casa vazia. O resto da família já desapareceu.

Nos círculos cristãos também já reina o desassossego. Os jovens são enviados para a Alemanha. Todos têm medo!

E, durante as noites, centenas de aviões sobrevoam a Holanda, para lançar uma chuva de bombas na Alemanha. A cada hora tombam homens na Rússia e na África. O mundo enlouqueceu, há destruição por toda a parte. A situação melhorou para os Aliados, mas o fim de tudo isso ainda está longe.

Nós aqui estamos bem, melhor do que milhares de outras pessoas. Estamos em segurança e podemos fazer planos para os tempos do pós-guerra. Podemos pensar nos vestidos e nos livros que iremos comprar em vez de estarmos sempre preocupados com cada tostão que se gasta inutilmente.

Há crianças, aqui no quarteirão, que andam de blusinhas leves, de tamancos, sem meias, sem sobretudos, sem boinas ou luvas. Têm o estômago vazio, mastigam cenouras, fogem das casas frias para as ruas úmidas e estudam em escolas sem aquecimento. Elas pedem pão às pessoas que passam!

Chegaram até esse ponto as coisas na Holanda! Ouço falar durante horas a fio sobre a miséria que esta guerra trouxe e fico cada vez mais triste. Não temos outro remédio senão esperar, calma e serenamente, o fim de tanta infelicidade. Esperam os judeus, esperam os cristãos. Esperam os povos de todo o mundo... mas muitos esperam pela morte!

Sua Anne.

DOMINGO, 30 DE JANEIRO DE 1943

Querida Kitty,

Você nem faz ideia de como eu estou com raiva. Mas não posso contar para ninguém. Queria bater os pés, gritar, sacudir a mão e não sei o que mais. E isso por causa das palavras zangadas, dos olhares irônicos, das acusações que me lançam todos os dias, como setas de um arco muito esticado. Queria gritar com a mamãe, a Margot, o Dussel e os Van Daan: Deixem-me em paz! Então não me deixam passar uma única noite sem molhar o travesseiro de lágrimas? Não posso adormecer uma única vez sem que os meus olhos ardam e a cabeça me pese centenas de quilos? Deixem-me! Queria ir embora deste mundo! Mas para que serviria? Eles nada sabem do meu desespero! Nada sabem das feridas que me fazem! Já não suporto por mais tempo a compaixão e a ironia deles. Só quero chorar!

Acham-me exagerada quando abro a boca, ridícula quando me calo, malcriada quando dou uma resposta, manhosa quando tenho uma boa ideia, preguiçosa quando estou com sono, egoísta quando me sirvo mais. Uma tudo ou nada, estúpida, covarde, interesseira, etc., etc....

O dia inteiro tenho de ouvir que sou uma criatura insuportável, e acredite: embora ria ou finja não dar importância, nada daquilo me é indiferente.

Eu queria pedir a Deus uma outra natureza que não irritasse tanto os outros. Mas é impossível. E, de resto, se sou assim, sinto, no entanto, que não sou má. Faço muito mais esforços para agradar a todos do que eles imaginam. Rio só para não lhes mostrar a minha dor íntima. Mais de uma vez, quando discutia com a mamãe e ela era injusta comigo, dizia: "Tanto faz como tanto fez. Melhor é não se preocupar mais comigo. Sou um caso perdido".

Dizem que sou malcriada e me ignoram durante dois dias. De repente, tudo é perdoado e esquecido. Mas eu não posso ser um dia muito simpática e carinhosa com alguém para o odiar logo no dia seguinte. Prefiro não me aproximar dos extremos, guardar os meus pensamentos e tratar as pessoas com o mesmo desdém com que me tratam. Ai, se eu fosse capaz disso!

Sua Anne.

SEXTA-FEIRA, 5 DE FEVEREIRO DE 1943

Querida Kitty,

Faz tempo que não te tenho falado das nossas brigas, mas não pense que alguma coisa mudou. No começo o senhor Dussel se incomodava muito com as várias discussões que ouvia. Depois acostumou-se e agora já faz tentativas para servir de mediador.

A Margot e o Peter nem parecem jovens de verdade, são ambos chatos e tranquilos. Como eu faço um grande contraste com eles, ouço continuamente:

– Olha a Margot e o Peter, eles seriam incapazes de fazer isso!

Que irritante! E já vou confessar uma coisa: não quero de jeito nenhum ficar como a Margot. É muito tolerante e sem-graça, se deixa influenciar por todo mundo, cede sempre. Ela não tem opinião própria! Mas essas teorias não confio a mais ninguém. Não quero que riam de mim.

À mesa reina muitas vezes uma atmosfera pesada que só alivia quando um ou outro hóspede come em nossa casa. Falo das pessoas do escritório, que vêm tomar um prato de sopa conosco.

Hoje, no almoço, o senhor Van Daan verificou mais uma vez que a Margot não come o suficiente. "Talvez para manter a linha", disse em tom irônico.

A mamãe, que sempre defende a Margot, disse muito alto:

– Estou cheia dessa conversa!

A senhora Van Daan ficou vermelha como um pimentão, e ele ficou olhando para o chão, sem jeito.

Muitas vezes rimos uns com os outros. Há pouco, a senhora Van Daan contou coisas engraçadas dos vários flertes que teve e como se entendia bem com o pai dela.

– Se algum homem ousar ser atrevido com você, deve dizer-lhe: "Meu senhor, sou uma dama!". Ele desistirá logo! – aconselhava o pai dela.

Sua Anne.

SÁBADO, 27 DE FEVEREIRO DE 1943

Querida Kitty,

Papai acha que a invasão pode acontecer a qualquer momento. Churchill teve uma pneumonia, mas já está quase bom. Gandhi, o libertador da Índia, já fez, não sei quantas vezes, greve de fome.

A senhora Van Daan disse ser fatalista. Mas sabe quem tem mais medo quando caem as bombas? Claro que é ela, a dona Petronella!

O Henk trouxe-nos a pastoral dos bispos que foi lida em todas as igrejas. É grandiosa e incita as pessoas: "Não vos caleis, holandeses! Cada um tem que lutar com as suas armas pela liberdade do povo, pela pátria e pela religião! Ajudai, não hesiteis!". Foi assim que falaram. Servirá para alguma coisa? Aos nossos correligionários com certeza não serve para nada.

Imagine o que nos aconteceu. O senhorio, sem avisar o senhor Koophuis ou o senhor Kraler, vendeu a casa. Uma manhã apareceu o novo proprietário com um arquiteto. Queriam ver a casa. Graças a Deus o senhor Koophuis estava presente e mostrou tudo menos o Anexo Secreto. Disse-lhes que deixara as chaves da porta em casa. Os homens não insistiram. Tomara que não voltem para ver o Anexo. Seria a nossa desgraça.

O papai nos deu um fichário com fichas novas. Serve para mim e a Margot, para os livros que já lemos. Registramos não só pelo autor e título, mas também com as nossas observações. Para as palavras estrangeiras e os ditos, arranjei um caderno especial.

Há uma nova divisão de manteiga e de margarina. Cada um recebe a sua parte do dia num pratinho. Parece-me que a distribuição, quando está ao cargo dos Van Daan, não corre lá com grande honestidade, mas os meus pais estão cansados das brigas, por isso ficam quietos. É uma pena. A meu ver, devíamos pagar-lhes na mesma moeda.

Sua Anne.

QUARTA-FEIRA, 10 DE MARÇO DE 1943

Querida Kitty,

Ontem à noite houve um curto-circuito. E, além disso, o barulho infernal dos canhões da defesa. Não consigo me habituar às bombas e aos aviões. Tenho medo e quase sempre fujo para a cama dos meus pais. Você vai achar que sou criança, mas só queria que assistisse! Não ouvimos as nossas próprias palavras, tanto é o barulho dos canhões.

Tenho muito medo! De dia a coisa não me aflige tanto. Gritei como se tivesse febre e supliquei ao papai que acendesse a vela. Mas ele não se comoveu e continuamos às escuras. Então começou o ruído das metralhadoras, que acho pior ainda que o dos canhões. A mamãe pulou para fora da cama e, contra a vontade do papai, acendeu a vela. Ao protesto dele, respondeu resolutamente:

– Mas a Anne não é um velho soldado como você!

E acabou-se! Já contei dos ataques da senhora Van Daan? Você tem que saber de tudo o que se passa no Anexo. Certo dia, ela ouviu passos pesados no sótão e pensou que eram ladrões. Ficou tão cheia de medo que acordou o marido. No mesmo instante o ruído parou, o senhor Van Daan só conseguiu ouvir bater o coração da fatalista.

– Ai, Putti! (É como ela chama o senhor Van Daan.) Roubaram os chouriços e os feijões. E o que terão feito ao Peter?

– Não roubaram o Peter, não se aflija! E me deixe dormir!

Como ela não conseguia adormecer, não o deixava. Algumas noites depois, a família Van Daan acordou com um barulho esquisito. O Peter subiu até o sótão com a sua lanterna e quando a acendeu viu fugir um bando de ratazanas. Agora sabíamos quem eram os ladrões e pusemos o Mouschi para dormir no sótão. Os hóspedes indesejáveis, pelo menos durante a noite, não voltaram mais. Mas há poucos dias o Peter teve de ir ao sótão (eram sete e meia e ainda dia) para buscar alguns jornais velhos. Uma ratazana mordeu-o no braço. Quando chegou aqui embaixo tinha o pijama cheio de sangue, estava branco como cal e mal se aguentava nas pernas. Não admira, pois ser mordido por uma ratazana é horrível.

Sua Anne.

SEXTA-FEIRA, 12 DE MARÇO DE 1943

Querida Kitty,

Vou lhe apresentar Mamãe Frank, defensora dos adolescentes, da manteiga extra para os jovens. Luta pelos problemas dos jovens modernos. Luta pela Margot, por mim e pelo Peter e, depois de grandes discussões, consegue sempre o que pretende.

Um vidro de língua em conserva estragou. Resultado: jantar de gala para o Mouschi e o Boche. É verdade, você ainda não conhece o Boche. Dizem que já estava no imóvel antes de nós chegarmos. Agora é o gato do armazém e do escritório e afasta os ratos. Antes, a casa tinha dois gatos: um para o armazém, outro para o sótão. Quando os dois se encontravam havia sempre briga. Infalivelmente o do armazém é que começava, mas o do sótão é que vencia. E, por isso, foram batizados: o do armazém era o alemão, ou o Boche, o do sótão, o inglês, ou o Tommy. O Tommy desapareceu, e o Boche é a nossa distração quando vamos para baixo.

Comemos tantas vezes feijão branco que já não posso ver na minha frente e fico enjoada só de pensar nele. Não temos mais pão no jantar.

O papai acaba de dizer que está preocupado com vários assuntos. O coitado está com os olhos tristes!

Ando maluca com o livro De Klop op de Deur, de Ina Boudier-Bakker. É o romance de uma família com incríveis descrições. As passagens que tratam da guerra, dos problemas da mulher, dos escritores, não os acho tão bons. São assuntos que me interessam pouco.

Bombardeios sobre a Alemanha. O senhor Van Daan anda de mau humor por falta de cigarros.

O problema de comer já ou não os legumes em conserva resolveu-se a nosso favor.

Nenhum sapato me serve mais, só as botas de esqui, e as botas são muito incômodas em casa. Uma sandália de palha entrançada durou só uma semana e se acabou. Pode ser que a Miep encontre qualquer coisa no mercado negro.

Agora tenho de cortar o cabelo do papai. O Pim disse que, mesmo depois da guerra, não irá querer outro barbeiro. Se pelo menos eu não cortasse tantas vezes a orelha dele!

Sua Anne.

QUINTA-FEIRA 18 DE MARÇO DE 1943

Querida Kitty,

A Turquia entrou na guerra... Estamos impacientes pelas notícias da rádio. É mesmo assim que a rádio transmite este repugnante teatro de marionetes. Dá quase a ideia de que os soldados têm orgulho das suas feridas: mais e melhor.

Um deles a quem o Führer consentiu em apertar a mão (caso ainda tivesse alguma) nem conseguiu falar.

Sua Anne.

SEXTA-FEIRA, 19 DE MARÇO DE 1943

Querida Kitty,

Afinal a Turquia ainda não entrou na guerra. O ministro do Exterior só apelou no seu discurso para que cessasse a neutralidade. O vendedor de jornais tinha gritado: “A Turquia está do lado dos ingleses”. Assim nasceu o boato e chegou até nós.

As notas de 500 e de 1.000 florins vão deixar de ter valor. Os negociantes do mercado negro e os possuidores de dinheiro negro vão se ver em maus lençóis. O problema é também grave para as pessoas escondidas.

Para trocar uma nota de mil florins, é obrigatório declarar e provar de onde ela vem. Até o fim da próxima semana, essas notas ainda podem ser utilizadas para pagamento dos impostos.

O Dussel recebeu a sua broca de mão e, em breve, vai examinar os meus dentes.

O Führer conversou com os soldados feridos. Que tristeza ouvir aquilo no rádio. Um exemplo:

– Meu nome é Heinrich Scheppel!

– Onde foi ferido?

– Perto de Stalingrado.

– Quais são os ferimentos?

– Perdi os dois pés por causa do frio e fraturei o pulso esquerdo!

Sua Anne.

QUINTA-FEIRA, 25 DE MARÇO DE 1943

Querida Kitty,

Estávamos ontem muito bem-dispostos quando entrou o Peter e cochichou algo para o papai. Escutei: "Entornou-se um barril no armazém" e "alguém tentou abrir a porta".

A Margot também ouviu, mas fez o possível para me acalmar, pois eu estava branca como papel quando o papai saiu do quarto com o Peter. Ficamos os três à espera, mas dois minutos depois apareceu a senhora Van Daan, que tinha estado no escritório particular ouvindo rádio.

O papai pediu que ela desligasse o rádio e saísse sem fazer ruído. Mas, quando a gente quer ter muita cautela, é pior ainda. E ela disse que os degraus da velha escada tinham rangido medonhamente debaixo dos seus pés. Mais cinco minutos... O papai e o Peter voltaram, ambos pálidos até a raiz dos cabelos. Contaram-nos o que se passava: sentados lá em baixo, puseram-se à escuta, mas primeiro não ouviram nada. Depois, de repente, ouviram duas pancadas fortes como se alguém tivesse batido com as portas. De um pulo o Pim correu escada acima, enquanto o Peter foi alertar o Dussel, que, antes, arrumou as suas coisas, fazendo bastante barulho. Então subimos todos na ponta dos pés e apenas de meias. O senhor Van Daan está resfriado e, por isso, já tinha se deitado. Juntamo-nos todos em volta da sua cama e contamos, em voz baixa, as nossas suspeitas. Quando o senhor Van Daan tossia alto, a senhora Van Daan e eu quase desmaiávamos de susto, até que enfim alguém teve a ideia luminosa de lhe dar codeína. A tosse acalmou imediatamente.

Esperamos... como não ouvimos mais nada, calculamos que os ladrões tinham fugido ao ouvir, de repente, passos numa casa tão calma.

Lembramos que o rádio ainda estava sintonizado na emissora inglesa e que as cadeiras estavam desarrumadas. Qualquer um perceberia imediatamente que, pouco antes, havia pessoas naquele quarto. No caso de os ladrões terem arrombado a porta e a defesa antiaérea perceber, a polícia seria avisada e as consequências podiam ser muito sérias.

O senhor Van Daan se levantou, vestiu o casaco, pôs o chapéu e desceu cautelosamente com o papai. O Peter ia atrás, levando um martelo para o que desse e viesse. As senhoras, a Margot e eu esperamos com grande nervosismo. Cinco minutos mais tarde, eles voltaram para nos dizer que estava tudo em ordem.

Combinamos não abrir as torneiras e não puxar a descarga do banheiro. Mas, como o susto provocou o mesmo efeito em todos nós, pode imaginar o cheiro num certo lugar...

Quando acontece uma coisa ruim, vem outra em seguida. Foi o que aconteceu. Primeiro: o sino da Westertoren parou de tocar. Achava-o tão bonito e tranquilizante! Segundo: sabíamos que o senhor Vossen tinha saído mais cedo na noite anterior, mas o que ignorávamos era se a Elli, depois, tinha levado as chaves ou se esqueceu de fechar a porta. Estávamos todos um tanto inquietos, embora não se ouvisse o menor ruído desde as oito horas – e já eram onze. Depois de nos acalmarmos, vimos que era inconcebível que algum ladrão tivesse arrombado a porta numa hora em que ainda tem tanta gente na rua. Ocorreu-nos que um contramestre da casa vizinha estivesse trabalhando. Como as paredes são finas, é fácil confundir o som dos ruídos, especialmente quando se está aflito. E assim fomos nos deitar, mas ninguém conseguiu dormir bem.

O papai, a mamãe e o Dussel ficaram a noite toda sobressaltados, e eu, sem exagero, não preguei o olho...

Hoje de manhã, eles desceram para ver se a porta de entrada estava ainda fechada. Tudo parecia em ordem. Contamos os acontecimentos tão aflitivos, com todos os pormenores, aos nossos protetores, que troçaram de nós, mas depois de as coisas terem passado é fácil rir! Só a Elli é que nos levou a sério.

Sua Anne.

SÁBADO, 27 DE MARÇO DE 1943

Querida Kitty,

Terminamos o curso de Taquigrafia. Estamos agora treinando a velocidade, para chegarmos ao máximo. Vou contar coisas do meu "trabalho-de-matar-o-tempo". Estou entusiasmadíssima com a mitologia, e o que mais me interessa são as lendas dos deuses gregos e romanos. Todo mundo aqui diz que é um entusiasmo passageiro, porque nunca ouviram dizer que uma adolescente tivesse se dedicado à mitologia. Então, eu serei a primeira! O senhor Van Daan está resfriado. Está com a garganta inflamada e faz disto um grande acontecimento: gargareja com chá de camomila, pincela a garganta com tintura de mirra, põe eucalipto no nariz, no pescoço, na gengiva e na língua. Além disso... está de mau humor.

Rauter, um figurão alemão, fez um discurso: "Todos os judeus têm de desaparecer, até 1º de julho, dos países germânicos. Será feita a limpeza (como se se tratasse de baratas!) na província de Utrecht de 1º de abril até 1º de maio, na Holanda do Norte; e do Sul, de 1º de maio até 1º de junho".

Feito um rebanho de pessoas doentes e inúteis, levam os pobres coitados ao matadouro. Mas não quero falar mais nisso. Os meus próprios pensamentos me causam pesadelos. Também há novidades boas: o departamento de Trabalho da Alemanha foi sabotado, incendiado e, alguns dias mais tarde, aconteceu o mesmo com a repartição de Registro Civil. Homens metidos em uniformes da polícia alemã subjugaram os guardas e depois fizeram desaparecer arquivos importantes, de maneira que as convocações e as buscas tornam-se agora bem mais difíceis.

Sua Anne.

QUINTA-FEIRA, 1º DE ABRIL DE 1943

Querida Kitty,

Não temos disposição para brincadeiras. (Veja a data!) Aqui justifica-se o provérbio: “Uma desgraça não vem só”. Primeiro: o nosso protetor, senhor Koophuis, que nos anima sempre, teve ontem uma forte hemorragia estomacal e precisa ficar três semanas de cama. Segundo: a Elli está com gripe. Terceiro: o senhor Vossen vai precisar ir para o hospital semana que vem. Parece que tem uma úlcera e vão operá-lo.

Fizeram planos para uma reunião de negócios importante. O papai tinha tratado tudo com o senhor Koophuis. Agora não há tempo para dar instruções ao Kraler, e o papai treme só de pensar no resultado da reunião. Disse:

– Se eu pudesse estar presente! Se eu pudesse estar lá embaixo!

– Por que não se deita no chão? Com certeza pode ouvir tudo.

A cara do papai se iluminou. Às dez e meia, ele e a Margot tomaram as suas posições e escutaram. Duas pessoas ouvem mais do que uma. As negociações não acabaram na parte da manhã, mas à tarde o papai não teve coragem para se deitar novamente naquela posição. Estava como que moído. Quando às três horas se ouviram as vozes lá embaixo, tomei eu o lugar do papai e a Margot se deitou ao meu lado. As conversas eram muito longas e aborrecidas e, de repente, adormeci naquele oleado tão duro e tão frio. A Margot não ousou me dar um empurrão, com medo de que lá embaixo notassem alguma coisa. Dormi uma boa meia hora e quando acordei já tinha esquecido as coisas mais importantes. Mas, felizmente, a Margot tinha prestado atenção.

Sua Anne.

SEXTA-FEIRA, 2 DE ABRIL DE 1943

Querida Kitty,

Mais um item para a minha lista de pecados. Ontem estava esperando que o papai, como de costume, viesse rezar comigo e me dizer boa-noite. Mas veio a mamãe. Sentou-se na minha cama e perguntou, modesta e hesitante:

– Anne, o papai ainda não pode vir. Vamos rezar as duas.

– Não, mãe! – respondi.

A mamãe se levantou, ficou parada ao lado da minha cama. Depois dirigiu-se devagarinho para a porta. De repente virou-se e, desfigurada, disse:

– Não estou zangada, Anne. O amor não é coisa que se possa pedir a alguém.

Corriam-lhe as lágrimas pelo rosto. Fiquei muito quieta e senti que fui má por tê-la afastado tão brutalmente, mas não podia responder de outra maneira. Não sou capaz de fingir e de rezar com ela contra a minha vontade. Juro que não sou capaz. Tenho pena da mãe, muita pena até, pois compreendi, pela primeira vez, que a minha atitude não lhe é indiferente. Li a dor em seu rosto, quando me disse que o amor não era coisa que se pudesse pedir a alguém. É duro dizer a verdade. Mas a verdade é que ela me afastou. Com as suas observações pouco delicadas e as suas gracinhas sobre coisas que para mim são muito sérias. Assim como em mim tudo se constrange quando ela é dura, também agora se constrangeu o seu coração, quando compreendeu que entre nós se tinha extinguido o amor. Ela chorou durante toda a noite, quase não dormiu. O papai nem olha para mim e, quando o faz, vejo a acusação nos olhos: "Como foi capaz de ser tão má para sua mãe? Como pode fazê-la sofrer tanto?".

Esperam que eu peça desculpa. Mas eu não posso pedir desculpa, pois só disse o que é verdade, e mais cedo ou mais tarde a mamãe ficaria sabendo. Parece que já não me importo tanto com as lágrimas da mamãe e o olhar do papai. Pela primeira vez os dois notaram o que eu sinto. Sim, posso ter pena da mamãe, mas só ela mesma deve procurar me reencontrar. Quanto a mim, continuarei calada e fria e nunca terei medo da verdade. É sempre melhor não adiar o que se tem a dizer.

Sua Anne.

TERÇA-FEIRA, 27 DE ABRIL DE 1943

Querida Kitty,

Estamos todos aborrecidos uns com os outros, os Van Daan, a mamãe, o papai, etc. Lindo ambiente, não? A lista completa dos pecados da Anne foi exaustivamente discutida.

O senhor Vossen está no hospital. O senhor Koophuis já voltou ao escritório. Desta vez, a hemorragia do estômago passou mais depressa do que de costume. Koophuis contou-nos que a repartição de Registro Civil ficou muito destruída depois do assalto, porque os bombeiros inundaram o edifício todo e os danos são agora enormes.

O Hotel Carlton foi destruído, com o "lar dos oficiais", e toda a esquina da Vijzelstraat-Singel ficou destruída pelo fogo. Dois aviões ingleses, que transportavam grande carga de bombas incendiárias, caíram nesse lugar. Já não há sossego durante as noites.

Tenho grandes olheiras porque não consigo dormir. A comida está uma miséria: no café da manhã temos pão seco e cevada. No almoço, há mais de quinze dias: espinafres ou salada; e as batatas, de 20 centímetros de comprimento, estragadas e com um gosto adocicado. Quem quiser emagrecer que venha viver conosco.

Os de cima gemem. Mas nós ainda não fazemos disso uma tragédia. Todos os homens que tinham sido mobilizados ou que combateram "na Guerra de Cinco Dias", em 1940, foram convocados como prisioneiros de guerra e têm de trabalhar para o Führer. Mais uma medida de precaução contra a invasão!

Sua Anne.

SÁBADO, 1º DE MAIO DE 1943

Querida Kitty,

Quando penso na nossa vida aqui, chego sempre à mesma conclusão: nós, em comparação com os judeus que não conseguiram esconder-se, ainda estamos no paraíso. No entanto, mais tarde, quando tudo estiver normalizado e eu puder pensar naquilo que vivi, ficarei admirada dos limites a que nós chegamos, especialmente nos nossos hábitos. Desde que entramos aqui, usamos a mesma toalha de oleado na mesa. Com um trapo, que é mais buracos do que trapo, tento dar-lhe um pouco de brilho, mas em vão. Os Van Daan não puderam lavar seu lençol de flanela durante todo o inverno, porque o sabão é raro e muito ruim. O papai anda com umas calças surradas e a gravata muito gasta. A cinta da mamãe se rasgou de velha, e a Margot usa um sutiã dois números menor. Durante o inverno, a mamãe e a Margot usaram, as duas juntas, três agasalhos, e o meu casaquinho é muito curto. Pergunto a mim mesma: será possível que nós, tão terrivelmente esfarrapados, com tudo tão gasto, desde minhas solas de sapato até o pincel de barbear do papai, vamos voltar algum dia à mesma vida de antes?

Hoje os aviões bombardearam terrivelmente a cidade, sobretudo durante a noite. Pensei em juntar o indispensável e preparar uma "mala de fuga", mas a mamãe disse:

– Você quer fugir para onde?

A Holanda inteira está sendo castigada por haver sabotagens por toda a parte. Foi declarado estado de sítio e tiraram uma ração de manteiga de cada pessoa. É assim que se castigam as crianças malcomportadas!

Hoje, à tardinha, lavei a cabeça da mamãe. Não é fácil. Temos de nos virar com o sabão amarelo e pegajoso e, além disso, é difícil pentear o cabelão da mamãe com o pente da família que agora só tem dez dentes.

Sua Anne.

TERÇA-FEIRA, 18 DE MAIO DE 1943

Querida Kitty,

Teve um combate aéreo entre aviões alemães e ingleses. Infelizmente a tripulação de dois ingleses teve de abandonar as aeronaves, saltando de paraquedas. O leiteiro, que mora no caminho para Harlen, viu quatro canadenses. Um, que falava perfeitamente holandês, lhe pediu fogo para o cigarro.

Contou que a tripulação era de seis homens, mas que o piloto, por infelicidade, morrera no incêndio e o sexto companheiro tinha se escondido não se sabe onde. Depois veio a polícia verde e prendeu os quatro aviadores. Incrível a calma e a presença de espírito desses homens, depois de um salto assim!

Temos que acender o fogão para queimar os restos de verduras e de outras porcarias. É preciso ter cautela por causa do empregado do armazém, e não podemos colocar nada na lata de lixo. Qualquer pequeno desleixo pode nos denunciar.

Todos os estudantes são obrigados a assinar uma declaração de lealdade como sinal de simpatia pelos ocupantes. Depois podem continuar os estudos. Oitenta por cento, no entanto, não foram capazes de assinar contra a sua convicção. As consequências não demoraram. Todos que não assinaram são obrigados a trabalhos forçados na Alemanha. O que vai ser da juventude holandesa se as coisas continuarem assim?

Hoje à noite a mamãe fechou a janela porque o barulho dos bombardeios era insuportável. Eu dormia na cama do Pim. De repente, ouvimos a senhora Van Daan gritar. Ela pulou da cama como se uma tarântula a tivesse picado. Depois, ouviu-se uma forte explosão. Imaginei logo que uma bomba incendiária tinha caído junto da cama dela e gritei:

– Luz, luz!!!

O Pim acendeu a luz e eu esperava que o quarto, dentro de poucos minutos, fosse devorado pelo fogo. Mas tudo ficou na mesma. Subimos escada acima para ver o que tinha acontecido. Os Van Daan tinham visto um clarão de fogo pela janela. Ele achava que o incêndio devia ser perto, em alguma parte. Ela, na sua imaginação, já estava vendo a nossa casa em fogo. Mas, como não se ouvia nem se via mais nada, voltamos a nos deitar. Depois de quinze minutos o barulho recomeçou. A senhora Van Daan fugiu do quarto, desceu a escada e refugiou-se junto do senhor Dussel. Pelo jeito o marido não sabe proteger! O senhor Dussel recebeu-a com estas palavras:

– Deite-se ao meu lado, minha filha!

Caímos todos na risada e o barulho das armas não nos perturbou mais. Nossos medos desapareceram por completo.

Sua Anne.

DOMINGO, 13 DE JUNHO DE 1943

Querida Kitty,

O poema que o papai escreveu para mim no meu aniversário é tão lindo! Ele escreveu em alemão, e a Margot traduziu assim:

Apesar de caçula, a idade não blefa,
Sua vida pode ser dura, pois é nossa a tarefa
De ser seus professores, ora essa.
"Temos experiência! Acredite em mim!"
"Já fizemos isso antes, você sabe que sim.
Entendemos do riscado, sabemos o mesmo."
Desde tempos imemoriais, sempre o mesmo.
Seus próprios defeitos são apenas banais,
Mas os dos outros são pesados demais:
Quando este é nosso apuro, é fácil criticar,
Mas para seus pais é duro, eles podem até tentar,
Tratar-lhe com justeza e também com bondade;
Pois a crítica não é um mal que se esvai com a idade.
Você mora com velhos, não há nada a fazer
Além de aguentar deles os resmungos, você já vai ver.
O remédio é amargo, mas tem de descer,
Pois ele trará a paz, você há de saber.
Os muitos meses aqui não foram em vão,
Pois desperdiçar tempo afeta a razão.
Você lê e estuda todo o dia sem parar,
Decidida a fazer o tédio passar.
A pergunta mais dura, mais difícil de engolir,
É "Com que diabos eu vou me vestir?
Já não tenho calcinha, minhas roupas estão justas,
Minha camisa é uma tanga, que aparência vetusta!
Para pôr os sapatos, só cortando os dedos,
Ó céus, minha vida é um degredo!"

Tinha também versos sobre comida, que não vou transcrever porque a Margot não conseguiu colocar rima.

Todos foram simpáticos e me deram muitos presentes. Entre outras coisas me deram um livro enorme sobre o meu tema favorito: mitologia grega e romana. Não posso reclamar pela falta de doces, pois todos sacrificaram alguma coisa das suas últimas reservas. Como caçula do Anexo, admito que recebo mais do que mereço.

Sua Anne.

TERÇA-FEIRA, 15 DE JUNHO DE 1943

Querida Kitty,

Aconteceram muitas coisas, mas receio que todas estas histórias comecem a aborrecê-la. Prometo ser breve.

O senhor Vossen não operou o estômago. Quando estava na mesa de operação e os médicos o abriram, viram que ele tem um câncer infelizmente tão adiantado que nada podiam fazer. Fecharam e o mandaram para casa depois de o alimentarem e tratarem por três semanas. Tenho muita pena dele, lamento não poder sair daqui para visitá-lo e distraí-lo. Sempre era ele quem vinha nos contar o que se passava no armazém. Era sempre preocupado conosco, o bom Vossen. Faz uma falta enorme.

No próximo mês seremos obrigados a entregar o nosso rádio. O senhor Koophuis tem um desses aparelhos portáteis que nos vai ceder para substituirmos o nosso grande Philips. Que pena termos de nos desfazer do lindo aparelho! Mas numa casa onde há gente escondida não se deve arriscar nada. O rádio pequeno ficará aqui em cima. Para um rádio há sempre um lugar, mesmo em casa de judeus escondidos, que compram tudo com dinheiro negro. Todo mundo está empenhado em arranjar um aparelho antigo para entregar às autoridades em vez daquele que tem em casa.

O rádio é para nós a única ligação com o mundo exterior. E a verdade é que, quando estamos deprimidos, é bom ter um rádio para nos dar coragem.

Sua Anne.

DOMINGO, 11 DE JULHO DE 1943

Querida Kitty,

Volto a falar sobre educação. Tenho feito de tudo para ser prestativa, amável e simpática. Assim a avalanche de críticas diminui. Mas é difícil me comportar bem com gente que não consigo suportar. Às vezes, esqueço tantas injustiças. Depois de esconder a minha raiva durante semanas, falam que sou a garota mais malcriada do mundo!

Você não acha que sou digna de pena? Ainda bem que tenho senso crítico, senão desanimaria e perderia totalmente a disposição.

Resolvi não me preocupar tanto com a Taquigrafia. Preciso de mais tempo para os meus outros estudos. Ultimamente estou ficando míope, o que não é nada bom. Preciso de óculos (ficaria com cara de coruja), mas, como você sabe, pessoas escondidas não podem...

A mamãe queria me mandar com a senhora Koophuis ao médico oftalmologista. Ao ouvir aquilo, no primeiro momento fiquei zonza. Não é simples sair para a rua. Imagina, andar pelas ruas! Pensei que fosse morrer de medo, pois não é tranquilo. Depois, fiquei toda contente. Mas não é assim tão fácil, tem todas as dificuldades e os perigos. Seria preciso pensar bem e decidir as coisas importantes. A Miep queria me levar imediatamente, e fui logo ao armário tirar o meu casaco cinzento. Mas estava tão pequeno que parecia que era de uma irmã mais nova. Estou ansiosa por saber se, de fato, vou ao médico. Mas acho que vão adiar.

Os ingleses desembarcaram na Sicília, e o papai diz que a guerra não pode continuar por muito tempo. A Elli passa para mim e para a Margot uma parte do seu trabalho do escritório. Gostamos muito de fazer. Qualquer pessoa sabe classificar a correspondência e anotar as vendas, mas nós somos especialmente cuidadosas.

A Miep é o nosso burro de carga, coitada! Quase todos os dias descobre alguma verdura e traz na sua sacola amarrada à bicicleta. Também é ela quem cuida, todos os sábados, da troca dos livros, na biblioteca. Estamos sempre ansiosamente à espera do sábado, como criancinhas que esperam por um presente.

Que significam os livros para gente isolada do mundo exterior? Ler, estudar e ouvir rádio... é esse o nosso mundo.

Sua Anne.

SEXTA-FEIRA, 16 DE JULHO DE 1943

Querida Kitty,

Outra vez entraram ladrões, mas desta vez foi para valer! Na parte da manhã o Peter foi, como sempre, ao armazém e verificou que as portas do armazém e da rua estavam abertas. Avisou logo o Pim, que, antes de mais nada, ligou o rádio na emissora alemã e fechou a porta. Depois os dois vieram para cima. As ordens, num caso destes, são: não abrir as torneiras, não andar pela casa, estar vestido e arrumado às oito horas, não utilizar o banheiro. Estávamos contentes por não termos notado nada durante a noite, pois, pelo menos, dormimos bem. Só às onze e meia é que chegou o senhor Koophuis e contou que os ladrões conseguiram abrir a porta exterior com uma alavanca para em seguida arrombar a porta do armazém. Viram logo que no armazém não havia nada que valesse a pena roubar e então tentaram a sorte no andar de cima. Levaram a caixa do dinheiro com 40 florins e os talões de cheque em branco, mas o pior é que lhes caíram nas mãos todos os cupons para 150 quilos de açúcar.

O senhor Koophuis acha que eram os mesmos ladrões que tentaram, há seis semanas, arrombar uma das portas. Naquela época, eles não conseguiram. Ficamos todos muito aflitos. Parece que aqui no Anexo não se pode passar sem acontecimentos sensacionais. Ainda bem que as máquinas de escrever e a caixa registradora estavam aqui em cima, onde, aliás, as guardamos todas as noites.

Sua Anne.

SEGUNDA-FEIRA, 19 DE JULHO DE 1943

Querida Kitty,

No domingo, a parte norte do porto de Amsterdã foi terrivelmente bombardeada. Dizem que os danos são graves. Ruas inteiras foram transformadas em montanhas de entulho e ainda passarão muitos dias sem encontrar todos os cadáveres. Até agora contaram duzentos mortos e inúmeros feridos. Os hospitais estão lotados. Crianças vagueiam entre as ruínas à procura dos pais. Ainda estremeço ao lembrar do estampido das explosões e do ruído surdo das bombas que nos prenunciavam toda essa destruição.

Sua Anne.

SEXTA-FEIRA, 23 DE JULHO DE 1943

Querida Kitty,

A Elli descobriu em uma loja, onde ainda vendem com cupons de racionamento, cadernos e livros de escritório para a Margot, que está aprendendo contabilidade. Mas não queira saber o aspecto dos cadernos: papel cinzento com linhas tortas e só com doze folhas. E caros!

Agora você vai achar engraçado. Vou contar o que cada um de nós deseja em primeiro lugar quando estiver em liberdade.

A Margot e o senhor Van Daan gostariam de tomar um banho quente, numa banheira cheia, e ficar lá dentro, pelo menos, meia hora. A senhora Van Daan quer ir direto para uma confeitaria e comer torta. O Dussel não pode pensar em outra coisa senão na sua mulher. A mamãe tem saudades de uma xícara de café. O papai quer visitar, antes de mais nada, o senhor Vossen. O Peter pensa em ir logo ao centro da cidade e ao cinema. E eu? Acho que de tanta felicidade nem seria capaz de saber o que fazer primeiro.

Parece que o meu maior desejo é voltar para nossa casa, onde posso estar à vontade, onde faço o que tiver vontade. Queria também ser orientada nos estudos, isto é, queria ir para a escola!

A Elli tem possibilidades de arranjar fruta no mercado negro. Mas os preços não são brincadeira nenhuma: uvas, 5 florins; groselhas, 70 centavos; um pêssego, 50 centavos; um quilo de melão, 1 florim. Isso apesar de nos jornais se ler todos os dias: "Qualquer subida de preços é considerada especulação".

Sua Anne.

SEGUNDA-FEIRA, 26 DE JULHO DE 1943

Querida Kitty,

O dia de ontem foi bem agitado e ainda estamos estressados. Você pode perguntar se não é possível passar aqui um único dia sem preocupações. Estávamos sentados à mesa e tomando o café da manhã quando as sirenes deram o primeiro alarme. Isso não nos incomoda grande coisa porque quer dizer apenas que os aviões inimigos estão se aproximando da costa. Depois do café me deitei de novo na cama. Tinha terríveis dores de cabeça. Eram duas horas quando vim para baixo. Às duas e meia a Margot terminou os trabalhos para o escritório. Ainda não tinha arrumado as coisas quando se ouviu de novo o toque de alarme, mas dessa vez mais forte. Subimos num instante a escada e cinco minutos mais tarde o barulho tornou-se medonho. Resolvemos nos refugiar no nosso cantinho no corredor. A casa tremia.

Ouvimos nitidamente as bombas. Apertei a minha malinha debaixo do braço, mais para sentir algum amparo do que para fugir. Depois de uma boa meia hora os aviões foram rareando e começamos a sair dos esconderijos.

O Peter desceu do seu posto de observação no sótão, o senhor Dussel estava no grande escritório, a senhora Van Daan achara que só no escritório particular estaria em segurança, e o senhor Van Daan observara o espetáculo lá do alto do sótão. Só nós tínhamos ficado no cantinho de abrigo. Agora subimos todos para o andar de cima, de onde víamos nitidamente as nuvens de fumaça sobre o porto de Amsterdã.

Logo chegou até nós o cheiro de queimado: era o incêndio. Tive a impressão de que um nevoeiro espesso envolvia a cidade. Um incêndio assim não é um espetáculo agradável. Cada um de nós voltou aos seus afazeres, contente por ter escapado. Na hora do jantar, outra vez o alarme. Estávamos comendo umas coisas boas, mas eu perdi o apetite logo que ouvi o terrível uivar das sirenes. Tudo, porém, ficou calmo, e 45 minutos depois deram sinal de fim do alarme. Mas, mal tínhamos lavado a louça, tudo recomeçou: alarme, estampidos horríveis, muitos, muitos aviões por cima de nós.

Pensamos: "Céus! Duas vezes no dia!".

Mas ninguém queria saber o que nós pensávamos. Choveram bombas sobre bombas, desta vez do outro lado (no Schiphol). Foram os ingleses que deram a notícia. Os aviões mergulhavam, subiam. O ar parecia vibrar. Tive medo de que algum caísse por cima de mim.

Já nem aguentava mais em pé quando, às nove horas, fui para a cama.

À meia-noite em ponto: aviões! O Dussel estava se despindo. Na primeira explosão saltei da cama. Duas horas de voos constantes. Por isso, fiquei na cama do papai. Só depois, quando já não se ouvia mais nada, voltei para o meu quarto. Às duas e meia, adormeci.

Sete horas. Acordei num sobressalto. O senhor Van Daan estava no quarto do papai. Escutei: "Tudo". Pensei e imaginei logo que nos tinham roubado tudo. Mas não! Seguiu-se um relatório como não tínhamos ouvido há meses, talvez mesmo durante toda esta guerra:

Mussolini caiu, o rei da Itália tomou conta do governo. Ficamos radiantes. Depois do susto de ontem, enfim alguma coisa de bom e... um pouco de esperança! Esperança do fim. Esperança da paz!

Chegou o Kraler e contou que a fábrica de aviões Fokker está muito danificada. Entretanto, tivemos também outro alarme, de noite.

Vieram muitos aviões, e depois outra vez o alarme. Parece que sufoco com tantos alarmes aéreos. Não durmo o suficiente e não consigo estudar como deveria. Mas agora a ansiedade e a esperança de que esteja chegando o fim de tudo isto fazem com que não desanimemos. Espero que tudo acabe ainda neste ano.

Sua Anne.

QUINTA-FEIRA, 29 DE JULHO DE 1943

Querida Kitty,

A senhora Van Daan, o Dussel e eu estávamos lavando a louça, o que acontece raras vezes, por isso eles também devem ter estranhado, e eu estava excepcionalmente silenciosa. Para evitar perguntas, procurei um tema neutro e, por fim, comecei a falar sobre o livro *Henri van den O Cerkant*. Mas me enganei.

Se não é a senhora Van Daan que me diz das suas, é o Dussel. Ele tinha nos recomendado o livro como uma coisa extraordinária. Mas nem a Margot nem eu achamos nada de especial. O personagem está bem descrito, mas o resto... é melhor não falar nisso. Enfim, eu disse o que pensava sobre o livro. Você tinha que ouvi-lo.

– O que é que você sabe, afinal, da psicologia de um homem? Se o livro tratasse de uma criança, vá lá. É nova demais para compreender um livro desses. Nem um jovem de 20 anos entende bem. (Só queria saber por que é que ele tanto nos recomendou o livro.)

E agora começaram ambos a me atacar:

– Você sabe coisas demais, coisas que ainda não lhe dizem respeito. Teve uma educação errada. Mais tarde não se contentará com nada. Vai dizer: "Aquilo? Já li há uns anos num livro". É melhor correr se quiser arrumar um marido ou se apaixonar, já que você só vai encontrar defeitos em todo mundo! Você sabe muita coisa em teoria, mas na prática é muito diferente. Parece que eles pensam que é boa educação me incitarem contra os meus pais. Gostam disso. Acham também que é um método excelente não falar com uma garota da minha idade sobre "assuntos de adultos".

Ora, os resultados de uma educação assim são sempre desastrosos!

Senti muita raiva. Ah, se pudesse começar a contar os dias que faltam para me ver livre deles! A senhora Van Daan, que encanto...! É quem me deve servir de exemplo! Sim, de exemplo... daquilo que não se deve ser!

Todos sabem: ela é impertinente, egoísta, espertalhona, interesseira e nunca está satisfeita. Eu poderia escrever livros sobre esta senhora e quem sabe se não o farei um dia. O seu "verniz" estala com facilidade. Ela se faz de simpática e amável, principalmente com homens. A mamãe acha-a estúpida demais e fala que nem vale a pena perder tempo com ela. A Margot acha-a insignificante. O Pim diz que é feia, física e moralmente. E eu percebi, depois de a ter observado, que tem tantos defeitos que nem sei qual deles fica em primeiro lugar.

Sua Anne.

P.S.: Peço à querida leitora que não se esqueça de que esta carta foi escrita com raiva ainda não esfriada!

TERÇA-FEIRA, 3 DE AGOSTO DE 1943

Querida Kitty,

Politicamente, tudo melhorou. Na Itália acabaram com o partido fascista. Em várias regiões o povo luta contra os fascistas. Até os soldados tomam parte. Como querem que um povo assim ainda lute contra a Inglaterra! Pela terceira vez a cidade foi violentamente bombardeada. Cerrei os dentes e disse a mim mesma: "Coragem!".

E a senhora Van Daan, que até agora sempre dizia "é melhor acabarem os sustos de uma vez do que ficar à espera indefinidamente", é agora a mais covarde de todos. Hoje de manhã tremia como vara verde e depois começou a chorar. O marido, com quem depois de uma semana de vida de cão e gato acabou por fazer as pazes, acalmou-a carinhosamente. A gente foi ficando quase sentimental ao ver aquela linda cena.

O Mouschi nos provou que há também desvantagens em termos gatos. Estamos todos com pulgas, e a praga torna-se a cada dia mais insuportável. O senhor Koophuis espalhou por toda a parte um pó amarelo que parece não ter efeito algum sobre as pulgas, e estamos todos nervosos. Não conseguimos nos abstrair disso. Sentimos os bichinhos pelos braços, pelas pernas e por toda a parte do corpo. A gente tem os movimentos mais cômicos deste mundo, procurando caçá-los. Mas todo o movimento nos causa embaraço. Falta-nos o jeito porque fazemos pouca ginástica e já não temos o corpo flexível.

Sua Anne.

QUARTA-FEIRA, 4 DE AGOSTO DE 1943

Querida Kitty,

Estamos há mais de um ano fechados no Anexo, então você já está bem informada sobre a nossa vida. Há coisas que dificilmente dá para escrever.

Tudo é tão complicado e diferente da vida em liberdade! Mas, para que você possa ter uma ideia melhor, vou contar de vez em quando aquilo que acontece regularmente todos os dias. Hoje vou começar pelo fim do dia.

Às nove horas, começamos a fazer os preparativos para nos deitarmos. Puxamos as cadeiras, buscamos as roupas das camas, estendemos os cobertores. Realmente nada fica onde estava durante o dia. Eu durmo no pequeno sofá que tem mais ou menos um metro e meio e preciso de cadeiras para prolongar. Durante o dia o meu edredom, os cobertores, o travesseiro e os lençóis são guardados na cama do Dussel.

No quarto ao lado ouve-se chiar e ranger: a cama da Margot é armada. E de novo surgem cobertores e almofadões, sabe-se lá de onde.

Lá em cima parece que está trovejando, mas é apenas a cama da senhora Van Daan que está agora sendo arrastada para a janela. "Sua Majestade", de camisola cor-de-rosa, tem de respirar, pelo seu belo narizinho, o ar fresco junto à janela.

Mais ou menos às nove horas eu entro no "banheiro" para me lavar minuciosamente, e então uma pulguinha perde, não raras vezes, a sua vida. Depois escovo os dentes, ponho os rolinhos no cabelo, arranjo as unhas e trato de outros pequenos segredos da toalete... e tudo isso numa escassa meia hora.

Às nove e meia visto o roupão de banho, saio rapidamente, levando o sabão em uma das mãos e os grampos, os rolinhos, o algodão e a roupa na outra. Mas muitas vezes sou chamada para voltar atrás, por ter enfeitado o lavatório com um ou outro dos meus lindos cabelos pretos, o que, pelo visto, não agrada ao meu sucessor.

Dez horas: apagam as luzes. Boa noite. Durante quinze minutos ainda se ouve o ranger das camas e os suspiros das molas escangalhadas. Depois tudo é silêncio, pelo menos quando lá em cima não há discussão conjugal.

Às onze e meia abrem a porta do "banheiro". Um magro raio de luz, um arrastar de sapatos. Com um roupão largo, largo demais para aquela figura, entra o Dussel, que estava trabalhando no escritório do senhor Kraler. Durante dez minutos anda furtivamente, mexe com papéis, esconde as guloseimas, arruma a cama, desaparece de novo e, de tempos em tempos, ouvimos ruídos suspeitos no banheiro.

Às três horas tenho de me levantar para fazer uma coisa que ninguém pode fazer por mim. Debaixo da lata que serve para isso, há um bocado de tapete de borracha para todas as eventualidades, pois a lata pode começar a verter. Retenho todas as vezes a respiração para apreciar o ruído. Parece barulho de um riozinho. E, depois, a figurinha branca que ouve a Margot dizer, noite após noite, "oh, que camisa indecente!", torna a desaparecer debaixo dos cobertores.

Durante quinze minutos ainda ouço os ruídos noturnos. Primeiro... Não será algum ladrão lá embaixo? Depois concentro a minha atenção nos ruídos dos vizinhos de cima, do lado e do que está junto de mim. Por eles podemos fazer um resumo de temperamentos. Alguns estão pesadamente ferrados no sono, outros estão meio acordados, o que não é coisa agradável quando se trata do senhor Dussel. Primeiro dá a impressão de um peixe que procura apanhar ar com a boca, e isso mais ou menos umas dez vezes. Depois umedece os lábios e dá estalinhos com a língua. Ao mesmo tempo, volta-se para um lado, volta-se para o outro e puxa o travesseiro até encontrar uma posição cômoda. Com pequenos intervalos, todas essas manobras se repetem pelo menos três vezes e, finalmente, o bom doutor adormece.

Às vezes há bombardeios. Mal começam e estou logo acordada, com os pés no chão. Há também noites em que durmo pesado e sonho com verbos irregulares ou com uma discussão conjugal lá em cima. Nesses casos, tenho a sorte de não acordar e de não dar conta das bombas. Mas das outras vezes saio da cama num pulo, pego o travesseiro e o lençol, enfio o roupão e os chinelos e corro para a cama do papai. A Margot descreveu a cena num poema de aniversário.

Quando tiros repicam na noite escura,
A porta se abre rangendo, e uma figura
De branco, um lenço, um travesseiro, fulgura...

Abrigada na cama do papai, o pior susto para mim já passou, caso o barulho não se torne mesmo dramático. Quinze para as sete... O despertador toca lá em cima.

É a senhora Van Daan que o desliga. O marido se levanta. A gente ouve quando ele põe a água para ferver e vai para o banheiro. Uma meia hora depois é a vez do Dussel. Finalmente estou só. Abro os cortinados escuros. Um novo dia começa no Anexo!

Sua Anne.

QUINTA-FEIRA, 5 DE AGOSTO DE 1943

Querida Kitty,

Quando chega meio-dia e meia, é hora do nosso almoço. Nosso ninho respira de alívio. Os criados do armazém saíram. Lá em cima ouve-se o aspirador com o qual a senhora Van Daan trata carinhosamente o seu querido e único tapete. A Margot mete os livros debaixo do braço e vai atender o seu aluno Dussel, que é um pouco tapadinho para aprender holandês. O Pim se retira para um cantinho tranquilo com seu companheiro constante, Dickens. A mamãe vai para o andar de cima e dá uma ajuda à "perfeita dona de casa", enquanto eu dou um jeito no banheiro e em mim mesma.

Quinze para a uma: um após outro aparecem o senhor Van Santen, o senhor Koophuis ou o Kraler, a Elli e, quase sempre, também a Miep. Uma hora: todos ouvem as notícias da BBC. São esses os únicos momentos em que os habitantes do Anexo não se interrompem uns aos outros, pois o que estão falando não pode ser contrariado, nem sequer pelo senhor Van Daan.

Uma e quinze: uma refeição simples, uma xícara de sopa para cada visitante. Se tem sobremesa, é também dividida com eles. Contente, o senhor Van Santen recosta-se no canto do sofá, desdobra o jornal com o gato ao seu lado e a xícara em frente. É a jovialidade em pessoa.

O senhor Koophuis conta novidades da cidade. É uma fonte inesgotável. O Kraler sobe a escada aos pulinhos, bate um tanto rápido e seco à porta, entra esfregando as mãos e, conforme a disposição, se mostra animado e alegre ou deprimido e calado.

Quinze para as duas: os hóspedes despedem-se, voltam ao trabalho. A mamãe e a Margot lavam a louça, o senhor e a senhora Van Daan vão dormir, o Peter desaparece no seu quarto, o papai se deita um pouco, o Dussel faz o mesmo, eu leio ou escrevo. É esta a hora mais simpática. Quando as pessoas dormem, não nos perturbam.

O Dussel sonha com comida, dá para ver em seu rosto. Mas não perco meu tempo estudando o Dussel, porque o tempo passa tão depressa! Um minuto depois das quatro ele já está ao meu lado resmungando por eu ainda não ter saído da mesa.

Sua Anne.

SEGUNDA-FEIRA, 9 DE AGOSTO DE 1943

Querida Kitty,

Vou continuar com a descrição de um dia típico no Anexo Secreto. O nosso jantar: o senhor Van Daan é o primeiro a servir-se e pega abundantemente de tudo... isto é, se houver coisas de que gosta. Fala sempre, mete-se em tudo, impõe as suas opiniões e depois não há ninguém que possa modificá-las. Ai daquele que se atreva a contrariá-lo. Bufa como um gato... e se alguém se atreve uma vez, não fica com vontade de repetir. Só ele é que tem opiniões certas, só ele é que sabe tudo! É inteligente, isto não se pode negar, mas a sua presunção é qualquer coisa de descomunal.

A ilustre senhora: o melhor seria eu nem falar nela. Às vezes, principalmente quando está de mau humor, nem quero olhar para ela. Analisando bem, é quase sempre ela quem causa as discussões, mesmo que não sejam sobre ela. Um fato que todos fingem ignorar. Mas o que eu queria dizer é que a senhora Van Daan provoca as discussões. Provocar, sim, essa arte ela conhece a fundo! Provocar a senhora Frank e a Anne! Com o papai e com a Margot a coisa já é mais difícil, porque eles não dão motivo.

À mesa, a senhora Van Daan nunca fica em desvantagem, embora imagine que sim. As batatas melhores, os pedaços mais macios. Pegar sempre o melhor, é essa a sua meta! Os outros que se virem! O essencial é que ela tenha conseguido aquilo que queria! E nunca mais se cala!

Tanto faz se as pessoas estão ouvindo ou não. Ela está convencida de que as suas palavras maravilhosas são um deleite para todos. Sempre sorrindo com charme, pretende saber todas as coisas, dá, maternalmente, conselhos e pensa que causa a melhor das impressões. Mas, examinando-a bem, descobre-se logo que pouco se salva.

O terceiro companheiro de mesa, o jovem senhor Van Daan, não chama a atenção sobre si. O seu estômago deve ser uma espécie de tonel das Danaides, pois, mesmo quando a comida é forte e depois de ter consumido uma porção fantástica, afirma, com a cara mais séria deste mundo, que teria sido capaz de comer o dobro.

O quarto é a Margot. Fala pouco e come como um passarinho. As únicas coisas que lhe escorregam bem pela garganta abaixo são verduras e frutas. "Mimada", é a sentença dos Van Daan. Mas a nossa opinião é outra: "Falta de ar e de movimento".

Ao lado dela, mamãe. Come bem, fala muito e com gosto. Ninguém a tomaria por dona de casa como à senhora Van Daan. E por quê? Porque a ilustre senhora é quem cozinha, e a mamãe só limpa e lava a louça.

De papai e de mim, não vou dizer muita coisa. O Pim é o mais modesto de todos à mesa. Olha primeiro à sua volta, vendo se os outros estão bem servidos. Não necessita de nada em especial e tudo o que é bom vai para as filhas.

É o exemplo da bondade e da grandeza de alma... e ao seu lado fica sentado o feixe de nervos do Anexo!

O senhor Dussel: serve-se, mas não olha para ninguém. Come e não fala. Mas, se é absolutamente indispensável conversar, então escolhe o tema "comida" por ser um assunto que não provoca conflitos. Quando muito faz algumas brincadeiras. Consegue engolir porções gigantescas, nunca recusa, tanto faz se a comida é boa ou ruim. Puxa as calças muito para cima, usa um colete vermelho e chinelos pretos e, sobre o nariz, uns óculos de armação escura. É assim que se apresenta na mesa de trabalho, às refeições, durante a sesta e quando vai ao seu lugar favorito, uma, duas, três, quatro ou cinco vezes por dia. Se algum de nós está em frente à porta do banheiro saltando de impaciência, quase sem poder esperar mais, pensa que isso o comove? De jeito nenhum! Podem registrar-se sessões dessas das sete e quinze às sete e meia, do meio-dia e meia à uma, das duas às duas e quinze, das quatro às quatro e quinze, das seis às seis e quinze e das onze e meia à meia-noite. Disso não desiste e nem a voz mais suplicante, a profetizar um acidente, o comove.

Um outro não é membro da família do Anexo, mas companheira de casa e de mesa, a Elli. Tem bom apetite, não é esquisita e nunca deixa ficar restos no prato. Fica contente com a coisa mais insignificante e nos dá também prazer com isso. Está sempre alegre e de bom humor, é prestativa e simpática, enfim, só tem boas qualidades.

Sua Anne.

TERÇA-FEIRA, 10 DE AGOSTO DE 1943

Querida Kitty,

Converso à mesa mais comigo mesma do que com os demais, o que tem duas vantagens: provavelmente todos ficam contentes quando falo pouco e, além disso, não preciso me aborrecer com as opiniões dos outros. Como acho as opiniões deles quase sempre tolas e só as minhas certas, o melhor é não dizer nada. Da mesma maneira procedo quando há uma comida de que não gosto. Imagino que aquilo é muito bom, finjo mesmo que penso assim, e, antes que consiga me dar conta, já engoli tudo. Pela manhã, quando me levanto, salto da cama e digo para mim mesma: "Logo, logo você vai se deitar outra vez". Tiro os cortinados escuros da camuflagem, respiro um pouco de ar fresco pelas fendas até ficar bem acordada. Quando depois tiro as roupas da cama, já não sinto a tentação de me deitar.

Sabe como a mamãe chama isso? "A arte de viver." Uma expressão engraçada, não acha?

Há uma semana que não sabemos as horas exatas, porque levaram o nosso tão querido e fiel sino da Westertoren. Supomos que querem transformá-lo num canhão. Quase nunca sabemos as horas. Espero que descubram alguma coisa que nos indique o tempo e substitua também o lindo som. É preciso que o quarteirão não sinta tanto a falta do seu sino.

Todos olham sempre com admiração para os meus pés. É que eles ostentam sapatos novos. A Miep conseguiu comprar de segunda mão por 27,5 florins. São de camurça cor de vinho e têm um salto largo e bem alto. É como se fossem umas pernas de pau, e pareço ainda mais alta do que sou.

Ontem tive pouca sorte. Furei o polegar direito com uma agulha grossa. Não pude descascar as batatas, e a Margot teve de fazer isso por mim. Depois dei com a testa contra a porta do armário. Tão forte foi a pancada que quase caí no chão. E, como aquilo não se passou sem estrondo, ainda por cima levei uma bronca. Não pude refrescar a testa porque estávamos proibidos de abrir as torneiras. Agora ando com um galo enorme sobre o olho direito. E para finalizar entalei o dedo mindinho do pé direito no aspirador. Mas as minhas outras dores eram já tão grandes que nem liguei para esta nova. Fui tola porque a ferida infectou, tenho de andar com o pé enfaixado e não posso calçar os meus lindos sapatos.

O Dussel nos colocou em perigo de vida. Pediu à Miep – que nada sabia destas coisas – para lhe trazer um livro que está proibido, um panfleto contra Hitler e Mussolini. Esta manhã uma moto da SS esbarrou contra a bicicleta dela. Ela perdeu a cabeça e gritou-lhes "patifes!", mas, felizmente, se pôs a andar. O melhor é a gente não imaginar o que teria acontecido se a tivessem levado ao posto da polícia.

Sua Anne.

QUARTA-FEIRA, 18 DE AGOSTO DE 1943

Querida Kitty,

Vou contar hoje como é a nossa rotina de descascar as batatas. Um de nós vai buscar os jornais (para as cascas), outro as facas (e, evidentemente, fica com a melhor), outro traz as batatas e o último, um panelão com água.

O senhor Dussel começa, descasca muito mal, mas sem interrupção, olha, de vez em quando, para a direita e para a esquerda, porque quer verificar se os outros trabalham tão bem como ele. Chega à conclusão de que isso não acontece.

– Anne, veja só. Eu pego na faca assim e descasco de cima para baixo. Não, assim não! Olha, assim é que deve ser!

– Acho o meu modo mais cômodo!

– Olha que como eu faço é melhor, acredite.

– Mas, afinal, que me importa? Faça como quiser.

Continuamos a descascar. Olho de lado para o meu vizinho da esquerda. Está balançando a cabeça, por minha causa, imagino. Mas não me diz nada. Continuo a descascar.

Depois olho para o papai, que está na minha frente. Para ele, descascar batatas não é uma brincadeira, mas, sim, um trabalho de precisão. Quando o papai está lendo, tem uma ruga profunda na testa, mas, quando descasca batatas ou quando ajuda a preparar a verdura, dá a impressão de ser impermeável a tudo o que acontece à sua volta. Nessas ocasiões, põe a sua cara "para batatas" e nunca entregará uma só que não esteja descascada impecavelmente. Com uma cara assim, também, seria impossível não se fazer coisa perfeita.

Levanto os olhos de vez em quando e logo percebo. A senhora Van Daan tenta chamar a atenção do Dussel, mas ele finge não notar. Depois ela pisca, e ele continua a descascar. A mamãe também ri, mas ele não deixa de descascar. Com o fracasso do objetivo, a senhora Van Daan é obrigada a mudar de tática e diz ao marido:

– Putti, por que você não põe o avental?

– Eu não me sujo.

E ela insiste.

– Por que não se senta?

– Estou muito bem assim, gosto de estar em pé.

Novo silêncio.

– Putti, agora você espirrou a água.

– Está bem, mamãezinha, vou ter mais cautela.

E ela então procura outro assunto.

– Oh, Putti, por que é que os ingleses pararam de bombardear?

– Por causa do mau tempo, imagino.

– Mas ontem fez bom tempo e eles não vieram.

– E se falássemos de outras coisas?

– Por que não falar sobre isso?

– Porque não.

– Mas por quê?

– Cale a boca, mamãezinha!

– O senhor Frank nunca deixa de responder à mulher quando ela quer saber alguma coisa.

O senhor Van Daan não responde. Ela retoma a conversa depois de uns minutos de silêncio:

– Essa invasão não chega nunca.

O marido fica vermelho de raiva. Ela percebe e fica vermelha, mas não se cala.

– Os ingleses também não fazem nada!

Então a bomba explode:

– Cale a boca! Que inferno!

Eu nem olho para ninguém. A mamãe mal pode esconder o riso.

Cenas assim acontecem quase todos os dias, a não ser que o casal esteja brigado, o que é de grande vantagem, porque, ao menos assim, eles não dizem nada.

Sua Anne.

SEXTA-FEIRA, 20 DE AGOSTO DE 1943

Querida Kitty,

A nossa liberdade recomeça às cinco e meia em ponto, quando os operários saem do armazém. Quando a Elli sobe, sabemos que já não há perigo e começamos a nos mexer à vontade. Quase sempre vou com ela para cima, para um lanche. Mal a Elli se senta, logo a senhora Van Daan começa a enumerar os seus desejos.

– Ai, Elli, eu gostaria tanto de...

A Elli pisca os olhos para mim. É raro alguém do escritório aparecer lá em cima sem que a senhora Van Daan deixe de pedir alguma coisa. É por isso que ninguém gosta de subir até o andar dos Van Daan.

Quinze para as seis. A Elli vai embora e eu desço para a cozinha, depois entro no escritório particular, abro a porta do alçapão para o Mouschi, que quer ir para lá caçar ratos. Por fim vou ao escritório do senhor Kraler, onde o senhor Van Daan está examinando as pastas e as gavetas para ver a correspondência do dia. O Peter busca a chave do armazém e também o Bochi. O Pim leva a máquina de escrever para cima. A Margot procura um lugar calmo para se entregar aos trabalhos do escritório. A senhora Van Daan põe um panelão de água para ferver; a mamãe está descendo com uma panela de batatas. Cada um cumpre a sua tarefa.

O Peter volta do armazém. A primeira pergunta que fazem é se ele se lembrou do pão. Ele esqueceu, e então não tem outro jeito senão ir buscá-lo. Engatinha como os bebês para que ninguém de fora possa vê-lo, abre o armário, tira o pão e desaparece, isto é, quer desaparecer, mas, durante aquele passeio, o Mouschi saltou por cima dele e depois escondeu-se debaixo da escrivaninha. O Peter procura em todos os cantos. Por fim, descobre o gato. O Mouschi senta-se à janela e lambe o pelo. Como última tentativa, o Peter estende-lhe um pedaço de pão, isso dá resultado. O gato deixa-se levar, vai atrás dele e a porta se fecha.

Eu vi todo o espetáculo através de uma fenda. Depois, voltei aos meus estudos. Toc, toc, toc! Três batidas, é sinal de que o jantar está pronto!

Sua Anne.

SEGUNDA-FEIRA, 23 DE AGOSTO DE 1943

Querida Kitty,

Continuação do relatório. O relógio dá nove horas da manhã. A mamãe e a Margot estão nervosas.

– Psiu! Pai... Otto, psiu... Pim! São nove horas, feche a torneira!

– Não pise dessa maneira!

É assim que avisam o papai, que ainda está no banheiro. Às oito e meia ele tem de estar no quarto. E nem mais uma gota de água! Não utilizar o banheiro, não andar de um lado para o outro, silêncio absoluto. Se não houver gente no escritório, os ruídos ecoam ainda mais fortes no armazém.

Lá em cima, os Van Daan abrem a porta e batem três vezes no chão. A papinha para a Anne está pronta! Subo num instante para ir buscar a minha tigelinha de cachorro. Depois é tudo uma correria: pentear, despejar o "vaso", pôr a roupa de cama no lugar. E silêncio, o relógio deu as horas! A senhora Van Daan ainda se arrasta de chinelos pelo quarto, e o marido também. Depois não se ouve mais nada.

Se você estivesse aqui, poderia agora presenciar uma linda cena familiar. Eu começo a ler ou a escrever. Também a Margot e os meus pais gostam de aproveitar esta meia hora de calma para a leitura. O papai pega o seu querido Dickens e se senta na borda da cama, que range sempre e tem colchões que já não merecem ser chamados assim. Ele recusa as almofadas que lhe oferecemos:

– Não preciso. Assim estou muito bem.

Uma vez embalado na leitura, já não se interessa por mais nada. Às vezes ri, procura ler baixinho uma passagem para a mamãe. Mas ela diz:

– Agora não, por favor. Não tenho tempo.

Ele fica um pouquinho desapontado. Mas, logo que descobre outra passagem engraçada, tenta novamente:

– Mãezinha, tem que ouvir isto!

A mamãe está na cama de armar, lê, costura, faz tricô e estuda muito. De repente tem uma ideia e ela não pode guardá-la:

– Anne, sabe... Margot, tome nota.

Uns minutos de silêncio. Depois a Margot fecha ruidosamente o seu livro.

O papai cerra as sobrancelhas num arco muito engraçado, mas logo em seguida aparece a ruga de leitura, sinal de que ele está mergulhado no livro. Mamãe, então, começa a conversar baixinho com a Margot. Curiosa, escuto. Por fim o Pim também escuta... Nove horas. Café da manhã!

Sua Anne.

SEXTA-FEIRA, 10 DE SETEMBRO DE 1943

Querida Kitty,

Quase sempre que escrevo, alguma coisa aconteceu e, de um modo geral, alguma coisa ruim. Mas desta vez posso contar um acontecimento bom.

Na quarta-feira (8 de setembro) estávamos todos, às sete horas, ouvindo o rádio: "Aqui vai a melhor notícia de toda a guerra! A Itália capitulou!".

A Itália rendeu-se incondicionalmente. Às oito começou a emissora de Orange, com o programa holandês transmitido de Londres. Recebemos a maravilhosa notícia da rendição incondicional da Itália! Joguei no cesto de papéis os jornais com as notícias ultrapassadas.

Tocaram *God save the king, Star spangled banner* e também a Internacional. O programa holandês, como de costume, foi animador, mas não otimista demais.

Estamos preocupados com o senhor Koophuis. Apesar de doente, com dores, e embora não possa comer grande coisa e tenha de ter muita cautela consigo mesmo, continua sempre animado, amável e admiravelmente corajoso.

"Quando o senhor Koophuis entra, nasce o Sol!", costuma dizer a minha mãe. Agora ele tem de operar e não pode aparecer durante quatro semanas. Você precisava ver quando ele se despediu. Não parecia alguém que vai ser operado, parecia sair para fazer compras.

Sua Anne.

QUINTA-FEIRA, 16 DE SETEMBRO DE 1943

Querida Kitty,

As relações entre as pessoas pioram conforme o tempo vai passando. Quase ninguém ousa abrir a boca à mesa (a não ser para comer), pois tudo o que se diz é levado a mal. Eu tomo valeriana todos os dias por causa da ansiedade e da depressão, mas isso não me impede de me sentir ainda pior no dia seguinte. Ai, se pudesse rir, só uma vez, rir de todo o coração, seria melhor remédio do que dez dessas pastilhas brancas. Mas já nem sabemos o que é rir assim. Às vezes tenho receio de ficar muito feia depois de sair daqui e vejo-me com uma boca franzida e rugas de preocupações. Os outros não se sentem melhor do que eu: todos aguardam o inverno com medo.

Mais uma coisa pouco animadora: um dos homens do armazém, o senhor Van Maaren, ficou desconfiado a respeito do Anexo. Isso podia não ter grande importância se ele não fosse tão curioso e se deixasse convencer facilmente. Também não sabemos até que ponto é de confiança.

Um dia o senhor Kraler quis ser mais cauteloso: às dez para uma pegou o chapéu e a bengala, saiu e entrou na drogaria da esquina. Cinco minutos depois voltou e subiu, com mil cautelas, como um ladrão, a escada do Anexo.

À uma e quinze, quis ir embora, mas encontrou a Elli, que o impediu, porque o tal Maaren estava no escritório. Kraler voltou para cima e ficou até uma e meia. Depois, descalçou os sapatos, pegou-os e, apenas de meias, caminhou até a porta do sótão, pisou cautelosamente os degraus e depois voltou da rua para o escritório. A Elli, que conseguira, entretanto, despachar o Maaren do escritório, veio avisar o Kraler. Mas este já estava fazendo as suas acrobacias na escada. O que terão pensado as pessoas na rua que o viram calçar as botas?

Sua Anne.

QUARTA-FEIRA, 29 DE SETEMBRO DE 1943

Querida Kitty,

É aniversário da senhora Van Daan. Demos de presente um bônus para queijo, carne e pão e um vidro de compota. O marido, o Dussel e os nossos queridos protetores também lhe ofereceram, além de flores, coisas de comer. Sinal dos tempos!

Esta semana a Elli teve uma crise de nervos. Precisa andar sempre de um lado para o outro para ir buscar isto ou aquilo, muitas vezes a mandam trocar as coisas por ela ter se enganado. E, se a gente se lembra de que ela está fazendo o seu trabalho normal no escritório, que o Koophuis está doente e a Miep na cama por causa de um resfriado, que ela própria torceu um pé, que tem aflições por causa do namorado de quem o pai não gosta, não é difícil imaginar por que ela já não aguenta mais.

Nós a consolamos e pedimos para dizer quando não tiver tempo para nós. Assim, ao menos, a lista das compras diminui.

Deve ter havido confusão com os Van Daan. O papai anda furioso, mas não sei o motivo. Quem me dera estar longe daqui, quem me dera poder fugir! Aquela gente acaba conosco!

Sua Anne.

DOMINGO, 17 DE OUTUBRO DE 1943

Querida Kitty,

O senhor Koophuis ainda está abatido, mas já voltou e está trabalhando. Ele está tentando vender as roupas dos Van Daan. É uma coisa chata, porque acabou o dinheiro deles. A senhora tem muitas coisas, mas não quer desfazer-se delas, e um terno do marido é difícil de vender, pois não querem dar o que ele pede. Provavelmente é o casaco de peles da senhora que vai ser sacrificado! Por causa disso houve grande discussão lá em cima, depois seguiu-se um período pacífico e agora só se ouve: "Oh, meu querido Putti!".

Eu já estou meio tonta de tantas discussões e das palavras feias que ouvimos na nossa casa. O papai anda de lábios cerrados e, se a gente lhe dirige a palavra, assusta-se como se estivesse com medo de algum acontecimento desagradável no qual tivesse de intervir. A mamãe, de tanta aflição, tem manchas vermelhas na cara, a Margot queixa-se de dores de cabeça, o Dussel não pode dormir, a senhora Van Daan lamenta-se o dia inteiro, e eu estou completamente desconcertada. Para dizer a verdade, há ocasiões em que esqueço quem são os que andam zangados uns com os outros e quem são os que já fizeram as pazes. A única distração é o estudo, e eu estudo muito!

Sua Anne.

SEXTA-FEIRA, 29 DE OUTUBRO DE 1943

Querida Kitty,

O senhor e a senhora Van Daan tiveram outra briga terrível. Como eu já contei, eles não têm dinheiro. Um dia, o Koophuis falou para eles de um negociante de peles de quem é amigo. O senhor Van Daan, então, resolveu vender o casaco da mulher. É de pele de coelho e tem dezessete anos de uso. Receberam trezentos e setenta e cinco florins por ele. É bem pago. A senhora Van Daan quis guardar o dinheiro para comprar coisas novas mais tarde. O marido, com muito custo, conseguiu convencê-la de que o dinheiro é necessário para o sustento. Não pode imaginar como ela reclamou, gritou, vociferou e bateu com os pés no chão... E nós, cheios de pavor. Estávamos os quatro com a respiração suspensa, ao pé da escada, prontos para separar aqueles dois furiosos. Cenas assim são tão aflitivas que me fazem chorar, à noite, quando estou na cama, grata, no entanto, por ter uns momentos de solidão.

O senhor Koophuis tem de ficar novamente em casa. O estômago não o deixa em paz e ainda não se sabe se a hemorragia cessou por completo. Foi contar-nos que se sentia mal e que ia para casa e, pela primeira vez, o vimos deprimido. Eu não estou doente, só não tenho apetite. Mas estão sempre me dizendo: "Meu Deus, você está com uma aparência horrível".

Confesso que a minha família se esforça muito para que eu tenha saúde e robustez. Dão-me, alternadamente, glicose, levedo de cerveja, cálcio, óleo de fígado de bacalhau, para me fazer aguentar. Mas nem sempre consigo dominar os meus nervos. É aos domingos que os sinto mais, pois nesses dias reina uma má disposição geral, uma espécie de sonolência pesada como chumbo. Não se ouvem ruídos lá fora, e qualquer coisa parece estar prestes a acontecer. É como se pesos grandes me puxassem. Uma voz grita na escuridão, insondável.

Ando por toda a casa, de um quarto para o outro, escada acima, escada abaixo. Sinto-me como um pássaro a quem cortaram as asas e bate contra as grades da gaiola estreita. Em mim soa como um grito: "Para fora!".

Tenho saudades. Quero sair. Sair daqui, para o ar livre, quero poder rir à vontade! Não há resposta! Mas sei que esses gritos não têm poder e deito-me na cama para matar essas horas tão terrivelmente silenciosas e cheias de angústia.

Sua Anne.

QUARTA-FEIRA, 3 DE NOVEMBRO DE 1943

Querida Kitty,

Papai mandou vir o prospecto de um instituto de cursos por correspondência. A Margot já folheou o calhamaço três vezes, mas ainda não encontrou nada do que gostava nem que coubesse no seu orçamento. Mas o papai mandou vir uma lição para experimentarmos: Latim para principiantes. A Margot se dedicou ao estudo e mandou depois vir o curso completo. Embora eu goste de aprender latim, acho-o ainda difícil demais. Mas, para que eu também possa aprender alguma coisa nova, o papai pediu ao senhor Koophuis que procurasse uma Bíblia juvenil. Quer que eu conheça o Novo Testamento.

– Quer dar à Anne uma Bíblia para a festa de Chanukah? – perguntou Margot, admirada.

– Sim... enfim... acho que o São Nicolau será a melhor ocasião para isso – foi a resposta do papai.

Jesus não liga muito para a festa de Chanukah!

O aspirador quebrou. Agora tenho de limpar o tapete, todas as noites, com uma escova velha. E isso dentro de um quarto com as janelas fechadas, com a luz elétrica acesa, onde está um calor sufocante.

"Isso com certeza não vai dar certo", pensei comigo mesma. A mamãe começou a ter dores de cabeça por causa do pó que se fixava no quarto. O pó não desaparecia, e o papai achava que toda a sala tinha um aspecto sujo.

Agora há menos discussões, só o Dussel é que anda zangado com os Van Daan. Quando nos fala da senhora Van Daan, diz "a morcega velha" ou "a bruxa estúpida", e ela, em contrapartida, chama-o de "velha senhora" ou "a solteirona neurótica!".

É o roto falando do malvestido.

Sua Anne.

SEGUNDA-FEIRA, 8 DE NOVEMBRO DE 1943

Querida Kitty,

Se você prestar atenção no que eu escrevo, vai perceber que escrevi com as mais diversas disposições. É chato ser dependente da disposição de momento aqui no Anexo. Mas isso não acontece só comigo, é o mesmo com todos os outros.

Até quando eu acabo de ler um livro e ainda estou muito impressionada, tenho que procurar controlar antes que apareça alguém, senão é capaz de me acharem doidinha.

Você certamente já percebeu que estou de novo num período de abatimento e de falta de coragem. E nem posso explicar por quê, pois não há nenhuma razão especial. Acho que é uma covardia que nem sempre consigo vencer.

Hoje, à tardinha, quando a Elli estava aqui, tocaram a campainha longamente e com força. Fiquei logo pálida, tive dores de barriga, palpitações e muito medo. De noite, deitada na cama, tenho visões terríveis. Vejo-me na prisão, sozinha, sem meu pai e minha mãe. Às vezes, estou vagando por qualquer lugar, não sei onde, ou vejo o Anexo pegando fogo, ou eles vêm, de noite, para nos buscar. Sinto tudo isso como se fosse real, e a ideia de que vai me acontecer alguma catástrofe não me larga. A Miep diz, às vezes, que tem inveja de nós por termos calma e sossego aqui. Em princípio, ela pode ter razão, mas não se lembra de que vivemos sempre com medo. Não consigo mais imaginar que o mundo possa voltar a ser para nós como era antes. Digo muitas vezes: "Depois da guerra". Mas digo como se se tratasse de um castelo no ar, e não de um tempo que se tornará, algum dia, realidade. Quando penso na nossa vida em casa, na escola, com todas as suas alegrias e os seus sofrimentos, em tudo o que era "antigamente", tenho a sensação de não ter sido eu quem viveu essas coisas, mas, sim, uma estranha, alguém totalmente diferente.

Vejo a gente numa pequena nuvem, clara e azul, no meio de outras nuvens pesadas e escuras. O nosso lugar ainda é seguro, mas as nuvens estão ficando cada vez mais densas, e o círculo que nos separa do perigo tão próximo vai se fechando. Por fim, ficamos todos de tal maneira envolvidos na escuridão que, com o desejo desesperado de encontrar uma saída, esbarramos uns contra os outros. Olhamos para baixo, onde os homens lutam, olhamos para cima, onde há felicidade e paz. Mas estamos isolados por uma massa grossa e impenetrável que nos barra todos os caminhos e nos encerra, como um muro invencível, um muro que nos destruirá quando a hora soar. E eu só posso clamar e suplicar:

– Oh, círculo! Círculo, se abra e nos deixe sair!

Sua Anne.

QUINTA-FEIRA, 11 DE NOVEMBRO DE 1943

Ode à minha caneta-tinteiro

In memoriam

Para mim, a minha caneta foi sempre uma coisa muito preciosa. Adorava-a por ter uma pena bico grosso e deslizante, porque só escrevo bem com bicos assim. Ela viveu uma vida de caneta bem longa e interessante, que vou descrever aqui.

Quando fiz nove anos, ela chegou, enrolada em algodão. Foi a vovó, que naquela época ainda vivia em Aachen, que me enviou um presente tão generoso. Eu estava deitada na cama, com gripe, e lá fora uivava o vento de fevereiro. A gloriosa caneta vinha num estojo de couro vermelho. Mostrei-a, logo que pude, a todas as amigas e conhecidos. Eu, Anne Frank, possuidora orgulhosa de uma caneta-tinteiro!

Quando fiz dez anos, fui autorizada a levar a caneta para a escola, e a professora me deixou escrever com ela.

No ano seguinte o meu tesouro teve de ficar em casa porque a diretora, na escola, só permitia canetas comuns.

Quando, aos doze anos, entrei na Escola Judaica, deram-me um estojo novo com duas divisões. Uma era para a lapiseira. Esse estojo tinha um zíper e era muito vistoso.

Quando fiz treze, a caneta veio comigo para o Anexo e foi a minha companheira fiel para você ou quando eu estudava. Agora que tenho catorze, chegou ao fim da sua existência.

Na sexta-feira saí do meu quarto para escrever na mesa da sala. Mas me mandaram embora sem piedade, pois a Margot e o papai estavam estudando Latim. A caneta ficou em cima da mesa. A Anne teve de contentar-se com um cantinho onde a fizeram "dar lustro" aos feijões, quer dizer, limpar o feijão vermelho, que tinha bolor.

Às quinze para as seis, varri o chão e coloquei o lixo com os restos dos feijões no fogão. Ergueu-se uma chama colossal, e eu fiquei satisfeita porque o fogo estava quase apagado. Eles acabaram de estudar e eu recebi licença para voltar à mesa e continuar o meu estudo. Mas a caneta não estava lá. Procurei-a por todos os lados, a Margot me ajudou. Depois também me ajudaram a mamãe, o papai e o Dussel, mas a minha amiga fiel tinha desaparecido sem deixar vestígios.

– Vai ver que você jogou no fogo com os feijões estragados! – disse Margot.

– Não posso acreditar! – disse eu.

Mas, quando a hora do jantar chegou sem a caneta ter aparecido, já não tínhamos dúvidas: queimou! O celuloide queima tão bem! A triste suposição confirmou-se quando, na manhã seguinte, o papai encontrou um clipe na cinza. Do bico de ouro não restava nada.

– Provavelmente derreteu com o lixo – disse o papai.

Só me resta um consolo: a minha caneta foi cremada, exatamente como eu queria que um dia me fizessem!

Sua Anne.

QUARTA-FEIRA, 17 DE NOVEMBRO DE 1943

Querida Kitty,

Na casa da Elli estão com difteria e ela não pode vir aqui durante seis semanas por causa do contágio! Agora tudo se tornou complicado aqui em casa em relação à comida e outras compras, sem falar no nosso desgosto pessoal. O senhor Koophuis ainda está de cama e há três semanas está só a leite e mingau. O Kraler está ocupado! A Margot enviou ao professor os seus exercícios de Latim, que foram devolvidos com as devidas correções. O professor parece ser um homem amável e também espirituoso e, com certeza, está todo contente por ter uma aluna tão boa. A correspondência é em nome da Elli.

O Dussel anda melancólico. Ninguém sabe o motivo. Ele não fala com o senhor Van Daan nem com a senhora. Todos nós reparamos nisso. Passados uns dias, a mamãe falou a sós com ele: disse que não era bom arrumar brigas. Ele respondeu que o senhor Van Daan tinha começado a ignorá-lo e a deixar de lhe falar e não seria ele, Dussel, quem romperia o silêncio.

Ontem, 16 de novembro, fez um ano que o Dussel veio para o Anexo. Por esse motivo, ele ofereceu flores à minha mãe, mas a senhora Van Daan, que já tinha dado a entender que em tais ocasiões as pessoas costumam oferecer alguma coisa, foi completamente ignorada. Em vez de nos agradecer o altruísmo com que foi recebido, ele não disse nada. Quando eu lhe perguntei, na parte da manhã, se lhe devia dar os parabéns ou os pêsames, respondeu-me que tanto fazia. A mamãe, que queria fazer o papel de anjo da paz, não conseguiu nada e, assim, tudo ficou na mesma. O homem é grande de espírito, mas mesquinho nas ações.

Sua Anne.

SÁBADO, 27 DE NOVEMBRO DE 1943

Querida Kitty,

Ontem à noite, quando estava quase pegando no sono, a minha amiga Lies apareceu diante de mim, coberta de trapos e com o rosto magro. Com os seus grandes olhos contemplou-me, triste e acusadora, como se quisesse dizer "Anne, por que é que você me abandonou? Me ajude! Me salve deste inferno."

Só que eu não posso ajudá-la. Os outros têm de sofrer e morrer e eu não passo de uma espectadora. Só posso pedir a Deus que não os deixe morrer e que me devolva os meus amigos. Sim, foi justamente a Lies que eu vi e sei por quê. Sempre a julguei mal, eu era ainda muito infantil e não podia compreender as suas preocupações. Ela gostava da sua nova amiga e tinha medo de que eu a roubasse. Ai, como deve ter sofrido! Sei disso agora, pois já conheço melhor tais ressentimentos!

De vez em quando penso nela. Depois mergulho com egoísmo em meus divertimentos e preocupações. Não agi bem e foi por isso que ela olhou para mim assim, de rosto pálido e de olhos suplicantes, tão tristes. Oh...! Se pudesse ajudar!

Oh! Meu Deus, tenho aqui tudo de que necessito e ela foi arrastada para o destino mais duro que há! Tem sido pelo menos tão dedicada como eu e só desejava o bem. Por que é que fui eleita para viver e ela para morrer? Qual é a diferença entre nós? Por que é que estamos tão longe uma da outra?

Para ser sincera, tinha-me esquecido dela há quase um ano. Não esquecido por completo, isso não, mas não pensava nela de uma certa maneira, assim, como a vi agora na sua miséria.

Oh! Lies, quem me dera que a pudesse acolher, que você sobrevivesse a esta guerra, porque queria remediar um pouco o mal que lhe causei.

Mas, quando eu estiver em condições de ajudá-la, já ela não precisará. Será possível que ainda se lembre de mim? E o que sentirá ela?

Meu Deus, ajude-a, não a deixe ficar tão só. Faça-a saber do meu amor e da minha compaixão por ela. Pode ser que assim lhe dê força para resistir. Não posso pensar mais nisso. Não consigo desprender-me da visão. Sempre e sempre vejo os grandes olhos dela fixos em mim.

Não sei se a Lies traz em si uma fé muito forte ou se a obrigaram a tê-la. Não sei, nunca lhe perguntei. Oh! Lies, Lies, se pudesse ir buscar você, se pudesse dividir contigo o que tenho aqui! É tarde demais! Não posso remediar o mal que as pessoas fazem. Nunca me esquecerei da Lies e vou rezar por ela.

Sua Anne.

SEGUNDA-FEIRA, 6 DE DEZEMBRO DE 1943

Querida Kitty,

No dia de São Nicolau, nos lembramos da linda cesta enfeitada do ano passado, e eu, especialmente, achei que seria chato não fazer nada este ano. Pensei muito no assunto até inventar uma coisa, e uma coisa engraçada.

Consultei o Pim, e há uma semana começamos a compor uma pequena poesia para cada pessoa.

No domingo à noite, quando faltavam quinze para as oito, aparecemos lá em cima carregando uma grande cesta usada toda enfeitada de figurinhas e laços de papel rosa e azul. A cesta estava coberta por uma enorme folha de papel pardo, no qual estava pregada uma carta. Todos ficaram espantados com o tamanho da surpresa que ali vinha embrulhada. Li a carta.

Dia de São Nicolau já chegou
Mas agora não temos mais festa,
Como fizemos no ano passado,
Quando a esperança era grande
Os otimistas pareciam ter razão
Não imaginaríamos que este ano
O receberíamos ainda escondidos.
Mas vamos nos alegrar em seu dia
E como não temos presentes a dar
Cada um deve conferir seu sapato!

Ao tirar cada um seu sapato da cesta, foi uma gargalhada geral. Dentro de cada sapato tinha um pequeno embrulho endereçado ao dono.

QUARTA-FEIRA, 22 DE DEZEMBRO DE 1943

Querida Kitty,

Uma gripe forte me impediu de escrever antes. É quase uma catástrofe estar doente aqui. Quando me vinha a vontade de tossir, entrava depressa debaixo dos cobertores e tentava acalmar a garganta, mas o resultado era que sempre a comichão aumentava e só abrandava com leite e mel ou com pastilhas. Só de lembrar os tratamentos que tive de suportar, fico quase tonta. Suores, compressas no pescoço, compressas úmidas e secas no peito, bebidas quentes, ficar deitada sem me mexer, gargarejar, pincelar, almofada elétrica, bolsa de água quente e, de duas em duas horas, ver a temperatura. E queriam que eu, assim, ficasse bem!

O pior de tudo era que o Dussel se fazia de médico, encostando a cabeça com brilhantina no meu peito para verificar se havia ruídos lá dentro. Não só os seus cabelos me faziam muitas cócegas como também tinha vergonha dele, apesar de ele ter tirado, há 30 anos, o curso de Medicina e possuir o diploma de doutor. Mas o que tem ele que procurar no meu coração? Eu não o amo. O que se passa no meu coração não é ele que o pode descobrir. Acho é que ele devia, antes de mais nada, fazer uma limpeza nos ouvidos, pois estou certa de que ouve muito mal!

Não vamos falar mais na minha doença! Estou bem agora. Cresci um centímetro e aumentei um quilo. Ainda estou pálida, mas cheia de atividade e contente por poder voltar a estudar.

Não aconteceram coisas novas. Ao contrário do costume, todos se entendem bem aqui em casa. Não tem havido brigas. Há pelo menos seis meses não tínhamos um ambiente tão pacífico. A Elli ainda não pode vir aqui.

No Natal vamos receber uma ração suplementar: azeite, doces e geleia. Ganhei um broche feito de moeda polida, muito bonito e brilhante. O Dussel pediu à Miep que fizesse uma torta para a minha mamãe e para a senhora Van Daan, e ela já tem tanto que fazer! Tenho também um presente para a Miep e a Elli. Há dois meses venho guardando o açúcar que devia colocar no mingau. Agora o senhor Koophuis vai levá-lo para mandar preparar doces.

O tempo está ruim, o fogão solta fumaça e a comida pesa-nos no estômago, o que é, aliás, comprovado por certos ruídos pouco estéticos. A guerra não ata nem desata... Disposição abaixo de zero!

Sua Anne.

SEXTA-FEIRA, 24 DE DEZEMBRO DE 1943

Querida Kitty,

Como disse muitas vezes, o ambiente aqui depende da nossa disposição. E eu, a esse respeito, estou cada vez pior. Podemos aplicar a frase: "Alegria celeste, tristeza mortal". Sinto uma "alegria celeste" quando me lembro de como estou bem aqui em comparação a outros judeus. "Tristeza mortal"... invade-me, sim, quando ouço contar que a vida lá fora continua. Hoje esteve aqui a senhora Koophuis e contou que a sua filha corre, pratica esportes, passeia numa canoa com amigos e atua num teatro de amadores.

Eu não sou invejosa, mas, quando escuto falar tais coisas, tenho vontade de tomar parte delas, pelo menos uma vez. Queria me divertir como todos os outros, não ter preocupações, ser feliz, rir! Justamente nesta época tão bonita, em que há as férias do Natal e do Ano-Novo, estamos aqui como párias.

Sei que não devia dizer tais coisas, por parecer que sou ingrata e exagerada. Mas, mesmo que você pense mal de mim... não posso guardar tudo isto, e cito mais uma vez aquela frase que já escrevi: "O papel é paciente!".

Quando chega alguém de fora, ainda com o frescor do cheiro de vento nas roupas e com a cara vermelha do frio, dá vontade de enterrar a cabeça nos cobertores para não pensar sempre no mesmo: "Quando é que poderemos ir lá para fora e respirar o ar e a liberdade?!". Mas não posso me esconder. Ao contrário, tenho de me mostrar direitinho e corajosa. Porém os pensamentos não se deixam dominar, vêm e tornam a vir. Quando se está fechada há um ano e meio, chegam momentos em que se julga não suportar mais. Ainda que eu seja injusta e ingrata, não sou capaz de negar o que sinto! Queria dançar, assobiar, andar de bicicleta, ver o mundo, gozar a minha adolescência, ser livre. Digo isso para você, mas não posso dizer a mais ninguém, porque, se todas as oito pessoas aqui no Anexo se lamentassem e mostrassem caras infelizes, aonde iríamos parar?

Chega! Já aliviei o coração da minha "tristeza mortal" e sinto-me melhor.

Sua Anne.

SÁBADO, 25 DE DEZEMBRO DE 1943

Querida Kitty,

Hoje, primeiro dia de Natal, tenho de pensar constantemente no Pim e naquilo que ele me contou, no ano passado, do seu primeiro grande amor. Nessa altura, nunca tinha alcançado tão bem como hoje o significado das suas palavras. Oh, se ele me falasse outra vez daquilo, mostraria que agora o compreendo.

Acho que o Pim, que tantos segredos conhece dos outros, precisou desabafar, pelo menos uma vez, pois ele não costuma falar de si, e suponho que nem a Margot suspeita o que ele sofreu. Coitado do Pim, a mim não engana. Eu sei que ainda não se esqueceu! Nunca se poderá esquecer. É uma pessoa equilibrada. Espero ser parecida com ele, mas sem precisar passar pelo que ele passou.

Sua Anne.

SEGUNDA-FEIRA, 27 DE DEZEMBRO DE 1943

Querida Kitty,

Pela primeira vez ganhei um presente de Natal. As meninas, o Koophuis e o Kraler me fizeram uma surpresa daquelas. A Miep fez um bolo decorado, escrito "Paz 1944". Arranjou meio quilo de biscoitos de qualidade igual à de antes da guerra. Além disso, o Peter, a Margot e eu recebemos um pote de iogurte, e os adultos, uma garrafa de cerveja. Tudo estava embrulhado com graça, e todos os pacotinhos traziam um versinho escrito.

Os dias de Natal passaram tão depressa!

Sua Anne.

QUARTA-FEIRA, 29 DE DEZEMBRO DE 1943

Querida Kitty,

Fiquei muito triste ontem à noite. Tive a visão da vovó e da Lies! A vovó, querida! Não compreendemos bem o quanto ela sofria. Só pensava em nós, mostrando-se sempre muito compreensiva em face dos nossos problemas. Sofria de uma grave doença.

Será que ela nunca falou nisso para não nos afligir? Era sempre amável e boa, e ninguém a procurava sem ouvir um conselho ou um consolo, ou sem receber uma ajuda. Mesmo quando eu estava insuportável, a vovó sempre encontrava uma desculpa para mim. Será que ela gostava muito de mim ou também não me compreendia? Oh! Não sei.

Imagino que a vovó deve ter se sentido só, tão só, embora estivéssemos todos juntos a ela. Sim, porque uma pessoa pode sentir-se só, mesmo no meio de muita gente amiga, se souber que não ocupa um lugar muito especial no coração de alguém.

Será que a Lies está viva? O que estará fazendo? Meu Deus, não a deixe morrer, faça com que ela volte para junto de nós. Pensando em você, Lies, compreendo qual podia ter sido o meu destino e ponho-me muitas vezes no seu lugar! Mas, então, por que é que me afligem tanto as condições em que vivo aqui no Anexo? Não devia eu sentir-me alegre e satisfeita, exceto quando penso na Lies e nos outros que sofrem como ela?

Sou egoísta e covarde! Não sei por que é que meus sonhos e pensamentos só giram em torno de coisas tristes, até me dá vontade de gritar. Decerto não tenho bastante confiança em Deus! Afinal, Ele me deu tanta coisa, e eu não mereço, pois só faço besteiras.

Quando pensamos no próximo, devíamos chorar. Para dizer a verdade, não devíamos fazer nada mais do que chorar. Resta-nos pedir a Deus que faça um milagre e que salve aqueles pobres coitados!

E eu rezo do fundo do meu coração.

Sua Anne.

DOMINGO, 2 DE JANEIRO DE 1944

Querida Kitty,

De manhã, quando folheava este diário, achei vários trechos nos quais falo da mamãe, num tom impulsivo, quase raivoso. Assustei-me e perguntei a mim mesma: "É você a Anne que fala assim com tanto ódio?"

Com o livro aberto na mão, fiquei algum tempo sentada tentando descobrir a razão desse ódio, dessa ira. Fiz o possível para compreender a Anne daqueles dias e para desculpá-la, pois a minha consciência não acalma enquanto eu não conseguir explicar como foi que cheguei a fazer tamanhas acusações. Sofria e ainda sofro de depressão e, nessas ocasiões, sou como um mergulhador debaixo d'água, que vê tudo distorcido. Via tudo subjetivamente e nem tentava refletir com calma sobre aquilo que os outros diziam. Se o tivesse feito, teria compreendido melhor os meus antagonistas e teria procedido de outro modo e sem magoar ninguém com o meu temperamento impetuoso.

Só me via a mim, fechava-me na minha concha, não fazia caso dos outros e sentia alívio ao confiar ao papel as minhas alegrias, a minha troça e, também, a minha tristeza. Este diário é para mim de grande valor por ter se tornado o meu livro de memórias. Mas muitas das suas páginas poderiam ser riscadas ou ter escrito por baixo "já passou".

Muitas vezes ficava furiosa com a mamãe, e ainda agora me acontece o mesmo. Ela não me compreendia, é uma verdade, mas eu também não a compreendia. Sou sua filha, e ela é boa e carinhosa para mim. Mas, como lhe criava tantas vezes situações desagradáveis, é compreensível que me desse broncas. Pois, por isso mesmo e ainda por tantas coisas que ela sofria, é que não pode deixar de ficar nervosa e irritada. Eu não compreendia isso, ofendia-a, era insolente e agressiva, e então ela ficava triste. E assim havia sempre entre nós algum mal-entendido e desgostos, o que não era agradável para nenhuma de nós. Mas tudo isso passou! Que eu não quisesse admitir essas coisas e tivesse tido pena de mim mesma, também se compreende. As minhas atitudes eram arrebatamentos de maldade, das quais, numa vida normal, me teria libertado de maneira completamente diferente e sem testemunhas... Teria, por exemplo, sozinha no meu quarto, batido fortemente com os pés no chão, desabafando sem que ela percebesse o que se passava no meu coração.

Aquele tempo em que a mamãe chorava por minha causa já passou. Sou mais sensata, mais razoável e os nervos da mamãe também acalmaram. A maior parte das vezes fico quieta quando ela me irrita, e ela faz o mesmo. Assim, as coisas correm bem melhor. Amar a mamãe incondicionalmente, como fazem tantas crianças, não é possível. Algo em mim se revolta contra isso. Mas acalmo a minha consciência com a convicção de que sempre é melhor escrever estas coisas no papel do que magoar os sentimentos de minha mãe.

Sua Anne.

QUARTA-FEIRA, 5 DE JANEIRO DE 1944

Querida Kitty,

Agora já sei o que não me agrada na mamãe. Ela mesma tem nos dito que vê em nós antes amigas do que filhas. Isso é uma coisa bonita, mas uma amiga não pode substituir a mãe. Eu queria ter na mamãe um exemplo, um modelo a seguir. Pressinto que a Margot pensa de outra maneira a tal respeito e que nunca pode compreender as minhas ideias, e o papai evita falar no assunto. Na minha imaginação, uma mãe tem de ser, antes de mais nada, alguém com muito tato, principalmente quando se trata dos filhos. Não deve fazer como faz minha mãe, que ri quando eu choro lágrimas que não são de dor física, mas de dor íntima.

Certa vez aconteceu uma coisa que nunca vou perdoar. Quando um dia tive de ir ao dentista, a mamãe e a Margot me acompanharam e acharam bom que eu levasse a bicicleta. Só que, depois do tratamento, estávamos à porta do dentista, e as duas disseram-me que ainda iam ao centro da cidade fazer compras e ver umas coisas (já não sei bem o que era). Eu queria ir também, mas não me deixaram por causa da bicicleta. Fiquei furiosa e as lágrimas vieram-me aos olhos, mas as duas começaram a rir. Então perdi a cabeça e, no meio da rua, mostrei a língua para elas. Por acaso passou uma mulher idosa que me olhou horrorizada. Fui sozinha para casa e chorei muito. É estranho, mas essa ferida que a mamãe, há tanto tempo, me causou arde ainda todas as vezes que penso nisso ou quando me zango com ela.

É difícil abordar o outro assunto, pois está diretamente ligado a mim. Li ontem um artigo de Sis Heyster sobre pessoas que enrubescem. Aquilo parecia ser escrito para mim, embora eu não core tão facilmente. Mas o resto se aplica a mim perfeitamente.

Diz ela que uma garota, ao entrar na puberdade, fica mais calma e mais pensativa e que se debruça sobre o milagre do seu corpo. É justamente o que acontece comigo, e agora tenho vergonha até da Margot e dos meus pais. Mas a Margot que, em outras ocasiões, é muito mais acanhada do que eu, não faz cerimônias com estas coisas.

Percebo as transformações exteriores do meu corpo e, mais ainda, daquilo que está mudando no meu íntimo. E, como não falo sobre isto com ninguém, tento compreender sozinha.

Todas as vezes em que fico menstruada (e isso já aconteceu três vezes), tenho a sensação, apesar das dores e de tudo o que é desagradável e repugnante, de trazer comigo um segredo muito delicado. Alegro-me quando vivo de novo este meu segredo. Diz Sis Heyster que as garotas da minha idade ainda não têm segurança, mas que pouco a pouco vão se revelando e começam a ter ideias, pensamentos e hábitos próprios.

Vim para o Anexo quando tinha 13 anos e, por isso, fui obrigada a refletir mais cedo sobre o mundo e a fazer a descoberta de mim mesma como um ser humano que deseja ser independente.

Às vezes, de noite, não posso deixar de tocar nos meus seios e de sentir o bater calmo e seguro do meu coração.

Já antes de vir para cá sentia, inconscientemente, coisa parecida, pois uma vez, quando dormi com uma amiga minha, perguntei-lhe se, como prova de amizade, não podíamos tocar nos seios uma da outra, mas ela recusou-se. Eu tive vontade de beijá-la e fiz isso muitas vezes.

Sempre que vejo uma figura de mulher nua, como, por exemplo, a Vênus, fico como em êxtase. É uma coisa tão bela que tenho de me dominar para não desatar a chorar!

Ai! Quem me dera ter uma amiga!

Sua Anne.

QUINTA-FEIRA, 6 DE JANEIRO DE 1944

Querida Kitty,

Minha necessidade de falar com alguém se tornou tão forte ultimamente que escolhi, não sei por quê, o Peter como vítima. Quando eu estava lá em cima com ele, sentia-me bem. Mas, como é modesto e incapaz de pedir a alguém para deixá-lo em paz, mesmo se se sentir molestado, eu nunca tinha coragem de me demorar, com receio de que me pudesse achar aborrecida.

Discretamente, faço agora tentativas para ficar mais um pouquinho para conversarmos, e ontem, por acaso, houve um pretexto bom, pois o Peter tem a mania das palavras cruzadas e se pudesse não faria mais nada o dia todo. Ajudei-o, e assim ficamos à mesa, um em frente do outro, ele na cadeira, eu no divã.

Sempre que eu olhava para os seus olhos escuros e observava o sorriso em volta da boca, tinha uma sensação estranha. Adivinhava-lhe o pensamento.

Lia-lhe no rosto a insegurança, o desamparo e, ao mesmo tempo, uma certeza de se saber homem. O seu embaraço enterneceu-me e precisei olhá-lo de novo nos olhos, e pedi:

– Me conte tudo o que sente e não tenha medo de que eu seja indiscreta. Eu não serei!

A tarde foi passando e nada de especial aconteceu a não ser que lhe falei a respeito de enrubescer, mas evidentemente não lhe disse tudo o que escrevi aqui. Só falei nisso por causa dele, para ele sentir mais segurança. Quando de noite, na cama, pensei em tudo aquilo, a situação parecia-me desagradável e achei então um exagero da minha parte cobiçar assim as boas graças do Peter. Acho esquisito a gente tentar tanta coisa para satisfazer um desejo. Dou-me a mim como prova. Resolvi procurar mais vezes o Peter e fazê-lo falar. Não julgue que estou apaixonada por ele, não, nem pensar nisso. Se os Van Daan, em vez de um filho, tivessem uma filha, eu faria as mesmas tentativas para conseguir a amizade dela.

Hoje de manhã acordei às sete horas e lembrei-me nitidamente do que sonhei. Estava eu sentada à mesa, em frente ao Peter... folheávamos um livro ilustrado. O sonho tinha sido tão nítido que ainda me lembro até das gravuras. Mas não acabou aqui. Os nossos olhares encontravam-se e eu via os olhos do Peter, tão belos, de um castanho aveludado. Depois o Peter disse, baixinho e carinhoso:

– Se eu soubesse, já teria procurado você há mais tempo.

Virei-me bruscamente porque estava muito emocionada. Então senti a face do Peter junto da minha e senti-me tão bem, ai! Tão bem!

Quando acordei, parecia que eu ainda sentia o seu contato e tive a sensação de que os seus queridos olhos castanhos tinham penetrado até o fundo do meu coração e que tinham compreendido o quanto eu gostava dele, e ainda gosto. Os meus olhos encheram-se de lágrimas, fiquei triste por ele estar tão longe de mim, mas também fiquei contente por sentir com tanta força que ainda gosto do Peter. Estranho: tenho aqui visões tão nítidas.

Uma noite apareceu-me minha avó paterna com tanta nitidez que lhe consegui ver as rugas aveludadas na pele. Depois veio minha avó materna como anjo da guarda e depois a Lies, que para mim é o símbolo da infelicidade das minhas amigas e de todos os judeus. Ao rezar por elas incluo sempre os judeus e todos os homens perseguidos e infelizes. E agora apareceu-me o Peter, o meu querido Peter! Nunca o tinha visto tão claramente na minha imaginação. Não tenho dele nenhuma fotografia, nem é preciso, pois tenho-o bem gravado na memória! Como é bom e simpático!

Sua Anne.

SEXTA-FEIRA, 7 DE JANEIRO DE 1944

Querida Kitty,

Como eu sou boba. Nunca me lembrei de contar a história dos meus admiradores.

Quando eu ainda era pequena e estava no jardim de infância, simpatizei com o Karl Samson. Ele já não tinha pai e vivia com a mãe na casa de uma tia. Bobby, o filho dessa tia, era um rapazinho esperto, esbelto e moreno, que conseguia sempre chamar a atenção sobre si mais do que o Karl, gordinho e desajeitado. Mas eu não me importava com o aspecto exterior e fui amiga do Karl durante anos. Éramos amigos de verdade.

Depois o Peter Wessel entrou na minha vida e foi a minha primeira paixão. Ainda nos vejo de mãos dadas correndo pelas ruas, ele com um terno de linho, eu com um vestido de verão.

Quando ele foi para a sétima série, passei para a sexta. Ele ia me buscar na escola ou eu ia esperar por ele. O Peter era um lindo garoto, alto, esbelto, bonito, com um rosto calmo, sério e inteligente. Tinha cabelo escuro, a pele tostada, grandes e belos olhos castanhos e um nariz afilado. O que eu mais gostava nele era o sorriso, que lhe dava um ar de maroto.

Passei as férias fora. Quando voltei, o Peter tinha mudado de casa. Morava agora com um garoto mais velho do que ele e de quem era muito amigo. Esse garoto deve ter mostrado a ele que eu não passava de uma criança, e o Peter não quis saber mais de mim. No começo, nem queria acreditar, gostava tanto dele! Tive de me conformar, pois, se andasse atrás dele, diriam que sou maluca.

Os anos iam passando. O Peter andava com garotas da idade dele e nem sequer me cumprimentava, mas eu não conseguia esquecê-lo. Quando entrei para a Escola Judaica, muitos dos garotos se apaixonaram por mim. Achava aquilo engraçado, mas não sentia nada de especial por nenhum deles. Mais tarde foi o Harry quem andou atrás de mim. Mas como já disse: nunca mais me apaixonei.

Diz um ditado que "o tempo cura todos os males". E eu imaginava que ia me esquecer do Peter e que já nem gostava dele. Mas a recordação vivia tão forte no meu subconsciente que, um dia, tive de confessar a mim mesma o ciúme que sentia de todas as garotas do seu círculo. Então, preferi achá-lo pouco simpático.

Hoje de manhã vi que nada mudou. À medida que os anos iam passando, o amor pelo Peter crescia em mim. Compreendo que ele tenha me achado infantil, mas não posso deixar de sentir uma certa dor por ele ter me esquecido tão depressa. Vi-o muito nitidamente diante de mim e sei que nunca alguém poderá encher da mesma maneira o meu coração.

O sonho confundiu-me. Quando o papai me beijou esta manhã, eu quis gritar: "Ah, se você fosse o Peter!". Só consigo pensar nele e durante todo o dia repito para mim: "Oh, Peter, meu querido Peter! Ninguém pode me ajudar".

Tenho de continuar a viver e a pedir a Deus que me deixe reencontrar o Peter logo que eu fique em liberdade. Então ele vai ler nos meus olhos que o amo e vai dizer: "Oh, Anne, se eu soubesse a teria procurado há mais tempo!".

Ao falar comigo sobre sexualidade, o papai me disse que eu ainda não poderia compreender este desejo, esta ânsia. Mas eu sabia que podia, e agora compreendo, sem dúvida! Ninguém é tão querido quanto você, meu Peter! Olhei-me no espelho e me achei transformada. Os meus olhos são agora muito claros e profundos, a pele é rosada e a boca parece mais meiga. Tenho um ar de pessoa feliz e, todavia, há qualquer tristeza no meu olhar que afugenta o sorriso dos meus lábios.

Não, não posso ser feliz, porque sei que os pensamentos do Peter não estão comigo. Mas sinto os seus queridos olhos fixos em mim e a sua face, suave e fresca, contra a minha.

– Oh! Peter, Peter, como vou me libertar da sua imagem?

Qualquer outro que venha a tomar o seu lugar não passará de um substituto mesquinho! É a você que amo, e de tal forma o amo que o amor não coube no meu coração e rompeu para se revelar em toda a sua imensa plenitude.

Ainda há uma semana, mesmo ontem, se tivessem me perguntado com quem eu queria me casar, teria respondido: "Não sei". Mas agora quero gritar alto para que me escutem: "Quero o Peter, só o Peter! Amo-o com todo o meu coração, com toda a minha alma. Mas não quero que ele toque senão no meu rosto".

Estive hoje no sótão junto da janela aberta e imaginei que estava conversando com ele. Acabamos por chorar os dois e senti nitidamente a sua boca e o seu rosto cheios de ternura por mim.

"Oh, Peter, pense em mim! Venha, meu querido, querido Peter!"

Sua Anne.

QUARTA-FEIRA, 12 DE JANEIRO DE 1944

Querida Kitty,

A Elli voltou há quinze dias. A Miep e o Henk não puderam vir durante dois dias porque comeram alguma coisa que lhes fez mal ao estômago. A última novidade é que me interesso agora por balé e treino todas as noites. A mamãe transformou um vestido de renda azul-claro num traje ultramoderno de balé. Uma fita passa no decote e cruza sobre o peito. Um laçarote enorme arremata tudo. Mas não consegui transformar os meus sapatos de ginástica em sapatilhas de balé.

Minhas pernas e meus braços, que tinham ficado quase rígidos, começam a tornar-se flexíveis como eram antes. Um exercício muito bom é este: sentada no chão e segurando em cada mão um calcanhar, levantar as duas pernas sem dobrar os joelhos. Para fazer isso sento-me em cima de uma almofada para não torturar tanto o meu pobre traseiro.

Os adultos estão lendo o livro *Manhã sem nuvens*. A mamãe considera muito bom. Falam sobre problemas da adolescência. Cheia de ironia pensei comigo mesma: "E se ela tentasse antes compreender as adolescentes com quem vive?".

Acho que a mamãe pensa que a Margot e eu temos as melhores relações do mundo com os nossos pais e que ninguém compreende tão bem os filhos quanto ela. Isso acontece com a Margot, que não tem pensamentos e problemas como eu. Não tenho a intenção de mostrar à mamãe que o pensamento de uma das suas filhas é muito diferente do que ela imagina. Ela ficaria admirada, mas não seria capaz de resolver nada a meu respeito. Sentiria apenas tristeza, e não vale a pena dar este desgosto. A mamãe sente na Margot uma dedicação maior do que em mim, mas está convencida de que eu também mudarei. A Margot agora me trata com carinho. Parece tão diferente! Já não ri de mim e é uma boa amiga. Não me vê apenas como a caçula com quem não se pode falar coisas sérias. É curioso: às vezes, olho para mim como se fosse outra pessoa.

Estou contemplando esta Anne com serenidade e calma e folheio o livro da minha vida como se fosse uma pessoa estranha. Antigamente, na nossa casa, quando eu ainda não cismava tanto, estava convencida de que não pertencia ao papai, nem à mamãe, nem à Margot. Julgava-me uma espécie de extraterrestre. Representava sozinha o papel de uma órfã e acabava por achar-me ridícula nessa figura tão triste quando, na realidade, levava uma vida boa.

Depois veio um tempo em que eu me esforçava para ser simpática: todas as manhãs, quando ouvia alguém subir a escada do nosso quarto, fazia votos para que fosse a mamãe para nos dar bom-dia. Cumprimentava-a com meiguice e ficava muito contente por ela olhar para mim com carinho. Às vezes ela, por algum motivo, não estava tão simpática e, então, eu ia para a escola muito triste e desconsolada. Na volta, arranjava desculpas para ela, pensava que ela estava preocupada com alguma coisa; e entrava em casa bem-disposta e alegre, ansiosa por contar as minhas aventuras... até acontecer a mesma coisa e eu ir, de novo, triste e pensativa para a escola. Às vezes resolvia mostrar o meu desapontamento. Mas, ao voltar para casa, tinha sempre tantas coisas para contar que me esquecia. Só queria a todo o custo que a mamãe me desse atenção.

Depois veio um período em que já não me importava de ouvir os passos na escada. Sentia-me só, enterrava a cabeça na almofada e chorava. Aqui é tudo muito pior. Mas Deus deu-me uma ajuda na minha desgraça: o Peter! Pego no medalhão que trago sempre comigo, beijo-o e penso: "O que tenho eu a ver com toda esta confusão? Tenho o meu Peter. É o meu segredo".

Desta maneira vou vencer muitas adversidades. Haverá quem adivinhe o que se passa na alma de uma adolescente?

Sua Anne.

SÁBADO, 15 DE JANEIRO DE 1944

Querida Kitty,

Não vou relatar todos os detalhes das nossas brigas e disputas. Só vou contar que guardamos agora muitos alimentos separados, como a carne e a manteiga. Fritamos nossas batatas à parte. Conseguimos mais um bocado de pão porque às quatro horas da tarde os nossos estômagos já não aguentavam com a fome.

Está chegando o aniversário da mamãe. Ela recebeu açúcar do senhor Kraler para o dia da festa, e agora a senhora Van Daan está com inveja porque ele não deu para ela também. É muito ruim assistir todos os dias a cenas de choro e ouvir gritos de raiva. Pode ter certeza, Kitty, estamos fartos até não poder mais.

A mamãe disse que não quer ver os Van Daan durante quinze dias. Mas é um desejo que ninguém pode satisfazer. Será que sempre as pessoas obrigadas a viver juntas durante muito tempo acabam em conflito? Ou nós temos pouca sorte? A maioria dos homens será na verdade egoísta e mesquinha? Adquirir alguns conhecimentos humanos é bom, mas agora já chega. A guerra ainda não acabou, e as nossas disputas, a fome de ar e de liberdade continuam.

Para que estou fazendo sermões? Desse jeito, viro uma solteirona rabugenta! E eu queria tanto ser apenas uma adolescente comum!

Sua Anne.

SÁBADO, 22 DE JANEIRO DE 1944

Querida Kitty,

Por que será que todo mundo esconde tanto o que sente de verdade? E como se explica que diante de algumas pessoas até eu me porte tão diferente do que deveria ser? Deve haver razões para isso. É horrível não confiarmos em nós inteiramente, nem naqueles que nos são mais queridos. Tenho a sensação de ter ficado mais velha depois daquele sonho, de ter agora mais personalidade. Até vejo os Van Daan com outros olhos. Não vejo as suas discussões e os atritos só do nosso ponto de vista parcial. Por que será que estou tão diferente?

Cheguei à conclusão de que o nosso convívio podia ser diferente se a minha mamãe fosse a mãe ideal. Sei que a senhora Van Daan não é uma pessoa delicada. Talvez metade dos conflitos pudesse ser evitado se a mamãe não fosse tão difícil nas suas relações com os outros e se tivesse mais tato nas conversas, pois a senhora Van Daan tem também o seu lado bom: apesar do egoísmo, da mesquinhez e da mania das discussões, é fácil convencê-la a ceder.

Questões sobre educação, mimos, comida, etc. podem ser abordadas com franqueza e amizade. Assim não teríamos chegado a este ponto nem veríamos só o lado desagradável dos outros.

Sei exatamente o que você vai me dizer, Kitty!

"Mas, Anne, essas palavras são suas? Mas você não tem recebido tantas censuras dos de lá de cima? Não se lembra mais de todas as injustiças?"

Sim, sim, lembro! Mas, mesmo assim, as palavras são minhas. Quero eu mesma aprofundar tudo e não repetir o que dizem os mais velhos... Não! Quero observar os Van Daan e confirmar o que é verdade e o que é exagero. Se depois disso ainda continuar desapontada, concordarei com os meus pais. Mas, se os Van Daan forem melhores do que nos têm parecido, tentarei corrigir a opinião errada do papai e da mamãe. Se mesmo isso não der certo, vou manter a minha opinião. Vou aproveitar todas as ocasiões para falar com a senhora Van Daan e não terei vergonha de dizer o que penso. Afinal, sempre fui considerada uma garota atrevida.

Não pense que quero ir contra a minha própria família, mas falar mal e ter preconceitos não é coisa que me agrade mais. Até agora, julgava firmemente que os Van Daan eram os culpados de tudo, mas temos culpa também. Às vezes pode ser que tenhamos razão, mas as pessoas razoáveis devem fazer o possível para conviver com toda a espécie de gente.

Reconheço isso e espero ter a chance de aplicar as minhas ideias na prática.

Sua Anne.

SEGUNDA-FEIRA, 24 DE JANEIRO DE 1944

Querida Kitty,

Uma coisa muito estranha aconteceu comigo. (Na verdade, "aconteceu" não é exatamente a palavra certa.) Antes de eu vir para cá, toda vez que alguém, em casa ou na escola, falava sobre sexo, era sempre de um jeito ou secreto ou nojento. Qualquer assunto relacionado ao sexo era falado baixinho e por meias palavras, e, se alguém não entendia o que aquilo queria dizer, era motivo de riso. Eu achava tudo aquilo esquisito e frequentemente pensava por que as pessoas eram tão misteriosas e desagradáveis quando falavam sobre esse assunto. Mas, como não podia mudar nada, calava-me ou falava do assunto de vez em quando com uma amiga mais próxima.

Mais tarde comecei a compreender tudo, e os meus pais também resolveram me explicar as coisas. A mamãe disse uma vez:

– Anne, vou lhe dar um bom conselho: nunca fale sobre isso com os garotos e, sempre que eles quiserem começar, mude de assunto.

Ainda me lembro de que respondi:

– Claro, mamãe, que ideia!

E assim mantive as coisas até agora. Aqui, nos primeiros tempos, o papai falava-me, de vez em quando, de coisas que eu antes preferia ter ouvido da boca da mamãe. O resto aprendi nos livros e nas conversas.

O Peter Van Daan não se atreve a dizer nada a tal respeito. Só uma vez, muito no começo, falou no assunto, mas não era para provocar uma resposta.

A senhora Van Daan disse uma vez que nem ela nem o marido falavam sobre isso com o Peter. Ela nem fazia ideia até que ponto o Peter sabia dessas coisas. Ontem, quando a Margot, o Peter e eu estávamos descascando batatas, a conversa caiu sobre Boche, o gato.

– Ainda não sabemos se Boche é gato ou gata? – disse eu.

– Eu sei – disse o Peter –, é gato!

– Lindo gato, que está à espera de gatinhos – comentei.

Umas semanas antes o Peter tinha dito que Boche estava grávida porque tinha a barriga muito gorda. Provavelmente isso era consequência do costume de roubar petiscos. Agora o Peter quis se defender:

– Quer ver? Outro dia vi nitidamente que era gato.

Não consegui dominar a minha curiosidade e fui com ele ao armazém. Mas não havia meio do Boche aparecer. Esperamos um bocado e depois subimos porque estava muito frio. À tardinha ouvi o Peter descer. Cheia de coragem atravessei a casa silenciosa e fui ao armazém.

O Peter estava brincando com o Boche, estava pesando-o na balança.

– Olá, então quer ver agora?

Não fez cerimônias. Agarrou o Boche pela cabeça, segurou-lhe as patas, virou-o e a lição começou!

– Aqui é o órgão sexual masculino, aqui alguns pelos espalhados e isto é o traseiro.

O Boche deu meia-volta e se pôs em cima das suas patinhas brancas. Se qualquer outro garoto me tivesse mostrado assim "o sexo masculino", eu nunca mais olharia para ele. Mas o Peter tratou com tanta naturalidade este tema delicado que acabei por não achar mal nenhum. Brincamos com o Boche, nos divertimos, falamos bastante e depois subimos devagarinho a escada.

– Quase sempre encontro num livro qualquer aquilo que quero saber. Você também? – perguntei.

– Mas por quê? Eu pergunto ao meu pai. Ele sabe muita coisa e tem grande experiência.

Estávamos em cima da escada e eu silenciei. Com outro garoto, não teria falado com tanta simplicidade.

Quando a mamãe me aconselhou que evitasse falar neste assunto com garotos, devia ser justamente isso o que ela receava. Senti-me todo o dia um tanto confusa ao pensar naquele encontro no armazém. Mas aprendi que se pode falar com garotos de uma maneira ajuizada e sem fazer piadinhas estúpidas.

Será verdade que o Peter conversa muito com os pais dele? E será ele, na realidade, como se mostrou ontem? O que sei eu dele, afinal?

Sua Anne.

QUINTA-FEIRA, 27 DE JANEIRO DE 1944

Querida Kitty,

Nas últimas semanas desenvolvi uma paixão por árvores genealógicas, em especial pelas das casas reais. Quando começamos a pesquisar, precisamos recuar cada vez mais no tempo e chegamos a descobertas interessantíssimas.

Embora meus estudos estejam indo bem e eu já consiga acompanhar o *Home Service* das emissões da BBC, nas manhãs de domingo passo o tempo arrumando a minha coleção de estrelas de cinema, aliás uma coleção muito respeitável. O senhor Kraler, sempre gentil, traz às segundas-feiras a revista de cinema. Embora os companheiros aqui do Anexo achem que comprar uma revista de cinema é jogar dinheiro fora, não podem deixar de se admirar por eu ainda saber, depois de mais de um ano de isolamento, quem eram os artistas que trabalhavam em determinados filmes.

A Elli, nos dias de folga, vai quase sempre ao cinema com o namorado e, quando ela me diz quais são os filmes da semana seguinte, digo-lhe logo quem são os artistas que entram e as críticas dos filmes. A mamãe disse outro dia que eu, quando sairmos daqui, não precisarei ir ao cinema, visto que já sei de cor os roteiros, os nomes dos artistas e as críticas.

Quando apareço com um penteado novo, todos olham para mim com ar de censura e perguntam quem é a estrela que anda assim penteada. E, se falo que fui eu sozinha que inventei aquilo, acreditam com grandes reservas. Não me aguento mais de meia hora com o penteado porque os críticos de plantão estragam o prazer. Vou ao banheiro refazer o meu penteado de todos os dias.

Sua Anne.

SEXTA-FEIRA, 28 DE JANEIRO DE 1944

Querida Kitty,

Esta manhã me perguntei se você não se sente como uma vaca que precisa ruminar todas as notícias velhas e que já está aborrecida com esta alimentação monótona, e se não boceja ao ler estas cartas que não têm novidades. São chatas, eu também acho um tédio!

À mesa, quando não falamos de política ou de boas comidas, a mamãe e a senhora Van Daan relembram histórias da infância delas. Outras vezes o Dussel divaga ao lembrar-se do guarda-roupa da mulher, sempre cheio de coisas bem escolhidas, ou fala de cavalos de corrida, de um barco a remo furado, de crianças prodígio que já sabiam nadar aos quatro anos de idade ou até de músculos doloridos e de pacientes medrosos.

Estamos de um jeito que, se um dos oito começa a contar uma coisa, qualquer outro pode substituí-lo e continuar a história até o fim. Já conhecemos o final de todas as anedotas. Só quem as conta ainda acha graça.

A situação seria suportável se os adultos não tivessem o hábito desagradável de contar as histórias do Koophuis, da Miep e do Henk dez vezes de formas diferentes, sempre enfeitadas com outras invenções. Tenho de me beliscar debaixo da mesa para não interromper o narrador entusiasmado, visto que meninas como a Anne não devem, de maneira nenhuma, corrigir os adultos, mesmo se eles disserem bobagens ou começarem a inventar.

O Koophuis e o Henk contam-nos tudo o que sabem de outras pessoas escondidas. Isso nos interessa muito e vivemos e sofremos com aqueles que foram apanhados como se fosse com a gente. Ficamos radiantes ao ouvir que algum prisioneiro foi posto em liberdade.

Esconder-se e desaparecer são agora coisas tão correntes como eram antigamente os chinelos do papai à espera, no inverno, diante do fogão.

Organizações como, por exemplo, "A Holanda Livre" falsificam carteiras de identidade, procuram esconderijos seguros, fornecem dinheiro e alimentos e arranjam trabalho para os jovens cristãos escondidos.

É admirável com que dignidade e altruísmo certas pessoas fazem isso, arriscando a própria vida para prestarem auxílio aos outros. O melhor exemplo são os nossos protetores, que, até agora, nos têm ajudado sem interrupção e que nos levarão, se Deus quiser, até o fim de tudo isto. Se alguma coisa falhar, eles terão o mesmo triste destino de todos aqueles que protegem os judeus. Nunca deixam transparecer que somos um fardo (e não há dúvida de que somos). Nunca se queixam dos problemas que causamos. Todos os dias sobem até aqui, falam com os homens sobre negócios e política, com as mulheres sobre as dificuldades de administrar a casa e conosco, os jovens, sobre livros e jornais. Entram sempre de cara satisfeita, não se esquecem, nos dias de festa, das flores e dos presentes e estão sempre prontos a ajudar. Não devemos esquecer nunca, apesar de todas as heroicidades nos campos de batalha e de toda a luta contra os opressores, os sacrifícios dos nossos amigos, aqui, junto de nós, as provas diárias de simpatia e de amor!

Eles contam as histórias mais fantásticas deste mundo, quase todas verdadeiras. O Koophuis falou-nos de um desafio de futebol na província de Gederland, onde de um lado jogavam só os escondidos e do outro, membros da guarda nacional.

Em Hilversum houve distribuição de novos cartões de racionamento. Para que toda aquela gente que vive escondida não ficasse privada das rações, os funcionários do conselho convocaram os protetores para lhe entregarem os cartões. Mas é preciso cautela: tais façanhas não devem chegar aos ouvidos dos alemães.

Sua Anne.

QUINTA-FEIRA, 3 DE FEVEREIRO DE 1944

Querida Kitty,

A qualquer momento deve ocorrer a invasão. Os jornais não falam de outra coisa. Lê-se: "No caso de um desembarque dos ingleses na Holanda, as forças alemãs farão a defesa, mesmo se for necessário inundar todo o país". Publicam mapas em que as zonas em questão estão sombreadas. Amsterdã está em uma delas e já pensamos no que fazer quando a água atingir um metro de altura nas ruas. Ouvimos dizer:

– Como não se pode nem correr nem andar de bicicleta, temos de passar de barco.

– Talvez possamos nadar. Vestidos de roupa de banho. Com máscaras de mergulho, ninguém perceberá que somos judeus.

– Imagino as senhoras fugindo a nado quando as ratazanas as mordem nas canelas. (Claro, era um homem rindo das mulheres. Mas vamos ver quem grita mais: eles ou nós!)

– Nós não conseguiremos nos salvar. O armazém está tão podre que a casa cai ao primeiro impulso da água.

– Falando sério... Arranjaremos um barquinho e cada um pega um dos velhos caixotes de açúcar do sótão e depois rema com uma colher de cozinha.

– Eu vou atravessar com pernas de pau, pois fui campeã quando pequena.

– O Henk van Santen não precisa de nada disso. E, se levar a sua Miep às costas, ela terá boas pernas de pau.

Essas conversas são engraçadas, mas a realidade talvez venha a ser diferente. Surge um segundo problema ligado ao desembarque. O que vamos fazer se Amsterdã for evacuada pelos alemães?

– Vamos com eles, discretamente.

– Não, de jeito nenhum! Ficamos aqui, que ainda é o melhor. Os alemães são capazes de nos obrigar a ir para a Alemanha e depois não poupam ninguém!

– Claro, ficaremos aqui. Ao menos estaremos mais seguros.

Vamos tentar convencer Koophuis a vir também para cá com a família. Será preciso arranjar serragem para dormir no chão. A Miep e o

Koophuis deviam trazer alguns cobertores. Só temos 30 quilos de farinha, não chegará para todos, é preciso conseguir mais. O Henk talvez possa arranjar legumes secos. Temos 30 quilos de feijão e cinco quilos de ervilhas em casa e ainda 50 latas de legumes em conserva.

– Mãe, não será melhor fazer um balanço dos alimentos?

– Bem: dez latas de peixe, 40 de leite, cinco quilos de leite em pó, três garrafas de azeite, quatro frascos de manteiga e quatro de carne, quatro frascos de morangos, dois garrafões de suco e 20 de purê de tomate, cinco quilos de flocos de aveia, quatro quilos de arroz. Eis tudo!

Não é nada mau. Mas, se quisermos alimentar as visitas e se só tivermos isso para comer, não parece que seja muita coisa. Carvão e lenha ainda temos; velas também.

– Seria bom se cada um tivesse já um saquinho de pendurar ao pescoço para levar o dinheiro, se for preciso.

– Acho que devíamos fazer listas daquilo que, em caso de fuga, faz mais falta e devíamos já encher as mochilas. Depois duas pessoas deviam estar de guarda, uma no teto, outra no sótão.

– Para que nos vão servir os alimentos se não tivermos nem gás, nem água, nem eletricidade?

– Cozinhamos no fogão da sala. Filtramos a água e fervemos. Vamos limpar uns garrafões para ter sempre água.

Ouço todos os dias essas conversas. Invasão para disputa aqui, para invasão acolá! Sobre a morte pela fome, sobre bombas, sacos de dormir, bombas incendiárias, carteiras de identidade, gases venenosos e assim por diante. Para dar uma ideia mais nítida das preocupações constantes das pessoas do Anexo, vou reproduzir uma conversa com o Henk:

– Estamos com medo de que os alemães, numa eventual retirada, levem toda a população com eles.

Henk:

– Impossível. Não há trens suficientes.

Anexo:

– Trens? Mas o senhor pensa que eles vão levar a gente de trem? Nem pensar nisso! Vão nos obrigar a andar a pé.

Henk:

– Não creio. Vocês são pessimistas demais; que vantagem teriam eles em arrastar assim toda a população?

Anexo:

– Sabe o que disse Goebbels: "Se tivermos que nos retirar, fecharemos atrás de nós todas as portas dos países ocupados".

Henk:

– Oh! Já disseram tanta coisa!

Anexo:

– Você pensa que os alemães são demasiado nobres ou humanitários para agir assim? Logo que cheire a perigo, vão arrastar tudo o que encontrarem pelo caminho.

Henk:

– Digam o que quiserem. Eu não acredito.

Anexo:

– É sempre a mesma coisa. As pessoas só veem o perigo depois de o terem experimentado no seu próprio corpo.

Henk:

– Mas nada se sabe de concreto. Tudo isso são apenas hipóteses.

Anexo:

– Mas já passamos por tudo isso, primeiro na Alemanha, depois aqui. E não vê o que estão fazendo na Rússia?

Henk:

– Esqueçam por um instante o problema dos judeus. Ninguém sabe o que se passa no Leste. A propaganda russa e a inglesa exageram tanto quanto a alemã.

Anexo:

– Não pode ser. A rádio inglesa diz sempre a verdade. Mas, supondo mesmo que há exageros, os fatos conhecidos já são bem eloquentes. Você não pode negar que os alemães matam com gases milhões de inocentes na Polônia e na Rússia, não é verdade?

Não vou aborrecer você com mais conversas. Faço o possível para me conservar calma e não me preocupar. Já cheguei a um ponto em que tanto faz viver ou morrer. O mundo não parará por minha causa, e eu, de minha parte, não posso também fazer parar os acontecimentos. Venha o que vier.

Entretanto, estudo e trabalho e tenho esperança de que tudo acabará bem.

Sua Anne.

SÁBADO, 12 DE FEVEREIRO DE 1944

Querida Kitty,

O céu é de um azul intenso, o sol brilha, sopra um vento maravilhoso e eu... eu tenho saudades. Saudades... de tudo, da liberdade, dos amigos. Saudades de poder desabafar e de estar sozinha. Ai, se pudesse chorar à vontade, uma vez só que fosse. Queria aliviar o meu coração, queria chorar para me sentir melhor, mas sei que não pode ser. Estou inquieta, ando de um quarto para o outro, fico por trás da janela fechada e procuro respirar o ar de lá de fora através das frestas. Sinto o coração bater como se me pedisse para satisfazer o meu desejo!

Acho que a culpa é da primavera. Sinto-a despertar em todo o meu corpo e em toda a minha alma. Tenho que me esforçar para me conservar calma, sinto uma grande confusão, não consigo ler, nem escrever, nem fazer seja o que for. Só sei que tenho saudades.

Sua Anne.

DOMINGO, 13 DE FEVEREIRO DE 1944

Querida Kitty,

Muita coisa mudou desde ontem. Eu estava cheia de saudades e ainda estou. Hoje de manhã notei que tudo era diferente. Mas notei com satisfação que o Peter não tirava os olhos de mim. Não olhava para mim como de costume, era diferente, não sei dizer nem escrever como. Sempre pensei que o Peter gostasse da Margot e agora senti que não é nada disso. Durante todo o dia não olhei muito para ele, pois sempre que o encarava ele estava olhando também. Invadia-me então uma sensação maravilhosa. Sei que isso não está certo, que não deve repetir-se muitas vezes. Queria tanto estar só!

Peter já percebeu que estou diferente, mas não posso contar tudo! "Deixem-me em paz", queria gritar. Mas, quem sabe, talvez ainda venha um dia em que estarei mais só do que é meu desejo.

Sua Anne.

SEGUNDA-FEIRA, 14 DE FEVEREIRO DE 1944

Querida Kitty,

No domingo, à noite, estavam todos ouvindo na rádio o programa "Música imortal" dos mestres alemães, só o Pim e eu que não. O Dussel estava mexendo no botão do aparelho. O Peter ficou aborrecido com isso, e os outros também. Depois de uma meia hora, o Peter, que já estava muito nervoso, pediu ao Dussel, num tom irritado, que parasse com aquilo.

O Dussel respondeu, meio condescendente, meio desdenhoso:

– Eu sei o que estou fazendo.

O Peter se enfureceu. O pai dele lhe deu razão, e o Dussel não teve outra opção a não ser ceder. Não era coisa importante, mas, pelo visto, o Peter ficou muito aborrecido. Ele começou a me contar tudo hoje de manhã. Até então eu nem sabia que tinha havido alguma coisa, e o Peter, como compreendeu que eu ouvia com interesse, entusiasmou-se:

– Repare que eu fico quase sempre calado, porque sei de antemão que não sou capaz de me exprimir bem. Desato a gaguejar, fico vermelho e digo muitas vezes o que não quero. Desisto por não encontrar as palavras certas. Aconteceu isso ontem. Queria dizer uma coisa, mas, mal tinha começado, fui perdendo o sangue-frio. Isto é horrível. Quando ficava bravo com alguém, em vez de discutir, usava meus punhos. Bem sei que não é bom método e é por isso que a admiro. Você sabe falar bem e não se envergonha.

– Está enganado – respondi –, quase nunca digo o que quero dizer. E falo demais, parece que nunca mais acabo, e isso também é ruim.

Por dentro eu estava explodindo de felicidade, mas não queria que o Peter soubesse, pois faz tempo que queria que me falasse dele. Sentei-me confortavelmente no chão numa almofada, cruzei os braços, apoiei o queixo nos joelhos e olhei para ele. Eu era toda ouvidos.

Estou radiante por haver alguém nesta casa que consegue ficar com raiva, como eu. Via-se bem que o Peter se sentia aliviado ao criticar o Dussel com expressões fortes sem ter medo de que eu o denunciasse.

E eu, enfim, achei aquilo incrível, porque senti renascer em mim o autêntico sentimento de camaradagem que tinha antes com minhas amigas.

Sua Anne.

QUARTA-FEIRA, 16 DE FEVEREIRO DE 1944

Querida Kitty,

É aniversário da Margot. Ao meio-dia e meia o Peter desceu para ver os presentes e ficou bastante tempo. À tarde fui buscar um pouco de café e também batatas, porque pensei que a Margot neste dia devia ser bem-tratada. O Peter, ao ver-me passar pelo seu quarto, tirou logo todos os seus papéis da escada e eu perguntei-lhe se queria que fechasse a portinha.

– Está bem e, quando voltar, bata que eu abro imediatamente – disse. Agradeci e subi. Durante dez minutos remexi no barril para escolher as batatas menores. Depois senti dores nas costas, de estar tanto tempo curvada, e também senti frio. Não bati, abri a porta sozinha. Mas o Peter veio imediatamente pegar o panelão.

– Andei muito tempo à procura, mas não encontrei batatas menores – disse eu.

– Viu no barril grande?

– Vi. Revirei tudo com a mão.

Eu estava agora ao pé da escada e ele olhou para dentro da panela que eu segurava. Depois disse:

– Estão boas, estão ótimas.

E, ao falar isso, me acariciou com um olhar tão quente e tão suave que me senti por dentro quente e suave. Compreendi que ele quis ser amável comigo. Mas, como não sabe fazer grandes discursos, pôs todos os seus pensamentos no olhar.

Que bom que eu o compreendi! E estava grata de todo o meu coração. Ainda agora me sinto contente ao reviver as suas palavras e o seu olhar. Quando voltei, a mamãe disse que as batatas não eram suficientes para o jantar. Ofereci-me logo para subir novamente.

Ao entrar no quarto do Peter, pedi desculpa por incomodá-lo mais uma vez. Ele levantou-se, pôs-se entre a parede e a escada e quis, de toda a maneira, impedir-me.

– Deixe que vou eu ao sótão – disse.

Respondi que não era preciso, que eu não ia escolher outra vez as batatas menores. Ele ficou convencido e soltou-me. Quando voltei, ele abriu a fresta e pegou a panela. Ao sair pela porta, perguntei:

– O que está lendo?

– Francês – respondeu.

Perguntei se eu podia ver. Lavei as mãos e me sentei na frente dele, no divã. Depois de eu lhe explicar algumas coisas, começamos a conversar. Ele contou que, mais tarde, quer trabalhar nas plantações nas Índias Orientais Holandesas. Falou também da sua vida em casa, do mercado negro e, por fim, disse que era um inútil. Respondi-lhe que ele tinha um forte complexo de inferioridade. Depois falou dos judeus. Achava mais cômodo se pudesse ser cristão e queria ser depois da guerra. Então eu quis saber se tinha a intenção de se batizar depois da guerra, mas ele disse-me que, afinal, não queria, porque depois da guerra ninguém saberia se ele era cristão ou judeu. Essa atitude fez meu coração doer por um momento. É pena haver nele sempre um pedacinho de desonestidade.

Falamos ainda sobre meu pai, sobre conhecimentos humanos e sobre outras coisas mais. Só o deixei às quatro e meia. À noite disse-me ainda uma coisa bonita sobre o retrato de uma estrela de cinema que lhe dei e que tem pendurado, há um ano e meio, no quarto. Como tinha gostado tanto, ofereci-lhe mais retratos de estrelas de cinema.

– Não – disse ele –, não me dê mais. Prefiro olhar só para aquela todos os dias, porque já se tornou uma amiga para mim.

Agora compreendo por que é que ele anda sempre com o Mouschi no colo. O seu complexo de inferioridade é muito grande. Pensa que é estúpido e que nós somos inteligentes. Quando lhe dou uma ajuda no Francês, agradece-me mil vezes.

– Deixa disso. Em compensação, você sabe muito mais Inglês e Geografia.

Sua Anne.

SEXTA-FEIRA, 18 DE FEVEREIRO DE 1944

Querida Kitty,

A minha vida agora é mais bela porque tem de novo um sentido, e todos os dias me espera uma alegria.

Pelo menos, o objeto da minha amizade encontra-se sempre nesta casa, não tenho de recear rivais (com exceção da Margot). Não conclua que estou apaixonada. Não é bem isso. Mas sinto que entre mim e o Peter ainda se desenvolverá algum sentimento muito belo, que fará de nós amigos e confidentes. Sempre que posso, vou vê-lo. Agora já não é como antes, quando ele não sabia o que me dizer. Pelo contrário: já estou na porta e ele ainda está falando.

A mamãe não vê com bons olhos que eu vá tantas vezes lá para cima. Disse que eu não devia incomodar o Peter, que devia deixá-lo em paz. Não compreende ela que se trata da minha vida íntima? Sempre que vou ao quarto dele, ela olha-me de um modo estranho. E, quando volto, pergunta-me de onde venho. Não suporto isso, acho horrível.

Sua Anne.

SÁBADO, 19 DE FEVEREIRO DE 1944

Querida Kitty,

É sábado outra vez, e você sabe o que isso quer dizer. De manhã houve silêncio. Trabalhei muito, mas com "ele" só falei rapidinho. Às duas e meia fui com um cobertor para o escritório particular, para poder ler ou escrever na escrivaninha com calma. Passado um tempo, eu não podia mais: enterrei a cabeça nos braços e comecei a chorar.

As lágrimas corriam, sentia-me muito infeliz. Ai! Se "ele" tivesse ido consolar-me! Eram quatro horas quando voltei aqui para cima. Tive de ir buscar batatas e pensei que ia agora encontrá-lo. Mas, enquanto eu dava um jeito no cabelo, no banheiro, ouvi-o descer com o gato para o armazém.

Chorei outra vez e fugi para o banheiro, levando ainda comigo o espelho de mão: aí fiquei muito triste, e o meu avental vermelho encheu-se de manchas de tantas lágrimas.

"Assim não consigo conquistá-lo", pensei. Talvez ele nem se importe comigo nem tenha nenhuma necessidade de se abrir e de confiar. Pensará ele em mim de uma maneira superficial? Só me resta seguir o meu caminho, sozinha, sem o Peter. De novo sem esperança e sem consolo.

Gostaria de encostar, ao menos uma vez, a cabeça no ombro dele, para não me sentir tão desesperada e tão só. Talvez ele não me ache nada de especial e olhe para os outros do mesmo modo simpático. O seu olhar quente e suave só terá existido na minha imaginação? Oh, Peter, pudesse me ouvir ou ver! Mas eu não poderia suportar uma verdade que me desiludisse.

Enquanto nos meus olhos ainda havia lágrimas, no meu íntimo surgia uma nova esperança.

Sua Anne.

DOMINGO, 20 DE FEVEREIRO DE 1944

Querida Kitty,

Fazemos no domingo o que outras pessoas fazem na semana. Enquanto os outros passeiam, fazemos faxina.

Oito horas: sem consideração pelos dorminhocos, o Dussel levanta-se. Vai ao banheiro, depois desce, volta para cima e se lava durante uma hora.

Nove e meia: abrimos as cortinas, acendemos os fogões e os Van Daan tomam banho.

Dez e quinze: os Van Daan estão assobiando. O banheiro está livre. Os nossos dorminhocos levantam-se. Andam depressa de um lado para o outro. Sucessivamente, a Margot, a mamãe e eu nos lavamos. Está um frio de rachar, e ainda bem que temos calças compridas. O papai é o último a se lavar.

Onze e meia: café da manhã. Nem quero falar disso. Já basta ouvir falar tanto de comida nesta casa.

Meio-dia e quinze: cada um faz o que tem vontade. O papai anda de joelhos a escovar o tapete e faz isso com tanto entusiasmo que todo o quarto fica envolto numa nuvem de pó. O Dussel vira a cama dele e assobia o concerto de violino de Beethoven. Ouvem-se os passos da mamãe no sótão. Estende a roupa lavada. O senhor Van Daan põe o chapéu na cabeça e desaparece para o andar de baixo; o Peter, com o Mouschi ao colo, quase sempre vai também. A senhora Van Daan põe um avental comprido, veste um colete de lã preta, calça as galochas, envolve a cabeça num grosso xale vermelho, pega numa trouxa de roupa e despede-se com uma pose muito bem-ensaiada. A Margot e eu lavamos a louça e arrumamos o quarto.

Sua Anne.

QUARTA-FEIRA, 23 DE FEVEREIRO DE 1944

Querida Kitty,

Desde ontem o tempo está maravilhoso e estou animada. Vou todas as manhãs ao sótão onde o Peter trabalha e onde respiro ar fresco. Do meu lugar favorito no chão vejo um pedaço de céu azul e o castanheiro sem folhas, em cujos ramos cintilam gotinhas, e vejo as gaivotas que, no seu voo planado, parecem de prata.

O Peter, com a cabeça encostada à viga, e eu, sentada, respiramos o ar puro, olhamos lá para fora. Há entre nós qualquer coisa que não queremos afugentar com palavras. Olhamos assim muito tempo lá para fora e, quando o Peter precisou ir embora para rachar a lenha, eu soube que ele era um ótimo garoto. Subiu a escadinha estreita, segui-o, e durante um quarto de hora, enquanto ele trabalhava, não pronunciamos uma única palavra. Vi bem que ele se esforçava por me mostrar que tem força.

Mas vi também, através da janela aberta, um pedaço de Amsterdã: olhei sobre os telhados até a linha do horizonte, que de tão azul e de tão límpido quase não se distinguia do céu.

Enquanto ainda há um sol tão brilhante, um céu sem nuvens e tão azul, e enquanto me é dado ver e viver tamanha beleza, não devo ficar triste.

Para qualquer pessoa que se sinta só ou infeliz, ou que esteja preocupada, o melhor remédio é sair para o ar livre, ir para qualquer parte onde possa estar só com o céu e com a natureza, e com Deus. Ela então compreende que tudo é como deve ser e que Deus quer ver os homens felizes no meio da natureza, simples e bela. Enquanto assim for sei que há um consolo para todas as dores e em todas as circunstâncias. Acho que a natureza alivia os sofrimentos.

Talvez eu possa, em breve, partilhar essa felicidade suprema com alguém que sinta as coisas como eu.

Estamos privados de muita coisa e há muito tempo. Não falo de coisas exteriores, as que temos ainda bastam. Não, falo daquilo que se passa dentro de nós. Queria liberdade e ar, mas creio agora que temos boa compensação disso que nos falta. Foi o que compreendi, de repente, hoje de manhã, quando estava sentada junto à janela. Ao olhar lá para fora e ao reconhecer Deus na natureza, senti-me feliz, apenas feliz.

– Oh, Peter, enquanto essa felicidade está em nós, essa felicidade da natureza, da saúde e de muitas coisas mais, enquanto formos capazes de conservar tudo isso em nós, a felicidade voltará sempre de novo. Fortuna, fama, tudo pode perder, mas a felicidade do coração, ainda que às vezes esteja adormecida, torna a vir enquanto viver. Enquanto puder erguer os olhos para o céu, sem medo, saberá que tem o coração puro, e isso significa felicidade.

Sua Anne.

DOMINGO, 27 DE FEVEREIRO DE 1944

Querida Kitty,

Desde a manhã até a noite só penso no Peter. Adormeço com a sua imagem nos olhos, sonho com ele e quando acordo sinto o seu olhar em mim. Parece que o Peter e eu não somos tão diferentes como parece à primeira vista. A ambos nos falta uma mãe. A dele é muito superficial e não se preocupa com a vida do filho. A minha pensa em mim, mas não tem o tato com o qual as mães devem compreender as coisas.

Lutamos contra o que se passa dentro de nós. Falta-nos ainda a segurança, somos acanhados e frágeis, não suportamos que alguém toque o nosso íntimo com grosseria. Quando isso acontece comigo, a minha primeira reação é: "Quero ir-me embora". Mas, como é impossível, escondo os meus sentimentos e comporto-me tão mal que todo mundo gostaria que eu realmente fosse embora.

O Peter também se fecha na sua concha, não fala, sonha e se esconde cheio de receios. Como e onde vamos ficar juntos? Não sei durante quanto tempo poderei dominar este meu desejo.

Sua Anne.

SEGUNDA-FEIRA, 28 DE FEVEREIRO DE 1944

Querida Kitty,

Esta situação já virou um pesadelo! Estou sempre perto dele; não devo deixar transparecer nada, tenho de parecer despreocupada e alegre, ao passo que, no meu íntimo, tudo é desespero.

Imagine que agora Peter Wessel e Peter Van Daan formam um Peter só. E esse Peter é bom e eu o amo e quero-o para mim. A mamãe está insuportável, o papai sempre gentil e, por isso, mais insuportável ainda, a Margot pretende tornar-se amável, e eu só queria que me deixassem em paz.

O Peter não veio falar comigo quando eu estava no sótão. Saiu para fazer carpintaria. A cada martelada eu ia perdendo mais a coragem e ficando mais triste.

Estou sendo sentimental, ando desesperada e não tenho juízo. Sei disso! Ah, me ajude!

Sua Anne.

QUARTA-FEIRA, 1º DE MARÇO DE 1944

Querida Kitty,

As minhas preocupações passaram para segundo plano por causa de um roubo. O que fazer se os ladrões sentem um prazer especial em honrar a firma Kolen & Co. com a sua visita? Desta vez a coisa foi mais complicada do que em julho do ano passado. Quando o senhor Van Daan desceu ontem, como de costume, ao escritório do senhor Kraler, viu que as portas estavam abertas. Surpreso, deu uma volta para inspecionar o resto e ficou ainda mais surpreendido ao ver a bagunça no escritório principal. Correu, escada abaixo, até a porta de entrada. Mas a porta e o fecho de segurança estavam intactos.

"O Peter e a Elli foram descuidados!", pensou. Ficou algum tempo no escritório e depois fechou as portas. Subiu e não se incomodou mais com as portas abertas nem com o estranho caos no escritório. De manhã, o Peter bateu cedo à nossa porta e deu-nos a notícia desagradável de que a porta da rua estava completamente aberta e que tinham desaparecido do armário o aparelho de projeção e a nova pasta do senhor Kraler. O Peter recebeu ordens para fechar a porta da rua, e só agora o senhor Van Daan nos contou as suas observações da noite anterior. Ficamos muito preocupados.

Essa história só tem uma explicação: o ladrão tem uma cópia da chave, pois a porta não estava arrombada. Certamente entrou na casa muito cedo, fechou a porta e, ao ouvir o senhor Van Daan, se escondeu. Depois de este ter subido, fugiu o mais depressa que pôde, com as coisas roubadas. Com a atrapalhação, se esqueceu de fechar a porta da rua. Mas quem será o homem que tem a chave? E por que não entrou no armazém? Será um dos próprios empregados do armazém? E se ele nos denunciar? Tudo isso é quase sinistro, porque nunca sabemos se e quando o ladrão virá de novo abrir a porta. Ou será possível que ele próprio se tenha assustado por ter visto alguém dentro da casa?

Sua Anne.

QUINTA-FEIRA, 2 DE MARÇO DE 1944

Querida Kitty,

Hoje fui ao sótão com a Margot. Mas o prazer não foi o mesmo, embora eu saiba que em muitas coisas ela se sente como eu.

Ao lavar a louça, a Elli confessou à minha mãe e à senhora Van Daan o seu desânimo. E sabe como as duas a consolaram? Sabe qual foi o conselho que a mamãe lhe deu? Que deveria pensar em todos aqueles que estão agora morrendo no mundo! Mas, quando uma pessoa está desanimada, adianta pensar no sofrimento dos outros? Foi o que eu disse, mas me responderam:

– Você ainda não sabe nada dessas coisas.

Os adultos são burros, são estúpidos. Como se a Margot, o Peter, a Elli e eu não sentíssemos a mesma coisa! Só o amor de uma mãe ou o amor de um grande amigo nos pode consolar. As nossas mães não têm uma centelha de compreensão. A senhora Van Daan ainda é melhor do que minha mãe. Eu gostaria de ter dito à coitada da Elli algumas palavras, dessas que confortam, como sei por experiência própria. Mas o papai interveio e me afastou. São tão estúpidos, todos eles! Nós não temos direito a uma opinião!

A mamãe anda me criticando a torto e a direito. Tem ciúmes da senhora Van Daan, com quem agora falo mais do que com ela.

Fui hoje à tarde falar com o Peter. Conversamos pelo menos uns 45 minutos. O Peter tem muita dificuldade em falar de si, mas pouco a pouco vai falar. Contou-me que os pais brigavam a todo instante por causa de política, de cigarros e de outras coisas. Depois falei para ele dos meus pais. O Peter admira muito meu pai. Assim falamos da nossa família. Ficou admirado quando eu lhe disse que não gosto muito dos pais dele. O Peter é uma pessoa incrível, exatamente como meu pai.

Sua Anne.

SEXTA-FEIRA, 3 DE MARÇO DE 1944

Querida Kitty,

Quando acenderam as velas hoje, vi a vovó, envolvida pela luz. A vovó é quem me protege, quem me devolve sempre a alegria e a satisfação. Fiquei contente. Mas... agora há mais uma pessoa que domina os meus pensamentos: é o Peter. Quando fui buscar as batatas e estava com a panela cheia ao pé da escada, ele me perguntou:

– O que você fez hoje à tarde?

Sentei-me num degrau e conversamos. Só às cinco e quinze, uma hora depois de ter subido, desci com as batatas.

O Peter não falou dos pais dele. Falamos de livros e dos tempos passados.

Quase seria capaz de me apaixonar por ele!

Depois de ter descascado as batatas, fui falar com ele. Estava calor e eu disse:

– Para saber a temperatura basta olhar para mim e para a Margot. O frio torna-nos pálidas e com o calor ficamos coradas.

– Apaixonada? – perguntou.

– Eu, apaixonada? Mas por quê? – respondi com cara de inocente.

– E por que não? – retrucou. Depois descemos para jantar.

O que ele queria dizer com aquilo? Hoje perguntei, finalmente, se não achava as minhas conversas chatas. Disse:

– Acho-as engraçadas.

E não disse mais nada. Não sei se é porque é muito tímido.

Oh, Kitty! Estou agindo como uma apaixonada que não consegue falar senão do seu namorado. Mas, acredite, o Peter é um amor de garoto! Quando poderei dizer isso para ele? Claro que não será antes de ele me achar também um amor de garota. A verdade é que o Peter gosta do seu sossego, e será difícil eu saber se gosta de mim.

De qualquer modo estamos nos conhecendo melhor um ao outro e eu só queria que tivéssemos coragem para nos abrirmos ainda mais. Quem sabe talvez isso aconteça mais depressa do que eu imagino. Ele me olha várias vezes como quem me compreende, e eu respondo piscando os olhos. E então ficamos ambos felizes e divertidos!

Devo parecer uma boba falando assim da nossa felicidade, mas estou convencida de que ele pensa exatamente como eu!

Sua Anne.

SÁBADO, 4 DE MARÇO DE 1944

Querida Kitty,

Desde muito tempo, este sábado é o primeiro que não foi chato, triste e desesperado. E isso por causa do Peter.

Quando hoje de manhã fui ao sótão para estender o meu avental lavado, estava lá o papai, que estuda todos os dias com o Peter. Perguntou-me se eu não queria estudar com eles. Claro que quis, e falamos primeiro francês. Expliquei umas coisas ao Peter e depois passamos para o inglês. O papai leu-nos umas passagens de um livro de Dickens e, confesso, senti-me no sétimo céu, assim sentada ao lado do papai e tão próxima do Peter.

Às onze, desci. Quando, meia hora depois, voltei para cima, o Peter já me esperava junto da escada. Conversamos até quinze para uma. Sempre que pode, isto é, quando ninguém está ouvindo, ele me diz depois do almoço:

– Até logo, Anne.

Ah, como me sinto contente! Será que ele gosta de mim? Seja como for, o Peter é um ótimo garoto e acho que vamos nos dar muito bem. A senhora Van Daan gosta de nos ver juntos. Mas hoje perguntou em tom de brincadeira:

– Posso deixar os dois sozinhos lá em cima?

Protestei:

– Claro que pode. A senhora quer me ofender?

De manhã até a noite, adoro ver o Peter.

Sua Anne.

SEGUNDA-FEIRA, 6 DE MARÇO DE 1944

Querida Kitty,

Percebo no rosto do Peter que ele pensa tanto em mim quanto eu nele. Ontem à noite aborreci-me terrivelmente quando a senhora Van Daan disse, brincando:

– Olhem o grande pensador!

O Peter ficou vermelho, envergonhado, e tive vontade de pular na cara dela. Por que é que falam coisas desnecessárias? Você não sabe como sofro por vê-lo assim tão só. Compreendo-o como se fosse eu mesma a viver a sua vida, sinto o desespero dele quando discutem. Se ficam bravos perto dele, vejo o vazio em que ele mergulha. Coitado do Peter! Como precisa de amor! Disse-me que não precisava de amigos... Ainda trago nos ouvidos a dureza dessas palavras. Como ele está enganado!

Acho que ele não acredita no que falou. Quer por força parecer uma pessoa indiferente, não mostrar os seus sentimentos. Por quanto tempo vai tentar se enganar, Peter?

Oh, Peter, se você me deixasse ajudar! Nós dois juntos venceríamos a nossa solidão.

Penso sempre, mas não falo para ninguém. Sinto-me feliz quando o vejo e quando vejo o sol brilhar.

Ontem, ao lavar o cabelo, estava terrivelmente agitada. Sabia que ele estava no quarto ao lado. Não tenho culpa: mas, quanto mais calada e mais séria estou, no íntimo mais espalhafato tenho de fazer. Quem será o primeiro a descobri-lo e a quebrar a armadura? Ainda bem que os Van Daan não têm uma filha! A minha conquista não seria tão difícil, tão bela e tão esplêndida se não fosse a atração do sexo oposto!

Sua Anne.

P.S.: Vou confessar que só vivo agora dos nossos encontros. Quem me dera saber se ele também me espera com a mesma ansiedade. Fico radiante quando sinto as suas tímidas tentativas de uma aproximação. Sei que ele gostaria tanto quanto eu de abrir, finalmente, o coração.

Não sabe que é justamente a sua falta de jeito que me encanta. Você sabe que escrevo com a maior sinceridade.

Sua Anne.

TERÇA-FEIRA, 7 DE MARÇO DE 1944

Querida Kitty,

Agora, quando penso na minha vida de 1942, tudo me parece irreal. Essa vida era vivida por uma outra Anne, diferente desta que tem, agora, tanto juízo. Era uma vida boa! Tantos admiradores como os dedos das mãos. Uns 20 amigos e conhecidos, a aluna favorita de quase todos os professores, mimada pelos pais, sempre recebendo doces e guloseimas e o dinheiro de que precisava. O que mais eu queria? Como era fácil que todos gostassem tanto de mim. Se o Peter diz que tenho charme, talvez não tenha bem razão.

Meus professores gostavam das minhas respostas inteligentes, das minhas observações cômicas, da minha cara sempre sorridente e do meu olhar crítico, divertido e tranquilo, apenas isso. Eu gostava do flerte, era brincalhona e alegre. Mas tinha também algumas boas qualidades que me davam a garantia de não cair em desgraça com ninguém: era trabalhadora, franca e sincera. Nunca impedia que alguém, fosse quem fosse, copiasse os meus exercícios, não era vaidosa e repartia sempre os meus doces com os outros. Quem sabe se a admiração da qual gozava não fazia de mim uma pessoa arrogante?

Sabe como é que me chamavam na escola, onde eu estava sempre à frente em todas as partidas e brincadeiras? "A chefona". E eu nunca estava de mau humor. Por isso não era de admirar que todos gostassem de me acompanhar e fossem simpáticos e atenciosos.

Agora vejo essa Anne como uma garota simpática, mas superficial, que nada tem em comum comigo. O Peter disse, e muito bem:

– Quando eu a encontrava, a via sempre com dois ou três garotos e com um bando de garotas, sempre rindo e se divertindo. Você era o centro.

O que resta dessa garota? Ainda não me esqueci de rir e de dar respostas. Ainda sei criticar as pessoas e, talvez até melhor do que antes, sei paquerar se der vontade. Gostaria de voltar a viver assim, só por uma tarde, uns dias ou uma semana, despreocupada, mas no fim da semana estaria cansada e ficaria grata à primeira pessoa que me aparecesse a falar de coisas sérias. Não preciso de admiradores, mas, sim, de amigos. Não preciso de adoradores em troca de um sorriso, mas, sim, de alguém que dê valor à minha maneira de ser e ao meu caráter. Sei que assim terei menos gente à minha volta. Mas não importa, o principal é que me fiquem algumas pessoas de caráter.

Depois do Ano-Novo, a transformação... o meu sonho. Foi por meio dele que descobri o meu desejo de um amigo, e não de uma amiga. Descobri também a felicidade no meu íntimo e a minha armadura exterior feita de superficialidade e de alegria. Pouco a pouco, me acalmei e comecei a sentir uma ânsia sem limites de tudo o que é bom e belo.

Quando, à noite, estou na cama e termino a oração com estas palavras: "Agradeço o bem, o amor e a beleza", então todo o meu ser se enche de alegria. Começo a pensar em tudo o que foi "o bem": a nossa fuga para cá, a minha saúde; e no "amor": o Peter e tudo aquilo que é tão delicado e sensível que ambos ainda não ousamos tocar, mas que um dia virá, no futuro, a felicidade. E penso na beleza que envolve o mundo: a natureza, a arte, a grandeza e tudo o que a isso está ligado.

Não penso na miséria, mas em tudo o que é terno e maravilhoso. É nisso que se resume em grande parte a diferença entre mim e a mamãe. Quando alguém está triste, ela aconselha: "Lembre-se da miséria que vai pelo mundo e dê graças por não ser você que sofre". Eu digo: "Vá e procure os campos, a natureza e o Sol: vá, procure a felicidade em você e em Deus. Pense no que é belo e que está em você e à sua volta, sempre e sempre de novo".

Acho o conselho da mamãe errado, pois o que pode fazer alguém que se sente infeliz? Afundar na tristeza? Acho que alguma coisa de belo ainda resta. Perdemos a liberdade e alguma coisa de nós. Mas devemos agarrar-nos e reencontraremos Deus de novo. Aquele que é feliz espalha felicidade. Aquele que teima na infelicidade, que perde o equilíbrio e a confiança, perde-se na vida.

Sua Anne.

DOMINGO, 12 DE MARÇO DE 1944

Querida Kitty,

Nos últimos tempos, eu não tenho tido paciência para estar sentada à minha mesa. Gosto de conversar com o Peter e só tenho medo de que ele enjoe disso. Já me contou muitas coisas da sua vida, dos seus pais e dele mesmo. Eu ainda queria que ele me contasse mais.

Depois pergunto-me por que é que espero tanto dele. Antigamente ele achava-me insuportável e eu achava a mesma coisa dele. Mas tudo mudou. Se, no entanto, ainda pudermos nos tornar amigos próximos, eu aguentaria muito melhor esta vida de isolamento. Não quero animar-me mais. Estou pensando muito nele e não tenho o direito de importunar você.

No sábado à tarde, depois de uma série de notícias tristes, fiquei tão desanimada e confusa que me deitei na cama. Só queria dormir e não pensar em nada. Dormi até as quatro horas e depois tive de ir ao quarto dos meus pais. Foi fácil responder às perguntas da mamãe. Disse que tinha dores de cabeça e não menti. É que eu tinha dores de cabeça... na alma.

Eu suponho que gente normal, garotas normais, adolescentes da minha idade me achariam provavelmente esquisita por eu reclamar tanto. Durante o dia, sou atrevida, para não precisar responder às perguntas e para evitar aborrecimentos.

A Margot é carinhosa comigo e provavelmente gostaria de ser a minha confidente, mas não posso dizer tudo para ela. É simpática e boa, mas um tanto acadêmica quando conversamos sobre coisas profundas. Ela procura me compreender, não há dúvida nenhuma, reflete mesmo sobre a sua irmã maluquinha, encara-me com olhos de professora quando digo isto ou aquilo e, provavelmente, pensa com os seus botões: "Estará ela representando ou sendo sincera?". Estamos sempre juntas, e eu não queria ter a minha confidente sempre tão perto. Quando sairei eu deste labirinto de pensamentos? Quando haverá calma e paz no meu coração?

Sua Anne.

TERÇA-FEIRA, 14 DE MARÇO DE 1944

Querida Kitty,

Agora neste momento estou à mesa oleada dos Van Daan (a mulher da limpeza está lá embaixo, nos escritórios). Aperto o nariz e a boca com um lenço perfumado. Como os nossos fornecedores foram apanhados por causa dos cartões de racionamento e outras coisas do gênero, não temos mais cartões e, portanto, nenhuma gordura. A Miep e o Koophuis estão doentes, a Elli não pode sair para fazer as compras e, por consequência, a nossa disposição é desoladora, e a comida também.

Já não temos mais gordura ou manteiga. Acabaram-se as batatas fritas no café da manhã. Agora comemos papinhas. A senhora Van Daan tem medo de que morramos de fome e, felizmente, conseguiu arranjar um pouquinho de leite "negro". O nosso almoço: feijão em conserva! Daí as minhas providências que tomei com o lenço. É incrível como o feijão cheira mal depois de ter estado guardado durante um ano. Todo o quarto cheira a uma mistura de ameixas podres, desinfetante e ovos podres. Argh! Só de pensar que tenho de comer aquilo já fico enjoada. Ainda por cima as nossas batatas estão estragadas: metade vai para o lixo. Ao descascá-las, entretemo-nos a diagnosticar as mais variadas doenças.

Seria tão bom se esta miséria acabasse! Sinceramente, eu ainda aguentaria a comida ruim se o resto fosse mais agradável. Mas o mal está em todos nós, com a vida monótona que levamos, ficamos nervosos. Aqui vão as opiniões de cinco escondidos sobre a nossa vida.

Senhora Van Daan:

– Estou cansada de ser a criada de cozinha. Mas, quando não tenho nada para fazer, me aborreço. Portanto, ponho-me a cozinhar. Mas cozinhar sem gorduras é inconcebível, só o cheiro me deixa doente. Ainda por cima todos me agradecem o trabalho com cara feia e resmungam. Sou a ovelha negra do rebanho e tenho culpa de todo o mal que acontece. Além disso, penso que a guerra vai mal e talvez os alemães vençam. Tenho medo de que morramos todos de fome. E ainda querem que eu esteja bem-disposta.

Senhor Van Daan:

– Preciso fumar, fumar, fumar. Assim suporto tudo: a política, a comida e o mau humor da minha Kerli. Mas, já que não tenho cigarros, gostaria de, ao menos, um bocado de carne. Estou sempre dizendo que vivemos miseravelmente, nada me serve, há discussões por tudo e por nada e acho a Kerli estúpida.

Senhora Frank:

– A comida não é coisa tão importante. Só queria uma fatia de pão de centeio. Estou com fome. Se eu fosse a senhora Van Daan, já tinha desabituado o meu marido de fumar tanto. Faz o favor, me dá um cigarro para acalmar os nervos. Os ingleses têm os seus defeitos, mas a guerra está indo bem. Ainda bem que posso falar à vontade e que não estou presa na Polônia.

Senhor Frank:

– Acho que tudo vai bem, não preciso de nada. Necessitamos é de calma, de paciência. Se não me faltarem as batatas, estou satisfeito, mas não se esqueçam de guardar parte da minha comida para a Elli.

Senhor Dussel:

– Tenho de concluir a tese antes de mais nada. A política? Essa vai às mil maravilhas! Acho impossível que nos descubram aqui. Eu... Eu, eu, eu...

Sua Anne.

QUARTA-FEIRA, 15 DE MARÇO DE 1944

Querida Kitty,

“Se acontecer isto ou aquilo, teremos as maiores dificuldades...”, “e se aquela garota ficar doente, já não temos mais ninguém no mundo...”, “e se...”, é o que escuto todos os dias.

Você já conhece a lenga-lenga. Pelo menos já deve conhecer bastante esta gente do Anexo para poder adivinhar o que andam falando.

A causa desses “se, se...” é a seguinte: o senhor Kraler foi convocado para um “campo de trabalho”, a Elli está terrivelmente resfriada, a Miep ainda não se levantou da gripe, e o senhor Koophuis teve outra vez uma hemorragia e desmaiou! Um monte de desgraças.

O pessoal do armazém tem folga amanhã. Se a Elli tiver de ficar em casa, a porta ficará fechada e teremos de fazer muito pouco ruído para que os vizinhos não desconfiem. O Henk deve vir à uma hora para olhar pelos "abandonados" e para representar o papel de guarda de jardim zoológico. Hoje, na hora do almoço, nos contou, pela primeira vez depois de muito tempo, coisas do grande mundo lá de fora. Ouvimos todos com o máximo interesse. Há um quadro que se chama *Vovó conta histórias*. O nosso grupo devia estar parecido com ele. O Henk falou, falou, com muitos detalhes, e não se esqueceu de contar-nos coisas sobre comidas e do médico da Miep, por quem perguntamos.

– Médico? Não me falem desse médico! Hoje de manhã telefonei para ele, mas só consegui que um assistentezinho viesse ao telefone. Pedi uma receita contra a gripe. Disse-me que, entre as oito e as nove, podia ir buscá-la. Quando se trata de uma gripe mais grave, suponho que o médico vem pessoalmente ao telefone para dizer: "Mostre a língua... diga aaahhh... sim, senhor, ouço bem, tem a garganta inflamada. Vou transmitir a receita à farmácia. Depois pode ir lá buscar o remédio. Bom dia!". Lindo serviço, não há dúvida. Consultas exclusivamente pelo telefone!

Mas podemos acusar os médicos? Cada pessoa só tem duas mãos e, infelizmente, existem agora muitos doentes e muito poucos médicos. Mas não pudemos deixar de rir quando representou aquela conversa ao telefone. Imagino como é diferente agora a sala de espera de um médico. Devem desprezar as pessoas que não sofrem de nada sério, mas que gostam de se queixar. Provavelmente falam assim:

– O que você quer? Vá para o fim da fila, temos agora de tratar primeiro os doentes de verdade.

Sua Anne.

QUINTA-FEIRA, 16 DE MARÇO DE 1944

Querida Kitty,

O tempo está maravilhoso, indescritivelmente maravilhoso. Vou ao sótão. Agora sei por que sou mais agitada do que o Peter. Ele tem um quarto só para ele, onde pode sonhar, pensar, dormir.

Eu sou empurrada de um quarto para o outro. Raras vezes estou sozinha no quarto que partilho com o Dussel e tenho sempre tanto desejo de estar só! Por isso fujo a cada passo lá para cima. Lá e com você, Kitty, posso, por pouco tempo, ser eu mesma. Mas não vou me queixar; pelo contrário, vou ser corajosa. Os outros, felizmente, não percebem o que se passa comigo, por que é que sou mais fria com a mamãe, menos meiga com o papai. Falo muito pouco com a Margot sobre as minhas coisas. Tenho que manter a minha aparência exterior.

Os outros não precisam conhecer a confusão do meu íntimo, uma espécie de luta entre o desejo e a razão. Até agora a razão tem sido sempre vencedora, mas não chegará o dia em que perderá? Às vezes tenho medo disso, outras vezes desejo que assim aconteça.

É pena não poder falar sobre essas coisas com o Peter, mas eu sei que é a ele que compete começar. Fico triste de não poder continuar as minhas conversas dos sonhos durante o dia e que as aventuras sonhadas não se tornem realidade. Sim, Kitty, é verdade, a Anne não regula bem.

Mas não se esqueça: vivo numa época louca e em circunstâncias loucas. Que sorte poder escrever o que penso e sinto. Se não fosse isso, ficaria sufocada.

O que pensará o Peter de tudo isto? Espero que ele possa dizer em breve! Deve ter adivinhado alguma coisa, porque aquela Anne que ele conhecia até há pouco com certeza não lhe agradava. Pode ele, que tanto aprecia a calma e a paz, simpatizar com a minha vivacidade e inquietação? Será ele o único no mundo que conseguiu ver o que está por detrás da minha máscara de pedra? Não é a velha regra o amor nascer muitas vezes da compaixão e as duas coisas se confundirem? Será o meu caso? É que tenho tanta pena dele como de mim mesma.

Não sei, juro que não sei como vou começar a falar nisto! E, se eu não sei, muito menos ele, que tem tanta dificuldade para se expressar. Se pudesse escrever para ele, saberia o que dizer. Mas falar é muito difícil!

Sua Anne.

SEXTA-FEIRA, 17 DE MARÇO DE 1944

Querida Kitty,

Pelo Anexo passa uma onda de alívio. Ufa! O Kraler está livre, a Elli não deixou que seu resfriado piorasse e a impedisse de cumprir os seus deveres. Tudo voltou ao normal. Só a Margot e eu estamos um tanto cansadas dos nossos pais.

Não me compreenda mal, por favor. Você sabe que não me entendo, neste momento, muito bem com a mamãe, mas do papai gosto sempre, e a Margot gosta dos dois. Mas às vezes queremos decidir sozinhas sobre nossas coisas e nossa vida, e não depender sempre dos outros. Se vou para cima, perguntam o que vou fazer lá. Não me deixam comer sal nas refeições... Cada livro que quero ler tem de ser primeiro analisado por eles. Bem sei que a censura não é rigorosa e posso ler quase tudo, mas a Margot e eu estamos cansadas de ouvir os comentários e perguntas deles o dia inteiro.

Tem outra coisa que me irrita neles: já não sou a criancinha "beijinho aqui, beijinho ali" e acho todos os diminutivos de carinho muito artificiais. Em poucas palavras: durante algum tempo aguentaria bem sem meus pais, sempre cheios de cuidados carinhosos. Ontem a Margot disse:

– É quase ridículo! A gente já nem pode apoiar a cabeça na mão sem que perguntem logo se temos dores de cabeça ou se não nos sentimos bem!

É uma desilusão para nós duas verificarmos que muito pouco resta do nosso convívio familiar tão íntimo. A causa disso é haver entre nós relações um pouco erradas. Com isso quero dizer que eles nos tratam como crianças e não se lembram de que estamos mentalmente mais desenvolvidas do que as outras garotas da nossa idade. Embora eu só tenha 14 anos, sei muito bem o que quero e sei também quem tem razão. Tenho a minha opinião, as minhas ideias, os meus princípios. Já não me sinto criança, sinto-me desapegada seja de quem for. Sei que debato melhor do que a mamãe, que sou mais objetiva e não tão exagerada, sei que tenho mais ordem nas minhas coisas e que sou mais habilidosa. Pode rir de mim! Em muitas coisas sou superior a ela. Para amar alguém, a primeira condição é poder admirar; admirar e respeitar. Tudo seria melhor se eu tivesse o Peter. A ele posso admirar em muitas coisas. É bom garoto, um garoto esperto!

Sua Anne.

DOMINGO, 19 DE MARÇO DE 1944

Querida Kitty,

Ontem foi um dia especial para mim. Tinha resolvido falar abertamente com o Peter. Antes de nos sentarmos à mesa, perguntei-lhe baixinho:

– Vai estudar Taquigrafia agora à tarde, Peter?

– Não...

– Quero falar com você.

– Está bem.

Tomei o cuidado de ficar um bom tempo lavando a louça e um pouco com os pais dele. Depois fui vê-lo. Ele estava do lado esquerdo da janela, e eu fiquei à direita. Fala-se melhor na penumbra do que em plena luz. Acho que o Peter pensa a mesma coisa.

Falamos sobre tantos assuntos que não me é possível escrever tudo, mas foi maravilhoso, nunca vivi nada tão maravilhoso desde que entrei nesta casa. Alguma coisa vou reproduzir.

Falamos dos eternos conflitos aqui em casa, que eu agora vejo com olhos diferentes, e do afastamento íntimo dos nossos pais. Contei coisas do meu pai, da minha mãe, da Margot e de mim. De repente, ele me perguntou:

– Vocês se beijam quando dizem boa noite uns aos outros?

– Claro, beijamo-nos muitas vezes. Vocês não?

– Nós não... Poucas vezes dou beijos em alguém.

– E no dia do seu aniversário?

– Ah, sim, nesse dia a gente se beija.

Dissemos que era impossível falar sobre os nossos problemas com nossos pais, e ele confessou que os dele queriam muito ser os seus confidentes, mas que não podiam ser. Contei que choro à noite, na cama, quando tenho desgostos, e ele me disse que ia para o sótão desabafar. Também lhe contei que a Margot e eu só agora passamos a nos conhecer bem, mas que não podemos confiar tudo uma à outra por estarmos próximas demais. E falamos de muito mais coisas, e ele era exatamente como eu tinha imaginado.

Depois voltamos a falar de 1942, de como tínhamos sido tão diferentes e que, no começo, não gostávamos um do outro. Ele me achava agitada e desagradável, e eu não encontrava nada nele que me interessasse. Parecia-me incompreensível que ele nem sequer procurasse namorar, mas agora estou contente por isso. Disse que procurava se isolar, e eu expliquei que entre a minha agitação e a sua calma quase não havia diferença, porque eu desejava tanto o sossego quanto ele e só encontrava um bocado de paz junto ao meu diário. Ele ainda disse ter sido uma felicidade os meus pais virem com as filhas para o Anexo, e eu disse-lhe que me sentia feliz por ele estar aqui e que compreendo a sua solidão e as suas relações com os pais e que gostaria de ajudar.

– Mas você sempre me ajuda...

– Eu ajudo como? – perguntei, espantada.

– Com a sua alegria.

Foi a coisa mais bonita que ele podia ter me dito. Foi mesmo maravilhoso. Sei agora que gosta de mim como boa amiga e só com isso já me sinto satisfeita.

É difícil explicar em palavras a minha felicidade e a minha gratidão. E tenho de pedir desculpa, Kitty, por meu estilo não estar hoje à altura. Escrevi tudo conforme me vinha à cabeça. Tenho a sensação de dividir com o Peter um segredo. Todas as vezes que ele olha para mim, ri ou pisca os olhos, é como se tudo se iluminasse à minha volta. Tomara que nada se modifique e que ainda possamos passar juntos muitas horas felizes.

Da sua grata e feliz Anne.

SEGUNDA-FEIRA, 20 DE MARÇO DE 1944

Querida Kitty,

Peter perguntou-me hoje cedo se não ia vê-lo à tardinha e acrescentou que eu não o incomodava. Disse que no quarto dele havia lugar tanto para um como para dois. Respondi-lhe que não podia ir todas as tardes porque os outros não achavam bom, mas ele disse que eu não devia me preocupar com isso. Então prometi ir no sábado e pedi-lhe que me avisasse sempre que houvesse luar.

– Combinado! Quando houver luar, vamos lá para baixo contemplar.

Caiu uma sombra sobre a minha felicidade. Já desconfiava há muito tempo que a Margot também gosta do Peter. Não sei se gosta muito, mas, de qualquer maneira, não me sinto à vontade. Sempre que vou para junto do Peter, causo-lhe um desgosto.

Acho muito gentil da parte dela procurar não mostrar a sua dor. Se fosse eu, ficaria fora de mim de ciúmes. Mas a Margot diz para não ter pena dela.

– Mas eu acho horrível que você fique de lado.

– Estou acostumada! – disse ela, um tanto amargurada.

Ainda não tive coragem de contar isso ao Peter. Talvez conte qualquer dia. Por agora, tenho de fazer outras confidências.

Ontem a mamãe ficou brava. Mereci, pois levei longe demais a minha indiferença com ela. Vou fazer o possível para me dominar. Vou tentar ser amável e não responder torto. O Pim também está menos afetuoso. Para não me tratar como uma criança, cai no extremo oposto: é frio demais. Vamos ver o que sai disso tudo!

Chega!

Quero sempre olhar para o Peter. Uma prova da generosidade da Margot:

Recebi hoje, 20 de março de 1944, esta carta:

Anne, quando ontem disse que não tinha ciúmes de você, só fui cinquenta por cento sincera. A verdade é esta: não tenho ciúmes nem de você nem do Peter, mas tenho pena de mim por não ter encontrado ainda alguém, e não vejo jeito de encontrar por enquanto. Alguém com quem possa falar abertamente sobre o que penso e sinto. Não a invejo por terem confiança um no outro. Isso a compensa um pouco de tudo aquilo de que está privada aqui e que outras garotas têm como coisa natural.

Por outro lado, sei que não me teria aproximado tanto do Peter como você, pois só posso fazer confidências a alguém muito íntimo, a uma pessoa que me compreenda sem ser preciso entrar em grandes pormenores. E esse alguém tinha de ser intelectualmente superior a mim, e não é o caso do Peter. Mas compreendo que vocês dois se entendam muito bem. Por isso, não pense que está me roubando qualquer coisa ou que eu fiquei prejudicada, porque não é assim. Você e o Peter só lucram com esse convívio.

A minha resposta:

Querida Margot, a sua carta foi muito gentil, mas, mesmo assim, não me sinto tranquila e não sei se isso acontecerá algum dia.

Não tenho tanta intimidade com o Peter quanto você imagina. Simplesmente sentimo-nos mais à vontade quando falamos ao fim da tarde, junto à janela aberta, do que durante o dia, à luz do sol. É mais fácil murmurar os sentimentos do que dizer em voz alta.

Imagino que você sente pelo Peter uma espécie de carinho de irmã e que gostaria de ajudar tanto quanto eu. Talvez você ainda venha a ajudá-lo sem que vocês tenham a intimidade que nós sonhamos. A confiança tem de ser recíproca. Acho que é esta a razão por que não me posso abrir com o papai inteiramente.

Não falemos mais sobre o assunto. Se você tiver alguma coisa para dizer, por favor, escreva. É mais fácil me expressar por escrito.

Talvez você não saiba o quanto a admiro. Tomara que eu tenha dentro de mim um pouco de bondade do papai e da sua, pois vocês são muito parecidos nisso.

Sua Anne.

QUARTA-FEIRA, 22 DE MARÇO DE 1944

Querida Kitty,

Ontem recebi esta carta da Margot:

Querida Anne:

A sua carta deu-me a impressão de que você sente remorso quando vai ver o Peter para trabalhar ou falar com ele. Mas você não tem motivos para isso. O Peter não é uma pessoa que pudesse servir-me de confidente. Você tem razão quando diz que o vejo como um irmão, mas... como um irmão mais novo! Tenho sempre a impressão de que tanto ele como eu estamos nos estudando mutuamente para verificar se nós, talvez um dia, ou talvez nunca, poderemos conviver como irmãos. Mas por enquanto ainda é cedo. Não tenha pena de mim, por favor. Aproveite a amizade que, felizmente, encontrou.

Entretanto, acho a vida cada vez mais bela. Acredite, Kitty, o velho Anexo ainda vai assistir a um verdadeiro grande amor. Não quero saber, por enquanto, se mais tarde me casarei com o Peter, porque não sei como ele será quando adulto. Também não sei se depois ainda gostaremos tanto um do outro. Que o Peter agora gosta de mim, já não tenho dúvida. Mas não sei bem que espécie de amor é o dele. Ele gosta de mim como garota ou como irmã? Ainda não consegui descobrir. Quando ele me disse, ao falar nas brigas entre os pais dele, que eu o ajudo muito, fiquei feliz e compreendi que a nossa amizade tinha dado um grande passo. Ontem perguntei-lhe o que faria se aqui vivessem uma dúzia de Annes que a todo instante fossem falar com ele. Respondeu:

– Se fossem todas como você, não seria nada mau.

Ele me recebe sempre muito bem e percebo que gosta de me ver. Está estudando Francês com mais entusiasmo, até estuda à noite na cama, depois das dez horas. Oh, quando penso no sábado, nas nossas conversas, na delícia de cada momento, sinto-me, pela primeira vez, satisfeita comigo. Não me arrependo de nenhuma das palavras que disse, ao contrário do que acontece quase sempre. Ele é muito bonito quando ri e também quando está calado, e é simpático e bom. A meu ver deve ter ficado espantado quando viu que não sou a garota mais superficial que existe na Terra, mas, sim, uma criatura sonhadora como ele e com as mesmas dificuldades a vencer.

Sua Anne.

A minha resposta:

Querida Margot:

Acho que o melhor é deixarmos as coisas correr. Qualquer dia o Peter e eu teremos que tomar uma decisão, de uma maneira ou de outra. Como isso vai acontecer, não sei, mas nestas coisas só costumo pensar na própria ocasião. Uma coisa vou fazer com certeza, caso o Peter e eu selemos definitivamente a nossa amizade: vou contar para ele – e não peço sequer licença para isso – que você também gosta dele e que pode contar com você sempre que for preciso. Não sei o que o Peter pensa a seu respeito, mas vou perguntar. Tenho a certeza de que pensa o melhor. Pode ir falar sempre com a gente, em qualquer lugar onde estejamos. Nunca nos atrapalhará. E repare, ele e eu chegamos a um acordo sem termos falado, só fazemos confidências ao anoitecer, quando escurece...

Seja corajosa. Eu também sou. A sua vez vai chegar mais depressa do que imagina.

Sua Anne.

QUINTA-FEIRA, 23 DE MARÇO DE 1944

Querida Kitty,

O nosso fornecedor já saiu da prisão. A Miep voltou ontem, a tosse da Elli melhorou, só o Koophuis tem de ficar ainda em casa. Ontem caiu, aqui perto, um avião. Os tripulantes conseguiram saltar, o aparelho despencou sobre uma escola. Felizmente as crianças não estavam lá. Houve incêndio e também alguns mortos. Os alemães metralharam os paraquedistas. A população ficou indignada com tamanha covardia.

Nós, isto é, as mulheres medrosas, nos assustamos muito. Acho que isso de metralhar é horrível.

Agora vou muitas vezes tomar um pouco do ar fresco da noite no quarto do Peter. É bom estar sentada junto dele e olhar pela janela. O senhor Van Daan e o Dussel fazem piadinhas quando subo.

Dizem: "A segunda pátria da Anne" ou "Não acham que fica mal a um jovem receber damas no seu quarto a estas horas e no escuro?".

O Peter mostra uma indiferença espantosa diante de tais observações. A mãe dele está curiosa e quer saber quais são os assuntos das nossas conversas, mas não faz muitas perguntas porque receia uma resposta pouco amável. O Peter disse que os adultos têm inveja por sermos novos e que se aborrecem por nós não ligarmos para fofocas. Ele às vezes vem aqui embaixo me buscar, apesar de procurar se controlar, fica sempre vermelho como um tomate e quase não consegue falar. Que sorte tenho eu por não ficar vermelha com tanta facilidade! Deve ser muito chato.

O papai diz que sou pretensiosa, mas não é verdade. Sou apenas um pouco vaidosa. Até agora ninguém havia me falado que o meu físico era agradável, com exceção de um garoto da escola que me achava bonita quando eu ria. Mas o Peter fez ontem um autêntico cumprimento. Vou reproduzir a conversa. Eu andava intrigada por ele repetir tantas vezes.

– Ria mais uma vez!

Perguntei para ele:

– Por que quer que eu ria tantas vezes?

– Porque você fica muito bonita. Aparecem covinhas nas faces. Como é que faz isso?

– Já nasci assim. Depois... é a única coisa bonita que tenho.

– Por amor de Deus, isso não é verdade!

– Tenho que discordar. Sei que não sou bonita. Nunca fui nem serei.

– Não concordo. Você é bonita.

– Não é verdade.

– Se eu estou falando, pode acreditar que é mesmo.

Claro que então também disse que o achava bonito. Todo mundo nos enche os ouvidos falando sobre a nossa amizade. Mas não nos importamos. As observações são todas bobas. Certos pais se esqueceram do seu tempo da adolescência? Parece que sim. Levam a sério quando dizemos coisas para rir e riem de nós quando falamos a sério.

Sua Anne.

SEGUNDA-FEIRA, 27 DE MARÇO DE 1944

Querida Kitty,

A política devia ocupar um capítulo grande, mas, como é um assunto que não me interessa muito, tenho tratado pouco dela. Por isso hoje vou escrever sobre política.

Que existam as mais diversas maneiras de pensar é coisa evidente neste tempo de guerra, cheio de confusões; que se discuta constantemente, também é lógico, mas... que as pessoas estejam sempre brigando por causa da política é estupidez. Que apostem, riam, discutam, que façam o que quiserem. Mas que não se aborreçam, pois as consequências são sempre ruins. As pessoas que nos visitam trazem, não raras vezes, notícias que não passam de boatos. A rádio, até agora, tem dito a verdade. O Henk, a Miep, o Koophuis, o Kraler, a Elli, todos relatam os acontecimentos conforme a sua disposição, com todos os altos e baixos. O Henk ainda é o mais sóbrio deles todos.

Aqui no Anexo, a disposição em relação à política é mais ou menos sempre a mesma. Nos debates sem-fim sobre invasão, bombardeios, discursos de ministros, há opiniões e exclamações: "Impossível!"; "Pelo amor de Deus, quem me dera que começassem logo!"; "Quando acabará isto?"; "Formidável, magnífico, não podia acontecer de maneira melhor...".

Otimistas, pessimistas e não esqueçamos os realistas... Todos querem impor sua opinião, todos estão convencidos de ter razão. Uma determinada senhora se aborrece porque o marido confia tanto nos ingleses. Por sua vez, o marido ataca a tal senhora por causa das suas expressões satíricas e desdenhosas sobre a nação que ele mais admira. Nunca se cansam de falar neste assunto. Descobri como a coisa funciona: é exatamente como quando se espeta uma pessoa com um alfinete e ela dá um pulo. Uso, às vezes, este truque. Atiro uma palavra sobre política e todo mundo perde logo a cabeça.

Como se as transmissões da Wehrmacht alemã e as da BBC ainda não fossem suficientes, apareceu agora mais outra estação: a Luftlagemeldung. Os ingleses dão notícias da sua força aérea sem interrupção, durante o dia e a noite; os alemães fazem o mesmo para espalharem as suas mentiras. Aqui todos escutam rádio logo pela manhã cedo e depois, de hora em hora, até as dez da noite. Às vezes até as onze, prova evidente de que os adultos têm uma santa paciência e que, ao mesmo tempo, são lentos de compreensão. (Há exceções, não quero ofender ninguém.) Acho que devia bastar uma pessoa ouvir rádio uma ou, quando muito, duas vezes por dia. O programa dos operários, as emissões de rádio Orange, Frank Philips ou da rainha Guilhermina – ouve-se tudo. Se não estão comendo ou dormindo, estão sentados perto do rádio falando de comer, e de dormir, e de política. Que chatice. É preciso muito esforço para não virar uma velha seca e chata.

Um bom exemplo é um discurso de Winston Churchill, a quem todos igualmente admiramos: domingo, nove horas. O chá já está pronto. Os hóspedes aparecem. O Dussel fica à esquerda do rádio, o senhor Van Daan em frente, o Peter ao lado, a mamãe junto do senhor Van Daan, a senhora Van Daan atrás deles, o Pim à mesa, a Margot e eu também. Os homens fumam.

O Peter quase adormece de tanto esforço que faz para ouvir tudo.

Mamãe, num roupão comprido e escuro, e a senhora Van Daan tremem por causa dos aviões que, não fazendo caso do discurso, voam sobre a nossa casa a caminho do Ruhr. O papai bebe o seu chá, a Margot e eu estamos unidas pelo Mouschi, que dorme estendido no nosso colo. A Margot tem rolinhos no cabelo, eu visto um pijama muito curto e apertado. Assim ficamos numa intimidade agradável, pacífica.

Já estou vendo o que vai acontecer. Eles começam a ficar impacientes, querem que aquilo acabe. Batem os pés, ansiosos por discutir sobre o discurso. Provocam uns aos outros até que tudo acaba em barulho e desarmonia.

Sua Anne.

TERÇA-FEIRA, 28 DE MARÇO DE 1944

Querida Kitty,

Hoje tenho de contar uma série de outras coisas. A mamãe me proibiu de ir tantas vezes lá para cima porque acha que a senhora Van Daan está com ciúmes. O Peter convidou a Margot para ir também, não sei se fez isso por delicadeza ou se foi sincero. Perguntei ao papai se devo importar-me com os ciúmes da senhora Van Daan. Ele acha que não. E agora? Minha mãe está aborrecida. Ou talvez ciumenta também, quem sabe? O papai não tem inveja dos meus encontros com o Peter, está contente por nos darmos tão bem. A Margot acha o Peter simpático, mas compreende que não se pode falar a três sobre aquilo que é apenas assunto de dois.

A mamãe acha que o Peter anda apaixonado por mim. Quem me dera que isso fosse verdade. Nesse caso poderíamos falar ainda mais abertamente. A mamãe diz que ele não para de me olhar. E tem razão. É que nós, de vez em quando, piscamos os olhos, e as minhas covinhas agradam muito ao Peter. Mas não há nada a fazer, não é verdade?

Uma situação difícil. A mamãe contra mim, eu contra a mamãe, e o papai fingindo não ver a luta silenciosa que nós duas travamos. A mamãe está triste porque, afinal, gosta de mim, e eu não estou nada triste, porque sinto que ela não me compreende. E o Peter... não quero renunciar ao Peter. É bom garoto e eu o admiro. Tudo pode vir a ser belo entre nós. Por que é que os adultos querem se meter nisso? Felizmente me habituei a esconder os meus sentimentos, pois assim consigo não deixar transparecer o quanto gosto dele. Ele falará um dia? Virá a sentir a minha face contra a sua como aconteceu no meu sonho com o outro Peter? Ai! O Peter e o Peter são um só agora.

Os outros não nos compreendem, não imaginam que nos basta estarmos juntos sem dizer nada. Não sabem o que nos atrai um para o outro. Quando acabarão essas dificuldades? Mas, pensando bem, talvez seja melhor haver obstáculos a vencer, porque o final será mais belo ainda! Quando ele deita a cabeça sobre os braços e fecha os olhos, parece uma criança; quando brinca com o Mouschi, é meigo. Quando carrega os sacos de batatas ou outros pesos, é forte; quando observa os bombardeios ou segue o rastro dos ladrões na escuridão, é corajoso; mas, quando é desajeitado e se sente desamparado, é simplesmente um amor. Gosto mais dele quando me explica coisas do que quando quer aprender comigo. Seria melhor que ele fosse sempre superior a mim.

Sua Anne.

QUARTA-FEIRA, 29 DE MARÇO DE 1944

Querida Kitty,

O ministro Bolkestein disse ontem na emissora holandesa que, depois da guerra, vão publicar uma série de diários e cartas desta época. É claro, todo mundo começou logo a falar do meu diário. E se eu publicasse um romance chamado O Anexo Secreto? Não parece interessante? Mas, com esse título, todo mundo é capaz de imaginar que se trata de um romance policial.

Falando sério, não parecerá inconcebível ao mundo, depois da guerra, digamos dez anos depois, o que nós, os judeus, contarmos sobre a nossa vida aqui, as nossas conversas e as nossas refeições? Pois, embora eu tenha contado muita coisa, você ainda só soube uma pequena parcela desta vida. O medo das mulheres, quando há bombardeios como os do domingo passado, em que 350 aviões ingleses lançaram meio milhão de quilos de dinamite sobre Ijmuiden e as casas estremeceram como as folhas com o vento. E o terror das epidemias no país!

Disto você ainda sabe pouco, e eu precisaria escrever o dia inteiro se quisesse fazer um relatório completo. A população faz filas para comprar verduras, ou seja, o que for. Médicos não podem visitar seus doentes, porque lhes roubaram o automóvel ou a bicicleta. Ouvimos falar de pequenos furtos e de roubos em grande escala. E eu pergunto: o que foi feito da honestidade dos holandeses? Crianças de 8 a 11 anos quebram os vidros das casas e tiram tudo o que conseguem. Ninguém tem coragem de deixar a casa abandonada durante cinco minutos, pois, ao voltar, pode muito bem encontrá-la vazia. Todos os dias lemos nos jornais anúncios em que prometem gratificações pela entrega de coisas roubadas: máquinas de escrever, tapetes persas, relógios elétricos, tecidos, etc., etc. Relógios das ruas são desmontados e até tiram os telefones das cabines sem deixar ficar um pedaço de fio sequer.

Esperam a invasão, e os homens têm de ir para a Alemanha. As crianças estão subalimentadas e doentes. Quase todo mundo usa roupa e calçado de má qualidade.

Uma coisa boa: as sabotagens contra a ocupação aumentam à medida que a alimentação piora e as condições se tornam mais severas. Os funcionários da distribuição de víveres e de outras repartições ajudam, em grande parte, a população, mas também há traidores que levam gente às prisões. Contudo, felizmente, são poucos os holandeses que estão do lado mau.

Sua Anne.

SEXTA-FEIRA, 31 DE MARÇO DE 1944

Querida Kitty,

Faz muito frio, e a maioria das famílias não tem mais carvão. Há um grande e geral otimismo, porque tudo vai às mil maravilhas na frente russa. Não quero escrever muito sobre política, mas não posso deixar de informar que os russos estão em frente ao quartel-general alemão e que se aproximam da Romênia pelo Pruth. Estão perto de Odessa. Esperam um comunicado do Stalin em breve.

Em Moscou ecoam tantas salvas de canhões que o chão estremece. Não sei se eles acham bonito imitar assim o barulho da guerra ou se não conseguem demonstrar a sua alegria de outra maneira.

A Hungria está ocupada pelos alemães. Vivem nesse país um milhão de judeus que devem sofrer as consequências.

Aqui não aconteceu nada de especial. É aniversário do senhor Van Daan. Ele ganhou dois maços de cigarro, café para uma xícara (foi a esposa que guardou há muito tempo), um ponche de limão do senhor Kraler, sardinhas da Miep e de nós, água-de-colônia, lilases e tulipas e ainda uma torta com framboesas e groselhas, que quase se desfazia por causa da farinha e da manteiga de péssima qualidade. Mas o sabor era ótimo.

As más línguas não se preocupam tanto comigo e com o Peter. Nós dois somos bons amigos, estamos muitas vezes juntos e conversamos sobre os mais variados assuntos. Embora falemos também de coisas delicadas, não preciso ter certas reservas como teria de ter com outros garotos. Por exemplo, um desses dias, veio à baila o tema sangue, falamos também na menstruação.

O Peter acha que nós, as mulheres, somos fortes, por resistir à perda de sangue, e eu também. Fico imaginando o motivo.

A minha vida aqui melhorou muito. Deus não me abandonou e não vai me abandonar.

Sua Anne.

SÁBADO, 1º DE ABRIL DE 1944

Querida Kitty,

As coisas continuam difíceis. Sabe o que quero dizer? É que queria ser beijada, queria esse beijo que tanto esperamos. Será que o Peter vê em mim alguém mais do que uma boa pessoa? Não significo outra coisa para ele? Você sabe que sou forte, que consigo aguentar sozinha o meu fardo e que não estou acostumada a pedir ajuda.

Nunca me agarrei à mamãe. Mas agora tenho vontade de encostar a cabeça nos ombros do Peter e de ficar muito quietinha. Não consigo esquecer o sonho em que sentia o rosto dele contra o meu. Como isso era bom! E ele, não terá a mesma vontade? É tímido demais para me confessar o seu amor? Mas por que é que me quer sempre ao seu lado? Por que é que não fala? Quero ser calma. Quero ser forte. Com um pouco de paciência, tudo virá. Mas é chato, dá a impressão de que eu ando atrás dele, por ter de ir lá para cima. Não é ele quem vem falar comigo. Mas a culpa é da distribuição dos quartos, e espero que o Peter compreenda bem isso. Ah, ainda tem muito mais coisas que ele tem de compreender!

Sua Anne.

SEGUNDA-FEIRA, 3 DE ABRIL DE 1944

Querida Kitty,

Vou falar hoje detalhadamente da comida, pois é um problema que não só diz respeito ao nosso Anexo, mas a toda a Holanda, à Europa e talvez ao mundo inteiro.

Em 21 meses que moramos aqui, já passamos por uma série de ciclos alimentares. Vou explicar o que isso quer dizer. Um ciclo é um período em que comemos sempre o mesmo ingrediente e os mesmos legumes. Durante algum tempo só tínhamos alface, umas vezes misturada com batatas, outras vezes com as batatas à parte, assadas numa assadeira. Depois veio a fase dos espinafres, depois a da couve, das cenouras, dos pepinos, dos tomates, dos chucrutes, etc. Isso depende da estação do ano. Não é agradável comer todos os dias chucrute no almoço e chucrute no jantar, mas, quando temos fome, comemos. Agora chegou o ciclo mais interessante: já não recebemos mais legumes frescos. Nosso menu da semana consiste em feijão vermelho ou sopa de ervilhas secas, batatas com bolinhos de farinha, purê de batata ou, quando Deus quer, alguns nabos ou cenouras meio podres e depois, de novo, feijão vermelho. Comemos batatas a cada refeição, a começar pelo café da manhã, porque não tem pão suficiente. Para fazer sopas utilizamos, além dos feijões vermelhos, também os brancos, ou batatas, ou então usamos sopas industrializadas: "sopa juliana", "sopa da rainha" ou "sopa de feijão vermelho". Não há comida nenhuma sem feijão vermelho, nem o próprio pão. À noite comemos as batatas com uma imitação de molho de carne e um pouco de salada de beterraba das nossas conservas. Também quero falar dos bolinhos de farinha. Fazemo-los de farinha do "governo" e com água e fermento. Claro que ficam pegajosos e duros, pesam no estômago como pedras. É isso.

O grande acontecimento da semana é uma porção de salsicha de fígado e um pouco de geleia para pôr no pão. Mas estamos ainda vivos e as nossas refeições leves às vezes nos fazem bem.

Sua Anne.

TERÇA-FEIRA, 4 DE ABRIL DE 1944

Querida Kitty,

Durante muito tempo eu nem sabia por que é que tenho que estudar. O fim da guerra está ainda tão longe, tão irreal, tão fantástico! Se a guerra não acabar até setembro, não volto para a escola. Não quero ficar dois anos atrasada.

Agora os meus dias são totalmente preenchidos pelo Peter. Os meus pensamentos, os meus sonhos, tudo tem girado ao redor do Peter, até sábado à noite, quando me senti muito triste. Sentada ao lado dele, tive de fazer um esforço enorme para não chorar e, no entanto, ri com a senhora Van Daan ao fazermos um ponche de limão. Fiquei agitada e parecia estar alegre, mas, assim que fiquei sozinha, vi que queria chorar. De camisola, me ajoelhei no chão, rezei muito e depois chorei, a cabeça sobre os braços, acocorada no chão frio. Por fim voltei a mim, dominei as lágrimas e os soluços para que ninguém me ouvisse. Depois me animei, dizendo repetidas vezes: eu preciso, eu preciso, eu preciso...

Com o corpo endurecido por causa daquela posição incômoda, encostei-me à beira da cama até que, pouco antes das dez e meia, consegui me deitar. Acabou-se. Sim, agora tudo se acabou. Tenho que estudar para não ficar ignorante, para avançar mais tarde na vida, para vir a ser uma jornalista! Sei que sou capaz de escrever bem, alguns dos meus contos são bons, as minhas descrições do Anexo têm humor, há passagens eloquentes no meu diário, mas... ainda não provei que tenho, de fato, talento. *O Sonho de Eva* é a minha melhor história, e acho estranho que nem eu mesma saiba explicar aonde fui buscar aquilo. Uma parte de *A Vida de Cady* também não está mal, mas o conjunto não presta.

A crítica mais severa dos meus textos sou eu mesma. Sei o que está bem ou mal escrito. As pessoas que não escrevem não imaginam quanto prazer isso pode dar. Antigamente tinha pena de não saber desenhar. Mas agora sinto-me feliz por saber, ao menos, escrever. E, se não tiver talento suficiente para escrever livros ou artigos de jornal, enfim, sempre me restará escrever para meu próprio prazer.

Eu espero me tornar alguém. Não me agrada a vida que levam a mamãe, a senhora Van Daan e todas essas mulheres que trabalham para, mais tarde, ninguém se lembrar delas. Além de um marido e de filhos, preciso de mais alguma coisa a que possa me dedicar! Quero continuar a viver depois da minha morte. E por isso estou tão grata a Deus, que me deu a possibilidade de desenvolver o meu espírito e de poder escrever para exprimir o que existe dentro de mim.

Quando escrevo, sinto um alívio, a minha dor desaparece, a coragem volta. Mas me pergunto: algum dia escreverei coisas importantes? Virei a ser jornalista ou escritora? Espero que sim, espero de todo o meu coração! Ao escrever, sei esclarecer tudo, os meus pensamentos, os meus ideais, as minhas fantasias. Não tenho trabalhado em *A Vida de Candy*, mas sei como desenvolver a história e só não consigo fazer isso rapidamente. Pode ser que nunca acabe aquilo e que vá parar no cesto de papel ou no fogão. Não é uma ideia agradável, mas penso: com 14 anos e com tão pouca experiência, ainda não se pode, afinal, escrever uma história filosófica.

Não quero perder a coragem. Tudo tem que dar certo, pois estou decidida a escrever!

Sua Anne.

QUINTA-FEIRA, 6 DE ABRIL DE 1944

Querida Kitty,

Quais são os meus passatempos preferidos e o que é que mais me interessa? Não são poucas coisas. Em primeiro lugar, gosto de escrever, mas isso não é bem um passatempo.

Em segundo, gosto da genealogia das casas reais. Já encontrei, em jornais, livros e artigos, muito material sobre as famílias francesas, alemãs, espanholas, inglesas, austríacas, russas, norueguesas e holandesas. Consegui bons resultados. Há um bom tempo que faço anotações de todas as biografias e livros de História que leio.

O meu terceiro entretenimento é História, por isso o papai já me comprou alguns livros sobre o assunto. Espero que não demore o dia em que eu possa fazer pesquisas em bibliotecas públicas.

Em quarto lugar, gosto de mitologia grega e romana e também sobre esse assunto tenho vários livros.

Outros entretenimentos são a coleção de fotografias de estrelas de cinema. Gosto de saber coisas sobre escritores, poetas e pintores e sobre a história da arte. Pode ser que ainda, um dia, a música venha a juntar-se a tudo isso.

Tenho grande antipatia por Álgebra, Geometria e toda a espécie de contas. Fora isso, gosto de qualquer disciplina da escola, mas coloco História acima de todas.

Sua Anne.

TERÇA-FEIRA, 11 DE ABRIL DE 1944

Querida Kitty,

Parece que levo marteladas na cabeça! Nem sei por onde começar. Sexta-feira (Sexta-feira Santa) à tarde, e no sábado também, fizemos vários jogos. Esses dias passaram sem novidades e bem depressa. No domingo pedi ao Peter que viesse aqui, e mais tarde subimos e ficamos lá em cima até as seis horas. Das seis e quinze até as sete horas ouvimos um belo concerto de música de Mozart; do que mais gostei foi da Kleine Nachtmusik. Não consigo escutar bem quando há muita gente à minha volta, porque a boa música me comove profundamente.

No domingo à noite o Peter e eu fomos ao sótão. Para ficarmos sentados confortavelmente, levamos umas almofadas que pusemos em cima de um caixote. O lugar é estreito e estávamos muito apertados um contra o outro. O Mouschi nos fazia companhia. Assim havia quem nos vigiasse.

De repente, às quinze para as nove, o senhor Van Daan assobiou e perguntou se nós tínhamos levado uma almofada do senhor Dussel. Saltamos do caixote e descemos com as almofadas, o gato e o senhor Van Daan. Por causa da almofada do senhor Dussel desenrolou-se uma verdadeira tragédia. Ele estava furioso por termos levado a sua "almofada da noite". Receou que a enchêssemos de pulgas, fez um escândalo por causa de uma simples almofada.

Como vingança, o Peter e eu colocamos duas escovas duras na cama. Rimos muito daquele pequeno trote. Mas a diversão não durou muito.

Às nove e meia o Peter bateu à porta e pediu ao papai que subisse para lhe ensinar uma frase inglesa muito complicada.

– Aí tem coisa! Ele não está falando a verdade! – eu disse para a Margot.

E eu estava certa. Havia ladrões no armazém. Com rapidez, o papai, o Peter, o senhor Van Daan e o Dussel desceram. A mãe, a Margot, a senhora Van Daan e eu ficamos à espera. Quatro mulheres cheias de medo não podem fazer outra coisa a não ser falar. Assim fizemos.

De repente, ouvimos, lá embaixo, uma pancada forte. Depois, silêncio. O relógio deu quinze para as dez. Estávamos lívidas, muito quietas e cheias de medo. O que teria acontecido aos homens? O que significava aquela pancada? Teria havido luta entre eles e os ladrões? Dez horas. Passos na escada. Entra primeiro o papai, pálido e nervoso, depois o senhor Van Daan.

– Apaguem a luz. Subam sem fazer barulho. Deve vir a polícia.

Agora não havia tempo para medos. Apagamos a luz. Ainda peguei o meu casaquinho e subimos.

– O que aconteceu? Depressa, conte!

Mas não havia ninguém que pudesse contar, porque os homens tinham descido outra vez. Às dez e dez voltaram. Dois ficaram de guarda na janela aberta, no quarto do Peter. A porta do corredor ficou fechada. A porta giratória também. Colocamos um pano sobre o lustre. Depois eles começaram a contar:

O Peter, ao ouvir duas pancadas fortes, correu para baixo e viu que do lado esquerdo da porta do armazém faltava uma tábua. Voltou depressa para cima, avisou a parte mais corajosa do grupo e então eles, os quatro, desceram.

Quando entraram no armazém pegaram os ladrões em flagrante. Sem refletir o senhor Van Daan gritou: “Polícia!”.

Os ladrões fugiram num instante. Para evitar que a ronda da polícia notasse o buraco, os nossos homens colocaram a tábua no lugar, mas um pontapé lá de fora derrubou. Os quatro ficaram perplexos com tanto atrevimento. O senhor Van Daan e o Peter sentiram vontade de matar aqueles patifes. O senhor Van Daan bateu com o machado no chão. Depois novamente silêncio. Tentaram colocar outra vez a tábua. Novo susto: lá fora estava um casal, e a luz forte de uma lanterna manual iluminou todo o armazém. “Diabo!”, gritou um dos nossos e... num instante trocaram o seu papel de policiais pelo de ladrões.

Fugiram. Subiram. O Peter abriu portas e janelas na cozinha do escritório particular, jogou o telefone no chão e depois desapareceram todos por detrás da porta giratória.

Fim da primeira parte.

Provavelmente o casal avisaria a polícia. Era domingo, Domingo de Páscoa, e ninguém viria ao escritório antes de terça-feira de manhã. Não podíamos fazer nada. Imagine duas noites e um dia com tal angústia! Nós, as mulheres, é que já não éramos capazes de imaginar coisa alguma. Estávamos sentadas às escuras; a senhora Van Daan resolveu desligar todas as luzes, e sempre que se ouvia um ruído murmurávamos “psiu, psiu”.

Eram dez e meia, onze horas, e de ruídos, nada. Alternadamente o papai e o senhor Van Daan vinham nos ver. Depois, às onze e quinze, ouvimos ruídos lá embaixo. Agora já se ouvia a respiração de cada um de nós. Não nos mexemos. Passos na casa, no escritório particular, na cozinha, depois... na escada que conduz à porta camuflada. Prendemos a respiração; oito corações a martelar. Passos na escada, sacudidelas nas prateleiras da porta giratória. Esses momentos são impossíveis de descrever.

“Estamos perdidos”, pensei, e já nos via, a todos, arrastados pela Gestapo através da noite. Mais duas vezes mexeram na porta giratória, depois alguma coisa caiu e os passos se afastaram. Por enquanto, estávamos salvos. Então começamos todos a tremer. Ouvia-se o bater de dente; ninguém conseguia pronunciar uma palavra.

Não se ouvia mais nada em toda a casa, mas havia luz do outro lado da porta camuflada. Teriam desconfiado desta ou esqueceram-se de apagar a luz? Dentro do prédio já não havia estranhos. Só lá fora, na rua, haveria possivelmente um guarda. As nossas línguas soltaram-se, começamos a falar, mas o medo ainda nos dominava. Todos precisavam... O Peter tem um cesto de papéis de placa de ferro que podia substituir o balde que estava no sótão. O senhor Van Daan começou, depois o papai. A mamãe teve vergonha. O papai levou o cesto para o quarto, onde a Margot, a senhora Van Daan e eu, muito contentes, o utilizamos, e, por fim, também a mamãe. Todos queriam papel. Felizmente eu trazia algum comigo no bolso.

Do cesto vinha um cheiro horrível. Falávamos em voz baixa, estávamos cansados. Era meia-noite.

– Deitem-se no chão e durmam! Deram-nos, à Margot e a mim, almofadas. A Margot ficou deitada junto ao armário de mantimentos, e eu entre as pernas da mesa. No chão não se sentia tanto o mau cheiro, mas a senhora Van Daan, sem fazer o mínimo ruído, foi buscar um pouco de cloro e colocou no cesto, que depois cobriu com um pano.

Conversas, murmúrios, mau cheiro, medo e sempre alguém sentado no cesto. Impossível dormir. Às duas e meia eu estava tão cansada que não ouvi mais nada até as três e meia. Depois acordei. Senti a cabeça da senhora Van Daan em cima do meu pé.

– Deem-me alguma coisa para vestir. Tenho frio.

Jogaram uma roupa. Mas não queira saber o que era! Fiquei com calças de lã em cima do pijama, um pulôver e uma saia preta, umas meias brancas e, por cima, meias furadas.

Agora a senhora Van Daan sentou-se numa cadeira e o senhor Van Daan se deitou no chão, também em cima dos meus pés. Pensei em tudo o que tinha acontecido e comecei a tremer de tal forma que o senhor Van Daan não conseguia dormir. Preparei mentalmente as palavras que havíamos de dizer, caso a polícia voltasse. Com certeza era preciso confessar-lhes que estávamos escondidos. Eles poderiam ser holandeses bons e então estaríamos salvos. Poderiam ser pró-nazis e então aceitariam dinheiro!

– Destruam o rádio! – suspirou a senhora Van Daan.

– Vamos queimar! – sugeriu o senhor Van Daan.

– Se nos acharem, não importa que achem o rádio!

– Então encontram também o diário da Anne! – disse o papai.

– E se o queimássemos? – propôs a pessoa mais medrosa do nosso grupo. Esse momento e aquele em que eu tinha ouvido as sacudidelas da polícia na porta giratória foram para mim os mais terríveis.

– O meu diário não! O meu diário só será queimado comigo!

Graças a Deus, o papai já nem me respondeu.

Não vale a pena reproduzir todas as conversas. Confortei a senhora Van Daan, que estava cheia de um medo horrível. Falamos de fugas, interrogatórios, da Gestapo e da necessidade de sermos corajosos.

– Agora temos de ser valentes como os soldados, senhora Van Daan. Se nos apanharem, o nosso sacrifício será pela rainha, pela pátria, pela verdade e pelo direito, como dizem também na emissora de Orange.

O que mais me aflige é arrastarmos tanta gente para a infelicidade. O senhor Van Daan trocou novamente de lugar com a mulher, o papai veio para junto de mim. Os homens fumavam sem interrupção, de vez em quando ouvia-se um suspiro fundo, depois alguém a correr ao cesto... e isso ainda se repetiu muitas vezes. Quatro horas, cinco horas, cinco e meia.

Fui ao quarto do Peter. Ficamos sentados à janela, ouvíamos os ruídos, cada um sentia as vibrações do corpo do outro, tão encostados estávamos. Só dizíamos uma palavra de vez em quando. Estávamos sempre atentos ao que se passava. Ao lado ouvimos alguém abrir as persianas.

Às sete, os homens queriam telefonar para Koophuis e pedir-lhe que mandasse alguém. Escreveram num papel o que lhe iam dizer. Havia o perigo de o guarda em frente da porta ouvir o toque do telefone, mas o perigo de a polícia voltar era maior ainda. Os tópicos a comunicar ao Koophuis eram os seguintes:

Assalto: a polícia entrou em casa, chegou à porta giratória, mas não foi mais longe. Ladrões, provavelmente apanhados em flagrante, arrombaram a porta do armazém e fugiram pelo quintal.

Porta principal trancada. O Kraler deve ter saído pela outra porta. As máquinas de escrever estão em segurança na caixa preta, no escritório particular.

Tentar avisar o Henk. Ir buscar a chave na casa da Elli. Ele que venha ao escritório com o pretexto de que o gato precisa de comida.

Tudo se fez exatamente assim. Telefonaram para Koophuis, levamos as máquinas para baixo e guardamos na caixa preta. Sentamos em volta da mesa e esperamos pelo Henk ou... pela polícia.

O Peter adormeceu. O senhor Van Daan e eu acabamos por deitar no chão. Depois ouvimos passos pesados. Eu disse, em voz baixa:

– É o Henk.

– Não, não, é a polícia – ouvi dizer alguém.

Bateram à porta. O assobio da Miep. Agora é que a senhora Van Daan não aguentou mais. Branca como papel, sem forças, estava caída na cadeira, e se aquela tensão se tivesse prolongado por mais um minuto, ela teria desmaiado.

Quando a Miep e o Henk entraram no nosso quarto, viram um lindo espetáculo. A mesa valia a pena ser fotografada. A revista *Filme e Teatro* aberta e as fotos das lindas coristas besuntadas com geleia e com o remédio contra a diarreia. Dois potes de geleia, um pão e meio, espelho, pente, fósforos, cinza, cigarros, cinzeiro, calcinhas, lanterna de bolso, papel higiênico, etc., etc.

Recebemos o Henk e a Miep com alegria e lágrimas. O Henk tapou o buraco da porta com a tábua e depois foi à polícia para comunicar o assalto. A Miep encontrou debaixo da porta um aviso do guarda-noturno que viu o buraco e avisou a polícia. O Henk foi também falar com ele.

Tínhamos meia hora para nos arrumar. Nunca vi uma tal metamorfose em tão pouco tempo. A Margot e eu abrimos as camas, fomos ao banheiro, nos lavamos, escovamos os dentes e nos penteamos. Depois, num instante, arrumamos o quarto e voltamos para cima. A mesa já estava limpa. Fomos buscar água, fizemos café e chá e pusemos a mesa para o café da manhã. O papai e o Peter limparam o cesto sujo com água e cloro. Às onze horas estávamos todos com o Henk em volta da mesa e nos acalmamos pouco a pouco. O Henk contou:

– O guarda-noturno Slagter ainda estava dormindo. Falei com a mulher, e ela me disse que o marido, ao fazer a ronda no cais, tinha reparado no buraco na nossa porta da rua. Foi procurar um policial e, juntos, fizeram uma busca por toda a casa. Na terça-feira viria fazer mais comunicações ao Kraler. Foi à polícia, onde ainda não sabiam nada do assalto, mas tomaram nota e disseram que viriam aqui também na terça-feira.

Na volta o Henk passou pela quitanda, na esquina, e contou sobre o roubo. O homem falou:

– Eu sei! Passei ontem à noite com minha mulher pelo seu estabelecimento e vi o tal buraco na porta. Minha mulher não quis parar, mas eu acendi minha lanterna e iluminei o interior. Os ladrões fugiram logo. Não chamei a polícia, achei que seria melhor. Não sei nada, mas imagino algumas coisas...

O Henk agradeceu e foi-se embora. O quitandeiro deve suspeitar que estamos aqui, pois entrega as batatas sempre na hora do almoço. Depois de o Henk ter ido embora, nos deitamos para dormir. Às quinze para as três, acordei e já não vi o Dussel na sua cama. Ainda toda entorpecida encontrei, por acaso, o Peter no banheiro. Combinamos de nos encontrar depois embaixo, no escritório.

– Você ainda tem coragem de subir ao sótão? – perguntou.

Disse que sim, fui buscar a minha almofada e subimos. O tempo estava uma maravilha. Logo as sirenes começaram a dar alarme. Mas nós ficamos onde estávamos. O Peter colocou um braço em volta dos meus ombros, e eu também pus um braço em volta dos ombros dele, e assim ficamos muito calmos, até que a Margot veio nos chamar para o lanche.

Comemos pão, tomamos limonada e já estávamos de novo dispostos a brincar uns com os outros. Depois disso não houve mais nada de especial. À noite agradeci ao Peter por ele ter sido o mais corajoso de todos nós.

Nunca algum de nós tinha passado por uma situação tão perigosa como a da noite anterior. Deus nos protegeu. Imagine a polícia remexendo na estante da nossa porta giratória, iluminada pela luz acesa, sem nos ver!

Em caso de invasão, com bombardeios e tudo, cada um de nós pode responder por si. Nesse caso, porém, não se tratava só de nós, mas também dos nossos bondosos protetores.

– Estamos salvos. Não nos abandone!

É apenas isso que podemos suplicar. Este acontecimento trouxe algumas modificações. O senhor Dussel já não trabalha à noite no escritório do senhor Kraler, mas, sim, no banheiro. Às oito e meia e às nove e meia o Peter faz a ronda pela casa. Não podemos mais abrir a janela durante a noite. Depois das nove e meia não podemos dar a descarga do banheiro.

Hoje à noite vem um carpinteiro reforçar as portas do armazém. Há polêmica a respeito. Tem quem ache que isso não deveria ser feito. O Kraler censurou a nossa imprudência, e o Henk disse que não deveríamos, em tais casos, descer ao andar de baixo.

Nos mostraram bem que somos clandestinos, judeus enclausurados, presos num lugar, sem direitos, mas carregados de milhares de deveres. Nós, judeus, não devemos nos deixar arrastar pelos sentimentos, temos de ser corajosos e fortes e aceitar o nosso destino sem queixas, temos de cumprir tudo quanto possível e ter confiança em Deus. Vai chegar o dia em que esta guerra medonha acabará, vai chegar o dia em que nós voltaremos a ser gente como os outros, e não apenas judeus.

Quem foi que nos impôs este destino? Quem decidiu excluir deste modo os judeus do convívio dos outros povos? Quem nos fez sofrer tanto até agora? Foi Deus que nos trouxe o sofrimento e será Deus que nos libertará. Se, apesar de tudo isto que suportamos, ainda sobreviverem judeus, esses servirão a todos os condenados como exemplo.

Quem sabe, talvez venha ainda o dia em que o mundo veja o bem por intermédio da nossa fé, e talvez seja por isso que temos de sofrer tanto. Nunca poderemos ser só holandeses, ingleses ou súditos de qualquer outro país. Seremos sempre, além disso, judeus. E queremos ser. Não vamos perder a coragem. Temos de ter consciência da nossa missão. Não vamos nos queixar, pois o dia da nossa salvação vai chegar. Nunca Deus abandonou o nosso povo. Através de todos os séculos os judeus sobreviveram. Ao longo de todos os séculos houve sempre judeus sofrendo, mas durante todo esse tempo eles se mantiveram fortes. Os fracos desaparecem, mas os fortes sobrevivem e não morrerão!

Naquela noite pensei que ia morrer. Esperava pela polícia, estava preparada como os soldados no campo de batalha, prestes a me sacrificar pela pátria. Agora que estou salva, o meu desejo é me naturalizar holandesa depois da guerra.

Gosto dos holandeses, gosto desta terra e da sua língua. É aqui que quero trabalhar. E, se for preciso escrever à própria rainha, não desistirei enquanto não alcançar esse objetivo. Sinto-me cada vez mais independente dos meus pais. Embora seja muito nova ainda, sei que tenho mais coragem de viver e um sentido de justiça mais apurado, mais seguro do que a mamãe. Sei o que quero, tenho um objetivo, uma opinião, tenho fé e amor. Deixem-me ser eu mesma e ficarei satisfeita. Tenho consciência de ser mulher, uma mulher com força interior e com muita coragem.

Se Deus me deixar viver, hei de ir mais longe do que a mamãe. Não quero ser insignificante. Quero conquistar o meu lugar no mundo e trabalhar para a humanidade.

O que sei é que a coragem e a alegria são os fatores mais importantes na vida! E não sei explicar por quê. Escrevi tudo num caos, tem coisas sem sentido e cada vez mais duvido que um dia haja alguém interessado nas bobagens que escrevo.

As confidências de um patinho feio será o título desta papelada. O senhor Bolkestein e o senhor Gerbrandy, os colecionadores de documentos de guerra, não encontrarão nada de especial no meu diário.

Sua Anne.

SEXTA-FEIRA, 14 DE ABRIL DE 1944

Querida Kitty,

O clima ainda está tenso. O Pim está quase explodindo. A senhora Van Daan está deitada com um resfriado e gemendo. O marido está pálido e não tem cigarros que o animem. O Dussel, depois de ter resolvido sacrificar uma parte das suas comodidades, anda descontente.

Há muita coisa que não funciona. Tem vazamento no banheiro, e a torneira está emperrada. Mas, graças às nossas muitas relações, isso vai ser consertado depressa.

Há ocasiões em que estou sentimental, sei bem, mas... Às vezes, há razões para o sentimentalismo. Quando o Peter e eu estamos sentados num caixote duro, no meio de ferros-velhos e de poeira, muito juntos, eu com um braço em volta dos seus ombros, ele com um braço em volta dos meus ombros, quando ele brinca com uma madeixa do meu cabelo, quando lá fora se ouve o chilrear dos pássaros, quando vemos as árvores florescer, quando o sol aparece e o céu fica todo azul! Ah, nessa hora eu desejo um monte de coisas!

Mas aqui só vemos rostos carrancudos e descontentes. Há suspiros e queixas por toda a parte. Tudo isso dá a impressão de que as coisas vão cada vez pior. A verdade, no entanto, é que tudo vai sempre mal se não sabemos reagir. Não há ninguém no Anexo que nos sirva de exemplo, cada um luta sozinho com o seu próprio humor. Só se ouve dizer:

– Bem que isso tudo podia acabar!

Para mim, os estudos, a esperança, o amor e a coragem me fazem aguentar. Até me tornam boa e feliz.

Creio, Kitty, que estou um pouco maluquinha hoje.

Sua Anne.

SÁBADO, 15 DE ABRIL DE 1944

Querida Kitty,

Quando é que isto terá fim? Depois de um susto vem outro. É essa a nossa eterna pergunta. Você não sabe o que aconteceu agora. O Peter se esqueceu de abrir o ferrolho da porta principal (à noite a porta tranca-se por dentro), e a fechadura da outra porta está estragada. Consequentemente, o Kraler não conseguiu entrar com os operários. Teve de pedir aos vizinhos para o deixarem entrar, quebrou depois a janela da cozinha e saltou para dentro. Está furioso por causa do nosso descuido. O Peter está arrasado. Quando a minha mãe lhe disse à mesa que tinha pena dele, pouco faltou para que começasse a chorar. Mas na verdade temos todos culpa, porque os homens costumam perguntar todas as manhãs se o Peter abriu o ferrolho, e justo hoje não perguntaram. Tomara que eu possa logo consolá-lo. Quero tanto ajudar!

Agora algumas notícias sobre vários acontecimentos no Anexo durante as últimas semanas.

O Boche ficou doente há uma semana. Não se mexia. A Miep, sempre decidida, embrulhou-o num pano, meteu-o no seu saco das compras e levou-o à clínica veterinária. O veterinário enfiou-lhe um remédio pela goela abaixo, pois achou que o bicho tinha uma infecção nos intestinos. Depois disso, o Boche passeia lá fora, dia e noite. Deve ter arrumado uma namorada.

A janela do sótão já fica outra vez aberta durante a noite. Quando escurece, o Peter e eu estamos quase sempre lá em cima.

Com ajuda do Koophuis e com um pouco de cimento branco e tinta a óleo, o banheiro foi consertado. A torneira foi substituída por outra. Este mês recebemos oito cartões de racionamento. O nosso mais recente petisco chama-se picles. Se a gente tem pouca sorte, só encontra alguns pepinos com molho de mostarda no pote. Legumes já não há quase nenhum. Só alface e mais alface. De resto só comemos batatas com molho artificial.

Houve muitos e grandes bombardeios. A Câmara de Haia foi destruída e com ela muitos documentos. Diz-se que todos os holandeses receberão novos cartões de identidade.

Chega por hoje.

Sua Anne.

DOMINGO DE MANHÃ, POUCO ANTES DAS 11 HORAS, 16 DE ABRIL DE 1944

Querida Kitty,

Nunca se esqueça do dia de ontem, porque foi um dia muito importante na minha vida. Ou não é importante para uma garota receber o seu primeiro beijo? E eu não sou diferente das outras. O beijo que o Bram me deu uma vez na face direita não conta, e o beijo na mão do senhor Walker também não. Agora vou contar como recebi um beijo.

Ontem, às oito horas, estávamos, o Peter e eu, no quarto dele, sentados no sofá. Disse para ele:

– Se você puder chegar um pouco mais para lá, eu não bateria com a cabeça contra a estante.

Ele se afastou quase até o cantinho. Passei meu braço em volta da cintura dele, e ele me abraçou. Já tínhamos estado assim muitas vezes, mas talvez não tão próximos um do outro. Apertou-me com força, o meu peito estava contra o dele, e o meu coração batia cada vez mais depressa. Mas não foi só isso. Ele não descansou enquanto não apoiei a cabeça no seu ombro, e depois inclinou a dele por cima. Depois de uns cinco minutos, quando eu ia me endireitar, ele pegou a minha cabeça entre as mãos e apertou-me, de novo, contra ele. Ah, foi maravilhoso! Eu não consegui falar, só pude viver o momento. Um pouco desajeitado, acariciou-me o rosto e o braço, brincou com os meus caracóis e assim permanecemos com as cabeças muito juntas. Não posso descrever a minha emoção. Eu estava tão feliz! E creio que Peter também.

Às nove e meia nos levantamos e ele calçou os tênis para fazer a ronda pela casa com o menor ruído possível. Eu estava ao seu lado. Não sei dizer exatamente como aquilo aconteceu, mas, ao descermos, ele beijou-me o cabelo, muito junto da orelha esquerda. Corri para baixo sem me virar e... e só queria saber o que ainda vai acontecer hoje.

Sua Anne.

SEGUNDA-FEIRA, 17 DE ABRIL DE 1944

Querida Kitty,

Será que o papai e a mamãe aprovariam uma garota da minha idade sentada no sofá beijando um garoto de 17 anos e meio? Eu duvido, mas afinal isso só diz respeito a mim. Sinto-me calma e segura, sonhando nos seus braços, e é tão emocionante sentir o rosto dele contra o meu, é tão maravilhoso saber que alguém nos espera!

Mas... Tem um mas. Ele se contentará com isso? Não me esqueci da sua promessa, mas... sempre é um garoto!

Eu sei que estou começando cedo. Ainda não fiz 15 anos e já sou tão independente! Provavelmente ninguém vai entender. Tenho quase certeza de que a Margot seria incapaz de beijar um garoto sem que se falasse logo em noivado e em casamento. Mas o Peter e eu não fazemos planos. Imagino que a mamãe também não se deixou tocar por ninguém antes de conhecer o papai. O que diriam as minhas amigas se me vissem nos braços do Peter, com o meu coração contra o peito dele, a cabeça nos seus ombros, e a sua cabeça em cima da minha?

Ah! Anne, que vergonha!

Na verdade, não acho que isso seja uma vergonha. Vivemos aqui isolados do mundo, cheios de medo e de angústia, principalmente nos últimos tempos. Por que é que nós, que nos amamos, temos de nos afastar um do outro? Por que é que temos de esperar até ter uma idade conveniente? E por que temos que fazer tais perguntas?

Vou saber tomar conta de mim. O Peter nunca me causará aflições ou dores. Por que não vou fazer o que diz o meu coração e o que nos torna felizes? Mas... acho que você já percebeu que eu lido com certas dúvidas, dúvidas essas que provêm da luta entre a minha franqueza e o ter de fazer coisas escondidas. Você acha que eu devo contar tudo ao papai? Acha que devemos partilhar o nosso segredo com alguém? Receio que muita coisa sutil venha a se perder. E eu ficaria mais calma intimamente? Vou falar com ele sobre o assunto. Sim, tenho de falar com ele sobre muitas coisas, porque passar o tempo só trocando carinhos não faz sentido. Precisamos confiar muito para dizermos tudo um ao outro, mas a consciência de termos esta confiança mútua nos dará força a ambos.

Sua Anne.

TERÇA-FEIRA, 18 DE ABRIL DE 1944

Querida Kitty,

Papai disse que espera grandiosas operações ainda antes de 20 de maio, tanto na Rússia e na Itália quanto no Ocidente. Quanto mais as coisas estão demorando, menos consigo imaginar a nossa libertação.

Finalmente, ontem o Peter e eu falamos sobre aquilo que andávamos adiando há dez dias. Expliquei-lhe todos os segredos de uma garota e não tive vergonha de falar nas coisas mais íntimas. A noite acabou com uma troca de beijos muito perto da boca. É uma sensação maravilhosa.

Talvez eu leve para cima o meu livro de anotações. Assim podemos aprofundar juntos as questões. Não me dá satisfação estarmos só abraçados. Tomara que ele pense como eu.

Depois de um inverno irregular veio uma primavera incrível, um abril magnífico, nem quente nem frio, e só de vez em quando uma chuva. O nosso castanheiro já está verde e vemos, aqui e acolá, nascerem-lhe os botões. No sábado a Elli nos deu uma grande alegria. Trouxe flores. Três ramalhetes de narcisos e, para mim, jacintos azuis.

Tenho que estudar Álgebra, Kitty. Adeus.

Sua Anne.

QUARTA-FEIRA, 19 DE ABRIL DE 1944

Querida Kitty,

O que poderá haver de mais belo no mundo do que olhar a natureza pela janela aberta, do que ouvir cantar os pássaros, sentir o sol no rosto e ter nos braços um garoto muito querido? O silêncio faz-nos tão bem! Ah! Se nunca ninguém o interrompesse, nem mesmo o Mouschi!

Sua Anne.

SEXTA-FEIRA, 21 DE ABRIL DE 1944

Querida Kitty,

Fiquei de cama com dor de garganta, ontem à tarde, mas, como não estou mais com febre, hoje me levantei. É o décimo oitavo aniversário de Sua Alteza Real, a princesa Elizabeth de York. Diz a BBC que não será declarada ainda sua maioridade, embora seja esse o costume com os filhos das casas reais. Nos perguntamos com que príncipe se casará essa beldade, mas não encontramos nenhum que lhe sirva. Talvez sua irmã, a princesa Margaret, se case com o príncipe Balduíno, da Bélgica.

Mal foram reforçadas as portas da rua e apareceu novamente o Van Mareen. É bem provável que tenha sido ele o ladrão da farinha de batata e queira pôr a culpa em cima da Elli. O Anexo Secreto em peso está de novo em rebuliço. A Elli está louca da vida, de raiva.

Quero mandar uma de minhas histórias para um jornal, para ver se a aceitam, sob pseudônimo, é claro.

Sua Anne.

TERÇA-FEIRA, 25 DE ABRIL DE 1944

Querida Kitty,

Há dez dias o Dussel não fala com o senhor Van Daan, só porque depois do roubo tivemos que incluir algumas medidas novas que não lhe agradam. Ele disse que o senhor Van Daan gritou com ele. Disse para mim:

– Tudo se faz aqui sem me consultarem; vou falar a esse respeito com o seu pai. Ele não deveria trabalhar, nem no sábado à tarde nem no domingo, lá embaixo no escritório.

Mas ele não fez isso, ficou tudo na mesma. O senhor Van Daan ficou zangado, e o papai desceu para conversar com o Dussel, que, claro, inventou uma desculpa qualquer. Mas dessa vez nem o papai se deixou convencer. Agora o papai quase não lhe fala por ele o ter ofendido. Não sabemos o que se passou, mas deve ter sido coisa grave.

Escrevi uma história bonita, chama-se *Blurr, o Descobridor do Mundo*. Agradou bem os meus três leitores. Ainda estou muito resfriada e contagiei a Margot, o papai e a mamãe. Tomara que não aconteça o mesmo com o Peter.

Sua Anne.

QUINTA-FEIRA, 27 DE ABRIL DE 1944

Querida Kitty,

A senhora Van Daan estava de muito mau humor hoje de manhã. Só se lamentava: por estar resfriada, por não haver remédio que ajudasse a aguentar melhor as dores no nariz. Depois, por não haver Sol e por não poder olhar um pouco pela janela, etc., etc. Foi difícil manter um ar sério. Rimos dela, e como, afinal, tudo aquilo não era uma grande tragédia, ela acabou por rir também.

Agora estou lendo *O Imperador Carlos V*, escrito por um professor de Göttingen, que trabalhou 40 anos nessa obra. Em cinco dias li cinquenta páginas; é difícil ler mais. O livro tem 598 páginas. Agora você pode fazer as contas do tempo que levará a leitura e, depois, falta ainda a segunda parte! Mas é muito interessante!

As coisas que uma estudante faz em um único dia! Hoje traduzi, do holandês para o inglês, um pedaço da última batalha de Nelson. Depois estudei a guerra nórdica (1700-1721); Pedro, o Grande; Carlos XII; Augusto, o Forte; Stanislau Seczinsky; Mazeppa; Brandemburgo; Pomerânia e Dinamarca – com todos os dados correspondentes. Depois li sobre o Brasil: o tabaco da Bahia, a abundância de café, o milhão e meio de habitantes do Rio de Janeiro, de Pernambuco e de São Paulo, o Rio Amazonas. Fiquei sabendo coisas dos negros, dos brancos, das mulheres, dos mulatos, dos mestiços; soube também que ainda vivem por lá cinquenta por cento de analfabetos e que há malária. Como ainda me sobrava um pouco de tempo, estudei minha árvore genealógica: Jan, o Velho, Willem Lodewijk, Ernst Casimir, Henrik Casimir I, até a pequena Margriet Franciska, que nasceu em 1929, em Otawa. Meio-dia: continuo a estudar, no sótão, o programa sobre as catedrais... ufa! Até a uma hora.

Às duas horas, a pobre garota (*aham*) já estava de novo estudando. Macacos do Velho Mundo e do Novo Mundo. Kitty, você consegue me dizer quantos dedos no pé tem o hipopótamo? Depois seguiu-se a Bíblia, a Arca de Noé, Sem, Cam e Jafé; depois, Carlos V. Por fim: Inglês com o Peter: o livro de Thackeray sobre o coronel, vocábulos franceses e comparar o Mississipi com o Missouri.

Por hoje chega.

Sua Anne.

SEXTA-FEIRA, 28 DE ABRIL DE 1944

Querida Kitty,

Eu nunca esqueci meu sonho com o Peter Wessel. Ainda hoje, ao lembrar, sinto o rosto do Peter contra o meu e a sensação que tanto me maravilhou. Com o Peter daqui tive a mesma sensação, sim, mas nunca tão forte até... ontem, ao anoitecer, quando estávamos, como de costume, abraçados no sofá. De repente a Anne de todos os dias transformou-se numa outra Anne, naquela que não é divertida nem travessa, mas que quer ser terna e afável.

Estava muito perto dele, e a emoção tomou conta de mim. As lágrimas vieram-me aos olhos, caíram-me pelo rosto e molharam a camisa dele.

Será que ele notou? Nem o mais leve movimento o traiu. Será que ele sente o mesmo que eu? Ele quase não disse uma palavra. Será que ele percebeu que tinha duas Annes diferentes com ele? Muitas perguntas sem resposta!

Às oito e meia fui à janela onde costumamos nos despedir. Eu tremia, ainda era a Anne número dois. Ele foi falar comigo, eu pus os braços no pescoço e beijei-lhe a face esquerda. Quando lhe quis beijar a outra, as nossas bocas se encontraram. Zonzos, nos apertamos um contra o outro, uma vez e outra vez, para nunca mais acabar!

Peter precisa de carinho. Pela primeira vez na vida descobriu uma garota e, pela primeira vez, compreendeu que essas chatas têm também um coração e que são muito diferentes quando se está sozinho com elas. Pela primeira vez na vida fez amizade e se entregou a alguém. Nunca antes tinha tido um amigo ou uma amiga. Agora nos encontramos. Eu também não o conhecia, nunca tinha tido um confidente, e agora tudo isso se realizou.

Mas uma pergunta me tortura:

– Isso está certo? Estou agindo certo ao ser tão liberal, tão apaixonada, tão impulsiva e cheia de desejos, tal como o Peter? Está certo que uma garota não consiga se controlar? Só há uma resposta: sentia dentro de mim profunda ânsia, sentia-me só, e agora encontrei apoio e alegria.

Na parte da manhã o Peter e eu somos as pessoas de sempre, e também durante o dia. Mas ao anoitecer não podemos conter o desejo, a felicidade e a alegria de nos encontrarmos. Então somos um do outro. Todas as noites, depois do último beijo, eu queria fugir, desaparecer, não ver mais aqueles olhos, estar longe, longe, longe, totalmente só na escuridão!

Mas o que me espera depois de ter descido os 14 degraus? A luz brilhante da sala, entre vozes e risos. Faço de tudo para que ninguém note em mim qualquer coisa. O meu coração ainda está impressionado demais para esquecer um acontecimento como o de ontem à noite. A meiguice e a brandura talvez sejam qualidades raras na Anne, mas, mesmo assim, não se deixam afugentar de um instante para o outro. O Peter atingiu-me como nunca nada me atingiu, a não ser o meu sonho. O Peter revolveu o meu íntimo, chamou-o à superfície. E não é normal que qualquer pessoa no meu caso precise reencontrar o sossego para tranquilizar de novo o seu íntimo? "Ah, Peter, o que fez comigo!?", "O que quer de mim?", "Aonde vamos parar?" Só agora compreendo a Elli. Agora que vivo essas coisas, compreendo as dúvidas dela. Se ele fosse mais velho e quisesse se casar comigo, o que responderia? Seja franca, Anne! Não seria capaz de se casar com ele, mas também não teria coragem de largar! O caráter do Peter ainda não alcançou a harmonia interior. O Peter tem pouca energia, pouca força de vontade e pouca força moral. Ainda é uma criança, intimamente não tem mais idade do que eu; o que ele procura, antes de mais nada, é a calma e a felicidade.

E eu? Tenho, de fato, só 14 anos? Não passo de uma garotinha estúpida? Não tenho ainda experiência nenhuma? Tenho experiência, sim senhora, tenho mais experiência do que os outros, porque vivi coisas que pouca gente da minha idade viveu. Tenho medo de mim mesma, tenho medo de que o meu desejo me arrebate, e então o que será de mim mais tarde, quando conviver com outros garotos? Ah, como tudo isso é difícil! Sempre a luta entre o coração e o juízo. Cada um deles fala no momento certo, mas como vou saber quais são os momentos certos?

Sua Anne.

TERÇA-FEIRA, 2 DE MAIO DE 1944

Querida Kitty,

Perguntei ao Peter se ele achava que eu deveria dizer ao papai o que se passa entre nós. Depois de refletir um pouco, ele achou que sim. Estou contente por isso, pois prova a pureza dos seus sentimentos. Logo depois de eu ter descido, fui buscar água com o papai, e já na escada falei para ele:

– Papai, você deve saber que o Peter e eu, quando estamos juntos, não ficamos sentados a um metro de distância um do outro. Você acha ruim?

Ele não me respondeu imediatamente. Depois disse:

– Não, não acho ruim, Anne, mas aqui, onde o espaço é tão restrito, você deve ter mais cuidado...

Disse mais algumas coisas no mesmo sentido e depois subimos. No domingo de manhã me chamou para dizer:

– Anne, pensei naquilo que me disse (comecei a ter medo). Pensando bem, isso não fica bem aqui no Anexo! Achei que vocês fossem só bons amigos. O Peter está apaixonado por você?

– Não, não é isso... – disse eu.

– Sabe, Anne, eu compreendo vocês muito bem, mas acho que você deve manter um pouco de distância, não deve encorajá-lo demais. Não devia ir tantas vezes lá em cima. Nestas coisas o homem é a parte ativa... A mulher deve procurar contê-lo. Lá fora, quando estamos em liberdade, todas estas coisas são diferentes. Você pode conviver com outros garotos e outras garotas, pode passear, praticar esporte e outras coisas do gênero. Mas aqui, sempre juntos, se um dia não der certo, tudo se tornará complicado. Vocês se veem a cada passo, praticamente a todos os momentos. Seja prudente, Anne, e não se apegue tanto. Não o leve tão a sério.

– Não estou me apegando demais, papai, e o Peter é correto, é muito bom garoto.

– Sim, é um bom garoto, mas não tem um caráter formado e ainda pode se deixar influenciar para o bem ou para o mal...

Ainda conversamos um pouco e depois combinamos que o papai fosse falar com ele também. No domingo à tarde, quando eu estava lá em cima, o Peter perguntou:

– Então, falou com seu pai, Anne?

– Falei, vou lhe contar tudo. Ele não acha ruim nós dois estarmos tão juntos um do outro, mas pensa que isso pode dar problemas.

– Já combinamos que nunca iremos nos desentender e estou decidido a cumprir.

– Eu também, Peter, mas o papai tinha imaginado que éramos apenas bons amigos. Acha que não podemos mais ser bons amigos?

– Por que não? Que acha?

– Parece que podemos. Eu disse ao papai que confio em você. E é verdade, Peter. Tenho tanta confiança em você como no papai e penso que você merece, não é verdade?

– Espero que sim.

Ele ficou vermelho e se atrapalhou todo.

– Acredito em você, Peter, creio que tem um bom caráter e que fará sucesso na vida.

Falamos ainda de várias coisas, e eu disse depois:

– Quando sair daqui, já sei que não vai ligar para mim.

Ele disse, exaltado:

– Não diga isso, Anne! Ah, não! Você não tem o direito de me julgar assim.

Depois, me chamaram.

Na segunda-feira, Peter me contou que o papai conversou com ele.

– Seu pai pensa que a nossa amizade pode acabar em namoro, e eu respondi que ele pode confiar em nós.

O papai não quer que eu vá tantas vezes lá para cima, mas não estou de acordo. Não só porque gosto de estar com o Peter, mas também porque disse que tenho confiança nele. E, já que tenho essa confiança, quero provar. E eu não teria essa prova se manifestasse desconfiança, ficando aqui embaixo. Eu vou, sim!

Nesse meio-tempo, o drama Dussel acabou. No sábado, ao jantar, ele pediu desculpas num discurso bem estudado, em holandês. O senhor Van Daan ficou logo derretido. Acho que o Dussel levou o dia inteiro ensaiando a aula. O aniversário dele, no domingo, aconteceu tranquilamente. Nós, os Frank, demos uma garrafa de vinho de 1919, os Van Daan (que já estavam agora de bem com ele e podiam dar presentes) deram um vidro de picles e um maço de lâminas de barbear, o Kraler veio com um frasco de xarope de limão, a Miep com um livro e a Elli com uma planta. E ele nos retribuiu com um ovo para cada um.

Sua Anne.

QUARTA-FEIRA, 3 DE MAIO DE 1944

Querida Kitty,

A política está em férias, não aconteceu nada, absolutamente nada. Pouco a pouco começo a acreditar que a invasão será logo. Impossível deixarem que os russos façam o serviço sozinhos. Aliás, da Rússia também não há novidades.

O senhor Koophuis vem, de novo, todos os dias ao escritório. Arranjou uma mola nova para o sofá do Peter e agora, apesar de não ter muito jeito, se faz passar por estofador. Também arranjou um pó contra as pulgas dos gatos. Já contei que o Boche foi embora? Desde quinta-feira desapareceu sem deixar vestígios. Deve estar no céu dos gatos, pois provavelmente algum "amigo dos animais" deliciou-se com ele no almoço. Pode ser que alguma menina esteja usando uma touquinha feita com pele dele. O Peter está desolado.

Lanchamos às onze e meia desde sábado. No café da manhã temos de aguentar só com um mingau. Assim economizamos uma refeição. Ainda é difícil conseguir verduras. Hoje tivemos alface cozida que já estava bem passada do ponto. Sempre alface, ou crua ou cozida, e batatas podres. Uma combinação deliciosa!

Não ficava menstruada há mais de dois meses. Finalmente, no sábado ela apareceu. Apesar de todas as contrariedades e do mal-estar, estou feliz.

Talvez você não compreenda que aqui surja tantas vezes a pergunta desesperada: por que e para que é esta guerra? Por que é que os homens não podem viver em paz? Para que tantas destruições? Essas perguntas são legítimas, mas até agora ninguém soube encontrar uma resposta satisfatória. Por que é que na Inglaterra se constroem aviões cada vez maiores, bombas cada vez mais pesadas e, ao mesmo tempo, se reconstroem tantas casas?

Por que é que se gastam todos os dias milhões para a guerra, se não há dinheiro para a Medicina, para os artistas e para os pobres? Por que é que há homens passando fome se, em outros continentes, apodrecem alimentos? Por que é que os homens são tão insensatos?

Não acredito que a culpa da guerra seja só dos governantes e dos capitalistas. Não, o homem comum também tem a sua culpa, pois não se revolta. O homem nasce com o instinto da destruição, do massacre, da fúria, e, enquanto toda a humanidade não sofrer uma metamorfose total, haverá sempre guerras. O que se construiu e cultivou e o que cresceu será destruído, e à humanidade só resta recomeçar.

Fico muitas vezes abatida, más nunca me senti arrasada. Considero a nossa vida no esconderijo uma aventura perigosa que é, ao mesmo tempo, romântica e interessante. Sempre quis ter uma vida diferente da das outras garotas. Também não me agrada ter no futuro a vida comum das donas de casa. O que estou vivendo aqui é um bom começo de uma vida interessante e, mesmo nos momentos mais perigosos, vejo o lado cômico da situação e não posso deixar de rir. Sou jovem e com certeza ainda há em mim boas qualidades por despertar; sou jovem e forte e vivo conscientemente esta grande aventura. Por que vou me lamentar todo o dia? A natureza me deu muito: alegria e força. Cada vez mais sinto como estou amadurecendo, sinto que a libertação está se aproximando, sinto como é bela a natureza e como é boa a gente que me rodeia. Por que vou me desesperar?

Sua Anne.

SEXTA-FEIRA, 5 DE MAIO DE 1944

Querida Kitty,

Papai está chateado comigo. Pensava que eu, depois da nossa conversa no domingo, não fosse todas as noites lá para cima. Não concorda com nosso "agarramento". Detesto esta palavra. Ainda hoje voltarei a falar com o papai. A Margot me deu alguns bons conselhos. Veja mais ou menos o que pretendo falar para ele:

Papai, parece que você quer uma explicação, então vou dar. É possível que esteja desapontado comigo porque me julgava menos impulsiva. Com certeza queria que eu fosse como as outras garotas de 14 anos, ou melhor, como elas deveriam ser. Mas você se enganou! Desde que viemos parar aqui, em julho de 1942, até há poucas semanas, a minha vida não tem sido fácil. Se você soubesse quantas vezes chorei à noite, como era infeliz, como me sentia só, então compreenderia melhor por que é que quero estar lá em cima. Não foi de um dia para o outro que consegui chegar a viver sem o apoio da mamãe, ou seja, de quem for. Custou duras lutas e muitas lágrimas ter me tornado tão independente como agora sou. Pode rir, talvez você não acredite, mas as coisas são como são. Tenho a consciência de ser uma pessoa que sabe responder por si. Digo isso para que você não pense que tenho segredos, porque, de resto, só devo prestar contas a mim mesma!

Quando eu me debatia com tantas dificuldades, vocês fecharam os olhos e os ouvidos. Ninguém me ajudou, pelo contrário, só me advertiam para eu não fazer tanto alarido. Eu era barulhenta porque não queria ser infeliz, eu era travessa porque queria abafar a voz que há dentro de mim. Representei uma comédia, durante um ano e meio, dia após dia, sem me queixar, sem perder a linha; lutei até agora e venci. Sou independente de corpo e de espírito, não preciso da mamãe, saí fortalecida de todas as lutas.

E, agora que terminou, agora que me impus, vou continuar sozinha o meu caminho, o caminho que me parece ser o melhor. Você não pode nem deve me considerar uma garota de 14 anos. A nossa tragédia me amadureceu, e vou agir como achar melhor. Você, que é a bondade em pessoa, não pode me impedir de ir lá para cima. Ou me proíbe tudo ou tem de ter confiança em mim em todas as circunstâncias.

Só peço uma coisa: me deixe em paz!

Sua Anne.

SÁBADO, 6 DE MAIO DE 1944

Querida Kitty,

Enfiei a carta no bolso do papai ontem, antes do jantar. Escrevi o que contei para você. Depois de ler, ele ficou perturbado o resto da noite.

Foi a Margot quem me contou, eu estava lavando a louça. Coitado do Pim, eu deveria saber o resultado de uma carta dessas. Ele é tão sensível! Avisei logo o Peter para não perguntar mais nada. O Pim não voltou a falar comigo sobre o assunto. Será que vai falar?

As novidades que nos vão dando sobre as pessoas lá de fora e sobre os preços são quase inacreditáveis: 250 gramas de chá custam 350 florins; meio quilo de café, 80 florins; meio quilo de manteiga, 35; um ovo, 45. Por 100 gramas de tabaco búlgaro pagam 14 florins.

Todos fazem negócios no mercado negro. Todos os garotos têm qualquer coisa para vender. O menino de recados da nossa padaria arranja linha de costura. Bem pouca e muito fininha, por 90 centavos. É o leiteiro quem arranja os falsos cartões de mantimentos, e o coveiro vende queijos. Todos os dias se registram assaltos, assassinatos e roubos em que, além dos criminosos profissionais, estão muitas vezes envolvidos policiais. Todos querem arranjar alguma coisa para acalmar o estômago, e, como o aumento dos salários é proibido, as pessoas recorrem a algum tipo de esquema.

Não tem nem um dia sem que desapareçam garotas de 15, 16, 17 anos ou mais.

Sua Anne.

DOMINGO DE MANHÃ, 7 DE MAIO DE 1944

Querida Kitty,

Tive uma longa conversa com o papai ontem à tarde. Chorei terrivelmente e ele chorou comigo. Sabe o que ele me disse?

– Já recebi muitas cartas na minha vida, mas esta foi a pior de todas! Você, Anne, a quem os pais dedicaram tanto amor, sempre prontos a defendê-la fosse do que fosse, pretende não nos dar satisfação? Se acha colocada de lado e abandonada? Você foi muito injusta conosco, Anne. Talvez não quisesse dizer bem isso, mas escreveu. Não, Anne, nós não merecemos essa acusação.

Ah, sim, fui injusta. Nunca fiz algo tão horrível em toda a minha vida! Só queria me exibir com todo aquele palavreado e, com todas as minhas lágrimas, só queria chamar a atenção do papai sobre mim. É certo que sofri. Mas culpar o Pim, que é bom, que tudo tem feito por mim e continua a fazer, foi ignorância da minha parte.

Ainda bem que ele me tirou da minha torre de marfim, que o meu orgulho ficou derrotado, pois eu já estava, de novo, sendo muito presunçosa. Porque nem tudo o que faz a Anne é bom, nem de longe!

Causar tanta mágoa a uma pessoa a quem se diz amar, e ainda por cima intencionalmente, é um ato baixo, muito baixo! E o que mais me envergonha é a maneira como o papai me perdoou. Disse que vai queimar a carta e é tão meigo comigo como se tivesse sido ele quem se portou mal. Ah, Anne, você ainda tem que aprender tanta coisa! Será melhor começar já a aprender, em vez de olhar de cima para os outros ou de os culpar!

Vivi momentos difíceis. Mas não acontece com todo mundo da minha idade? Representei muitas vezes uma comédia, mas nem sequer tive consciência disso. Sentia-me só, é verdade, mas nunca verdadeiramente desesperada.

Devo ter, e tenho, muita vergonha!

O que está feito está feito, mas é sempre tempo de evitar que a mesma coisa aconteça de novo. Vou começar pelo princípio, e isso não deve ser difícil, porque tenho o Peter. Se ele me ajudar, serei capaz! Já não estou só, ele me ama e eu a ele; tenho os meus livros, as histórias que escrevi, o meu diário; não sou feia de todo, não sou estúpida; tenho um jeito alegre e quero muito ter um bom caráter!

Sim, Anne, você bem sabia que a sua carta era dura demais e que não correspondia à verdade, mas, apesar disso, se sentiu orgulhosa dela. De agora em diante o papai vai ser para mim outra vez o exemplo a seguir, e vou me corrigir.

Sua Anne.

SEGUNDA-FEIRA, 8 DE MAIO DE 1944

Querida Kitty,

Acho que nunca contei a você nada da nossa família, não é? Mas vou contar agora mesmo.

Os pais do meu pai eram muito ricos. O vovô venceu pelo seu esforço, e a vovó descendia de uma família rica e distinta. Assim, meu papai teve uma adolescência de "filhinho de papai": saraus elegantes, todas as semanas, festas, bailes, garotas bonitas, jantares, uma casa grande..., mas, depois da outra guerra mundial e da inflação, perderam todo o dinheiro. O papai teve, portanto, uma boa educação e, por isso, riu muito ontem à mesa, porque, pela primeira vez numa vida de 55 anos, raspou uma travessa.

Também a mamãe é filha de gente rica e escutamos histórias incríveis de quando ela nos conta sobre festas de casamento com 250 convidados, grandes bailes e grandes jantares. Não somos ricos, nem de longe, mas tenho boas esperanças de que as coisas se modifiquem depois da guerra. Para ser franca, não me interessa muito uma vida tão simples como a que a mamãe e a Margot ambicionam. Eu, por mim, queria passar um ano em Paris e outro em Londres para poder estudar as diferentes línguas e também História da Arte. Agora compare os meus desejos com os da Margot, que quer ser enfermeira-parteira na Palestina. Gosto de imaginar vestidos bonitos e gente interessante, quero ver e viver muitas coisas, já falei disso, e um pouco de dinheiro vai me ajudar.

Hoje de manhã a Miep nos contou de uma festa de noivado para a qual foi convidada. A noiva e o noivo são de famílias ricas, e tudo estava maravilhoso.

A Miep causou-nos inveja quando falou da boa comida que serviram: sopa de legumes com bolinhas de carne, pãezinhos de queijo, canapés com ovos, rosbife, bolos, vinho e cigarros, e tudo em abundância, claro, arranjado no mercado negro. Só a Miep bebeu dez drinques (nada mau para quem defende beber com moderação). Se a Miep chegou a isso, imagino o marido. Claro que todos devem ter ficado um pouco altos. Entre os convidados havia dois policiais militares que fotografaram os noivos. Parece que a Miep nunca se esquece dos seus refugiados. Anotou os nomes e os endereços desses homens para o caso de acontecer alguma coisa e ela ter de recorrer aos bons holandeses. Deu água na boca ouvir sobre comidas deliciosas, nós que só comemos algumas colheres de mingau de manhã e depois não sabemos durante horas o que fazer com nossa fome, que comemos todos os dias espinafres malcozidos (por causa das vitaminas) e batatas meio estragadas, que enchemos o estômago com alface, crua ou cozida, com espinafres e outra vez espinafres. Talvez ainda fiquemos tão fortes como o Popeye, mas por enquanto não vejo indícios disso.

Se a Miep nos tivesse levado àquela festa, não teríamos deixado ficar nada para os outros convidados. Comíamos as palavras da Miep enquanto nos agrupávamos à volta dela, e aquilo dava a impressão de que nunca tínhamos ouvido falar de boa comida e de gente elegante. Sendo nós netos de milionários, não há dúvida de que acontecem coisas estranhas neste mundo!

Sua Anne.

TERÇA-FEIRA, 9 DE MAIO DE 1944

Querida Kitty,

Acabei de escrever a história *Ellen, a Fada*. Passei-a a limpo em um papel bonito, enfeitei com tinta vermelha e costurei as páginas. Ficou bem bonito, mas não acha pouco para o aniversário do papai? Não sei bem. A mamãe e a Margot fizeram poemas.

Hoje, na hora do almoço, o senhor Kraler nos trouxe a notícia de que a senhora Brooks, que, há tempos, foi propagandista da empresa, quer vir passar, a partir da semana que vem, a sua hora de almoço no escritório. Imagina: se ela fizer isso, ninguém poderá subir, as batatas têm de ser entregues em uma outra hora, a Elli não poderá comer aqui, nós não poderemos ir ao banheiro nem nos movimentarmos, etc., etc.

Estivemos todos inventando pretextos para fazê-la desistir. O senhor Van Daan disse que talvez bastasse lhe dar um purgante no café.

– Não – disse o senhor Koophuis –, isso não, por favor. Então ela nunca mais sairá do "trono". Todos riram muito.

– Do "trono"? – perguntou a senhora Van Daan. – O que quer dizer?

Explicamos, e ela falou, toda inocente:

– É assim que se diz?

– Agora, imagine você – cochichou a Elli, rindo – se ela for aos armazéns Bijenkorf e perguntar onde fica o trono!

O Dussel está todos os dias, pontualmente ao meio-dia e meia, no "trono" – para usar a linda expressão. Enchi-me de coragem e escrevi hoje num pedaço de papel.

Horário do senhor Dussel no banheiro

Manhã – das 7:15 às 7h30

Tarde – depois das 13h

Colei o papel na porta do banheiro enquanto ele estava lá dentro. Ainda devia ter acrescentado: "Em caso de infração, haverá bloqueio", pois a porta do banheiro tanto pode fechar-se por dentro como por fora.

Ai, Kitty, o tempo está tão bonito. Quem me dera poder sair!

Sua Anne.

QUARTA-FEIRA, 10 DE MAIO DE 1944

Querida Kitty,

Quando estávamos no sótão estudando Francês, pareceu que, de repente, ouvi barulho de água. Perguntei ao Peter o que seria aquilo, mas ele, em vez de responder, correu imediatamente para o telhado, pois já adivinhava a causa do desastre. Pegou o Mouschi e levou-o sem piedade ao lugar próprio. O Mouschi fugiu para baixo. O gato tinha escolhido um lugar no meio da serragem, mas o xixi passou pelas tábuas e pingou, quase todo, no barril das batatas. As batatas e a serragem cheiravam terrivelmente mal.

Coitado do Mouschi. Não sabia que anda difícil arrumar areia para a sua caixa!

Sua Anne.

P.S.: A nossa amada rainha falou ao povo ontem e hoje à noite. Está de férias, fortalecendo-se para retornar à Holanda. Usou palavras como "logo, quando voltar", "breve libertação", "heroísmo", "pesados encargos". Depois, Gerbrandy fez um discurso. Para terminar, um religioso fez uma oração pedindo a Deus que olhasse pelos judeus, pelos que estavam nos campos de concentração, nas prisões e na Alemanha.

QUINTA-FEIRA, 11 DE MAIO DE 1944

Querida Kitty,

Veja que engraçado. O Peter precisava cortar o cabelo. A sua mãe, como de costume, quis dar uma de cabeleireira. O Peter desapareceu no seu quarto e às sete e meia em ponto voltou de calção de banho e tênis.

– Você vem? – perguntou à mãe.

– Vou, mas estou procurando a tesoura.

O Peter ajudou-a a procurar, mas remexeu demais na gaveta de cosméticos da senhora Van Daan.

– Não bagunce tudo! – censurou ela.

Não percebi o que é que ele respondeu, mas deve ter sido coisa malcriada, porque ela deu-lhe uma palmada no traseiro; ele devolveu na mesma moeda e, quando ela se preparava para lhe dar outra, ele fugiu, dando gargalhadas.

– Vem, garota! – gritou.

Ela ficou onde estava. Então o Peter agarrou-lhe nos punhos e arrastou-a pelo quarto afora. Ela chorava, ria, brigava e tentou defender-se. Mas não adiantou nada. Ele arrastou-a até a escada, onde a soltou. A senhora Van Daan voltou ao quarto e, suspirando alto, deixou-se cair numa cadeira.

– O rapto da mamãe! – disse eu rindo.

– Mas ele me machucou!

Fui ver os pulsos, que estavam vermelhos e quentes, e refresquei com água. O Peter, à espera dela na escada, ficou impaciente. Com um cinto na mão, como um domador de feras, apareceu à porta. Mas a senhora Van Daan não se moveu, ficou sentada à escrivaninha. E começou a procurar o lenço. Depois disse:

– Primeiro você tem de pedir desculpa.

– Está bem, peço desculpa, senão vamos ficar nisso até meia-noite.

Ela riu contra a vontade, se levantou e foi até a porta. Mas ainda achou necessário dar-nos uma explicação, ao meu pai, à minha irmã e a mim, que estávamos lavando a louça.

– Ele não era assim em casa. Eu teria lhe dado uma surra de cinto que o jogaria escada abaixo(!). Ele não costumava ser assim tão malcriado. Esta não é a primeira vez que ele merece um castigo, estou sofrendo as consequências da educação moderna. Ai, filhos modernos! Eu jamais teria coragem de tratar minha mãe assim! Senhor Frank, o senhor tratava a sua mãe assim?

Ela estava agitada, correndo de um lado para o outro; fez ainda algumas perguntas e só depois de ter demorado muito tempo é que foi com o filho para cima. Mas passados cinco minutos voltou correndo, toda zangada, tirou o avental e jogou no chão. Perguntei a ela se já tinha terminado o serviço. Respondeu-me que precisava ir depressa lá para baixo. Como um furacão, desceu a escada, imagino que para se deixar cair nos braços do seu Putti. Só às oito voltou com ele. Foram buscar o Peter, que teve de ouvir um grande sermão. Choviam palavras como "garoto malcriado", "grosseirão", "mau exemplo", "olha a Anne...", "a Margot é que...". Não consegui ouvir mais nada.

Amanhã nem falam mais no assunto.

Sua Anne.

SEXTA-FEIRA, 12 DE MAIO DE 1944

Querida Kitty,

Estou tão ocupada neste momento que o tempo não é suficiente para concluir meus estudos. Quer saber o que ainda tenho para fazer? Aí vai: até amanhã preciso acabar a leitura da primeira parte da biografia de Galileu, pois o livro tem de ser entregue na biblioteca. Comecei ontem, mas vou ler tudo. Na próxima semana quero ler: *Palestina, uma Encruzilhada* e o segundo volume do Galileu. Ontem acabei a primeira parte da biografia do Carlos V e agora é urgente atualizar minhas anotações e as datas genealógicas. Tirei, de vários livros, três páginas cheias de palavras estrangeiras que quero decorar.

A minha coleção de estrelas de cinema está numa desordem aflitiva e tem de ser arrumada. Mas só isso me levaria alguns dias, e, como "professora Anne", conforme já foi dito, está sufocada de trabalho, o caos daquela coleção tem de ser fatalmente abandonado à sua sorte por mais algum tempo.

Teseu, Édipo, Peleu, Orfeu, Jasão e Hércules estão à minha espera. Os seus feitos históricos confundem-se ainda na minha cabeça como uma trama de fios embaralhados e multicoloridos. Também Byron e Fídias precisam ser estudados para eu não perder a ligação. O mesmo acontece com a Guerra dos Sete Anos e a Guerra dos Nove anos. Ando confundindo tudo. Mas o que fazer quando se tem uma memória tão ruim como a minha? E imagine como serei aos 80 anos! É verdade: ia me esquecendo da Bíblia. Espero não demorar muito para chegar à história do banho de Susana. E o que querem dizer com os crimes de Sodoma e Gomorra? Ai, tanta coisa para perguntar, tanta coisa por aprender! A Liselotte von der Pfalz até abandonei por completo.

Vê, Kitty, como estou quase explodindo?

E agora outra coisa: você já sabe há muito que o meu maior desejo é vir a ser jornalista e, mais tarde, escritora famosa. Será que eu vou conseguir realizar essa minha ambição? Ou será tudo isso uma mania de grandeza ou até uma loucura? Só o futuro dirá. Mas assuntos não me faltam. Vou publicar um livro depois da guerra: *O Anexo*. Se serei ou não bem-sucedida, não se pode prever, mas o meu diário servirá de base. Além da história do Anexo, tenho outras ideias. Vou falar delas mais longamente quando tiverem tomado forma.

Sua Anne.

SÁBADO, 13 DE MAIO DE 1944

Querida Kitty,

Ontem, o aniversário do papai coincidiu com os seus dezenove anos de casado. A faxineira não apareceu lá embaixo no escritório, e o Sol brilhava como ainda não tinha brilhado neste ano. O castanheiro está coberto de flores e ainda mais bonito do que no ano passado.

O Koophuis deu ao papai a biografia de Lineu, o Kraler, um livro sobre história natural, e o Dussel, *Os Canais de Amsterdã* ; os Van Daan deram um cesto tão maravilhosamente enfeitado que nem um artista faria melhor, contendo três ovos, uma garrafa de cerveja, um pote de iogurte e uma gravata verde. O nosso pote de geleia quase desaparecia ao lado daquilo. As rosas que lhe ofereci cheiravam muito bem, mas os cravos da Miep e da Elli não têm cheiro nenhum, embora sejam lindíssimos. O papai não pode se queixar. Vieram 50 pastéis, que coisa maravilhosa!

O papai, por sua vez, ofereceu um bolo, cerveja aos homens e iogurte para as mulheres. Foi uma festa ótima!

Sua Anne.

TERÇA-FEIRA, 16 DE MAIO DE 1944

Querida Kitty,

Não tenho falado neste assunto há um bom tempo, por isso vou reproduzir hoje uma discussão que tiveram ontem o senhor e a senhora Van Daan.

A senhora Van Daan:

– Os alemães devem ter reforçado a Muralha do Atlântico. Com certeza farão tudo o que puderem para impedir que os ingleses desembarquem. É espantoso que os alemães tenham tanta força.

O senhor Van Daan:

– É verdade, é horrível.

Ela:

– Sim... sim!

Ele:

– No fim, os alemães ainda ganham a guerra. São tão fortes!

Ela:

– Provavelmente. Ainda não me convenci do contrário.

Ele:

– É melhor eu não dizer mais nada.

Ela:

– Mas você me responde sempre. Não consegue ficar calado.

Ele:

– Afinal, as minhas respostas não significam nada.

Ela:

– Mas mesmo assim você quer responder e quer ter sempre razão. As suas profecias estão longe de dar certo.

Ele:

– Até agora nunca me enganei.

Ela:

– É mentira. Previu a invasão para o ano passado, nos seus cálculos a Finlândia já devia ter assinado a paz, a Itália teria ficado liquidada no inverno, e os russos já teriam tomado Lemberg. Ah! Não, eu não dou a mínima para as suas profecias.

Ele (levanta-se):

– Silêncio! Você sabe que tenho sempre razão, ao passo que você diz tanta bobagem que não aguento mais. Eu devia era fazer você engolir as próprias palavras.

Cai o pano.

P.S.: Tive vontade de rir, e a mamãe também. O Peter quase não conseguiu conter uma gargalhada. Ah, estes adultos bobos. Deviam começar a aprender as coisas em vez de ficar criticando constantemente os jovens!

Sua Anne.

SEXTA-FEIRA, 19 DE MAIO DE 1944

Querida Kitty,

Tive dores de barriga e todos os males imagináveis. Ontem me senti horrivelmente mal. Hoje já estou melhor. Tenho fome, mas não posso comer os feijões escuros. Com o Peter tudo vai bem; o coitado ainda precisa mais de carinho do que eu. Continua a ficar vermelho todas as vezes que nos despedimos com um beijo de boa-noite e depois me pede mais outro. Serei para ele uma substituta melhorada do Boche? Mas não faz mal. Ele se sente tão feliz por ter a certeza de que alguém o ama!

Depois desta conquista difícil, domino mais a situação, porém não pense que por isso o meu amor enfraqueceu. Não enfraqueceu; o meu íntimo é que voltou a se fechar. Se ele quiser forçar a fechadura outra vez, precisará de um pé de cabra!

Sua Anne.

SÁBADO, 20 DE MAIO DE 1944

Querida Kitty,

Ontem, à noite, quando descia do quarto do Peter, vi o vaso de cravos no chão, a mamãe de joelhos limpando a água e a Margot pescando os meus papéis.

– O que aconteceu? – perguntei apreensiva, procurando alcançar com os olhos todos os estragos.

Tudo nadando: as minhas pastas das árvores genealógicas, os cadernos, os livros. Eu estava quase chorando. Fiquei tão impressionada que nem consigo lembrar-me do que falei.

A Margot me contou depois que eu disse palavras como "danos incalculáveis, horrível, medonho, irreparável".

O papai deu uma gargalhada, a mamãe e a Margot também, mas eu só conseguia chorar por causa do tempo perdido que tinha dedicado às minhas anotações tão cuidadosamente elaboradas. Mas, vendo bem as coisas, os danos "incalculáveis" não eram assim tão grandes e, sentada no chão, separei com cautela os papeizinhos colados uns aos outros e, depois, pendurei-os no varal de roupas.

Aquilo era um espetáculo engraçado e me deu muita vontade de rir: Maria de Médici ao lado de Carlos V e Guilherme de Orange ao lado de Maria Antonieta.

– Isto é uma profanação! – gracejou o senhor Van Daan.

Pedi ao Peter que tomasse conta da minha papelada e desci.

– Quais livros ficaram estragados? – perguntei à Margot, que estava examinando o meu tesouro de livros.

– O de Álgebra – respondeu ela.

Mas infelizmente o livro de Álgebra não estava totalmente estragado. Quem me dera que ele tivesse caído mesmo dentro da jarra. Nunca tive tanta antipatia por um livro. Logo ao abri-lo, lemos os nomes de umas 20 pessoas que já estudaram por ele; é um livro velho, amarelado, cheio de rabiscos e de correções. Quando tiver um dos meus dias de irritação, vou rasgar aquela droga em mil pedaços.

Sua Anne.

SEGUNDA-FEIRA, 22 DE MAIO DE 1944

Querida Kitty,

No dia 20 de maio, o papai perdeu cinco potes de iogurte em uma aposta com a senhora Van Daan. A invasão, de fato, ainda não veio. Não é exagero se eu disser a você que, em toda a cidade de Amsterdã, toda a Holanda, mais toda a costa ocidental da Europa até a Espanha, só se fala e discute, dia e noite, sobre a invasão. Tudo aposta... tudo tem esperança.

A tensão aumenta e está ficando insuportável. Afinal, nem todas as pessoas que julgávamos bons holandeses mantêm a sua confiança nos ingleses. Os homens querem ver grandes façanhas, atos heroicos. Ninguém consegue ver um palmo diante do nariz, ninguém quer se lembrar de que os ingleses defendem a sua própria terra, todos julgam que eles têm obrigação de salvar, o mais depressa possível, a Holanda. Mas quais são as obrigações dos ingleses para conosco? Que fizeram os holandeses para merecer um auxílio tão nobre, como esperam com tanta certeza? Os holandeses que não se admirem se estiverem enganados.

No fim, os ingleses não têm feito mais má figura do que todos os outros países e países vizinhos que estão agora ocupados. Os ingleses não precisam se desculpar quando os acusamos de terem dormido no ponto durante todos aqueles anos em que os alemães se armaram, pois os outros países, em especial os que estão mais próximos da fronteira alemã, também estiveram dormindo.

Não adianta nada fazer como a avestruz, isto já o reconheceram os ingleses e o resto do mundo. É por isso que os aliados, todos juntos e cada um por si, e a Inglaterra sobretudo, se veem obrigados a fazer pesados sacrifícios. Não há país nenhum que tenha vontade de sacrificar os seus homens só para o bem de outro país, e a Inglaterra não é diferente.

A invasão, a libertação, a liberdade, tudo virá um dia, mas a Inglaterra é que vai fixar as datas, e não os habitantes dos países ocupados. Reina o antissemitismo nos círculos onde antigamente nem se pensava em tal coisa. Isso nos impressionou profundamente.

A causa deste ódio contra os judeus talvez se compreenda e se explique, mas a verdade é que se trata de um equívoco. Os cristãos censuram os judeus e dizem que eles se rebaixam perante os alemães, que denunciam os seus protetores e que muitos cristãos têm, por culpa dos judeus, sofrido terríveis punições. Pode ser que haja alguma verdade, mas, como em todas as coisas, há o reverso da medalha.

O que fariam os cristãos se estivessem no lugar dos judeus? Será fácil a alguém manter-se firme e correto com os métodos usados pelos alemães? Todos sabem que é quase impossível. Então, por que é que se exige o impossível dos judeus? Nos grupos ilegais da resistência corre o boato de que os judeus alemães que haviam emigrado para a Holanda e foram agora deportados para a Polônia nunca mais poderão regressar para cá.

Eles tinham direito a asilo na Holanda, mas, logo que Hitler desaparecer, serão forçados a voltar para a Alemanha. Ao ouvir coisas assim, surge a pergunta: para que se faz esta guerra tão dura e tão longa? Diz-se sempre que lutamos todos juntos pela verdade, pela liberdade e pelos direitos do homem. E afinal a discórdia começa enquanto ainda se luta, e mais uma vez o judeu é inferior aos outros? Ah, como é triste que a velha frase se confirme mais uma vez: "Os atos de um cristão são da sua própria responsabilidade. Mas tudo o que faz qualquer judeu recai sobre todos os judeus!".

Sinceramente, não compreendo que os holandeses, este povo bom, honesto e leal, nos condene assim, a nós que somos o povo mais oprimido, mais infeliz de todos os povos do mundo. Só me resta esperar isto: que o ódio aos judeus seja apenas passageiro e que os holandeses voltem a mostrar-se como são na realidade! Espero que voltem a não vacilar no seu sentido de justiça. Porque o antissemitismo é uma injustiça!

Gosto da Holanda. Esperei sempre que um dia me servisse de pátria, a mim, que já não tenho pátria. E continuo a ter essa esperança!

Sua Anne.

QUINTA-FEIRA, 25 DE MAIO DE 1944

Querida Kitty,

Acontecem coisas desagradáveis todos os dias. Hoje de manhã prenderam o nosso bom verdureiro, que tinha escondido em casa dois judeus. Foi um golpe muito duro para nós, não só por causa daqueles judeus que estão agora à beira do abismo, mas também por causa do coitado do quitandeiro.

O mundo está virado de cabeça para baixo. Pessoas decentes são enviadas para os campos de concentração, para as prisões e para as celas solitárias, enquanto a ralé governa sobre os velhos, os jovens, os ricos e os pobres. Um é apanhado porque se dedicava ao mercado negro, outro porque protegia judeus ou outros escondidos. Ninguém sabe o que o espera amanhã.

Também para nós o verdureiro significa uma perda tremenda. A Miep e a Elli não podem carregar o saco de batatas, e a nossa única saída é comer menos. Como conseguiremos isso, ainda descobriremos, mas digo que não vai ser divertido. A mamãe propõe suprimir o café da manhã e comer mingau no almoço; e à noite, batatas fritas e, talvez, uma ou duas vezes por semana, um pouco de alface e de legumes. Isto quer dizer: passar fome. Mas todas essas privações são preferíveis a sermos descobertos.

Sua Anne.

SEXTA-FEIRA, 26 DE MAIO DE 1944

Querida Kitty,

Agora posso sentar-me tranquilamente à minha mesinha, junto à janela ligeiramente entreaberta, e escrever. Há meses que não me sinto tão triste como hoje, nem depois do assalto estive assim tão infeliz, moral e fisicamente. De um lado, o quitandeiro, o problema dos judeus que está sendo o tema do dia aqui em casa, a invasão que esperamos, a péssima alimentação, tensão nervosa, a má disposição, a minha decepção com o Peter; do outro lado, o pedido de casamento da Elli, Pentecostes, flores, o aniversário do senhor Kraler, bolos, relatórios sobre filmes, cabarés e concertos. Esses contrastes, esses terríveis contrastes. Um dia rimos das situações cômicas que a nossa vida secreta nos traz, no dia seguinte temos medo e, não raras vezes, leem, nos nossos rostos, o receio, a tensão nervosa, o desespero.

A Miep e o Kraler, mais do que quaisquer outros, suportam, por nossa causa, grandes encargos. A Miep por lhe darmos muito trabalho, o Kraler por ter assumido uma responsabilidade colossal que, às vezes, lhe pesa demais e o deixa tão nervoso que quase não consegue dizer uma palavra. O Koophuis e a Elli também se encarregam bem das nossas coisas, muito bem até, mas são capazes de se esquecer, de se abstrair do Anexo, mesmo que seja apenas por umas horas, por um ou dois dias. Eles têm outras preocupações, o Koophuis por causa da sua saúde, a Elli por causa do noivo com quem nem tudo vai às mil maravilhas; e, além disso, tem distrações, visitas e a vida toda que para eles corre de uma maneira normal. Podem libertar-se às vezes dessa tensão que nunca nos abandona. Já estamos aqui há dois anos e por quanto tempo seremos ainda capazes de resistir a esta pressão insuportável que, dia a dia, vai crescendo?

O encanamento está entupido; a água não cai senão gota a gota; só podemos ir ao banheiro munidos de uma escova; guardamos a água suja num panelão. O que é que vai ser se o encanador não vier arrumar os canos? O serviço municipal de higiene só virá a este prédio na outra semana.

A Miep mandou para nós um pão grande com uvas e junto um papel onde se lia: "Feliz Pentecostes". Parece quase uma piada, pois a nossa disposição e o nosso medo são tudo menos "alegres". Estamos cada vez com mais medo desde que aconteceu aquilo ao quitandeiro. De todos os lados se ouve, outra vez, "psiu, psiu", andamos de um lado para o outro sem fazer ruído.

No quitandeiro, a polícia arrombou a porta; aqui, pode fazer o mesmo. E se aqui... não, não quero falar nisto! Mas a pergunta não desaparece facilmente, pelo contrário: aquele medo pelo qual passei uma vez ergue-se de novo na minha frente em toda a sua monstruosidade.

Esta noite, às oito horas, deixei a sala onde estávamos todos reunidos à volta do rádio e desci sozinha ao banheiro. Quis ser corajosa, mas foi difícil. Sinto-me mais segura aqui em cima do que embaixo, onde a casa me parece tão grande e calada e onde estou sozinha com os ruídos misteriosos que vêm de cima e os sons das buzinas que vêm da rua. Começo a tremer, não consigo me demorar e tenho de me esforçar para não pensar na nossa situação.

Eu me pergunto muitas vezes se não teria sido melhor, para todos nós, não termos nos escondido e estarmos mortos sem precisar sofrer toda esta miséria, sobretudo sem termos exposto os nossos protetores a tantos perigos também. Mas, no fundo, não queremos aceitar tal ideia, porque ainda amamos a vida, não nos esquecemos ainda da voz da natureza, ainda esperamos, esperamos que aconteça algo de bom.

Que Deus faça com que aconteça alguma coisa e, se for necessário, que haja grandes bombardeios; nada pode nos desgastar mais do que esta inquietação. Que venha o fim, mesmo que seja duro, mas, ao menos, que fiquemos sabendo se vencemos ou se morremos.

Sua Anne.

QUARTA-FEIRA, 31 DE MAIO DE 1944

Querida Kitty,

Fez tanto calor que não consegui segurar a caneta na mão, no sábado, no domingo, na segunda e na terça, por isso não pude escrever. Na sexta, o encanamento voltou a ficar entupido, e foi arrumado no sábado. À tarde recebemos a visita da senhora Koophuis, que nos contou muitas coisas da Gorrie.

A Gorrie e o Jopie são membros do Jockey Club. No domingo apareceu a Elli para ver se a casa não foi assaltada e ficou para o almoço.

Na segunda-feira (segundo feriado do Pentecostes) o Henk van Santen ficou de guarda no esconderijo e, na terça, pudemos, finalmente, abrir outra vez um pouco as janelas. É raro haver dias tão quentes nos feriados do Pentecostes. Mas para nós, aqui no Anexo, o calor é ruim. Vou dar uma ideia.

Sábado:

– Que tempo maravilhoso! – exclamaram todos logo pela manhã.

– Quem me dera que não houvesse tanto calor! – disseram na hora do almoço, quando as janelas têm de estar fechadas.

Domingo:

– O calor é insuportável. A manteiga derrete. Não há um cantinho fresco em toda a casa, o pão está seco, o leite, estragado, e não podemos abrir as janelas: ai de nós, somos párias e estamos aqui sufocando enquanto os outros festejam o Pentecostes.

Segunda-feira:

– Doem-me tanto os pés, não tenho roupa leve, não posso lavar a louça com um calor destes – assim falou a senhora Van Daan.

Foi horrível. Também não gosto do calor e hoje estou contente por correr um ventinho e por brilhar o sol ao mesmo tempo.

Sua Anne.

SEGUNDA-FEIRA, 5 DE JUNHO DE 1944

Querida Kitty,

Outro acontecimento desagradável: nós, os Frank, brigamos com o Dussel, e por causa de uma coisa sem importância: a distribuição da manteiga. O Dussel foi derrotado. Agora há grande amizade entre ele e a senhora Van Daan, uma espécie de flerte com beijinhos e sorrisos. O Dussel está começando a sentir falta da companhia feminina.

Roma foi tomada pelo Quinto Exército, sem devastações nem bombardeios. Poucas verduras, poucas batatas. Tempo ruim. O estreito de Galais e a costa francesa são constantemente bombardeados.

Sua Anne.

TERÇA-FEIRA, 6 DE JUNHO DE 1944

Querida Kitty,

"Este é o Dia D", disse ao meio-dia a rádio inglesa, e com razão! "Este é o Dia D." Começou a invasão! De manhã, às oito horas, os ingleses noticiaram: bombardeios pesados sobre Calais, Boulogne, Le Havre e Gherbourg e, como de costume, sobre o estreito de Calais.

Mais: medidas de segurança para todos os habitantes das zonas ocupadas. Todos os habitantes de uma zona que abrange até 35 quilômetros da costa devem preparar-se para bombardeios pesados. Se for possível, os ingleses lançarão folhetos com uma hora de antecedência.

Segundo as notícias alemãs, tropas de paraquedistas conseguiram lançar-se na costa francesa. A BBC anuncia: "A marinha alemã combate os barcos ingleses do desembarque".

Discussões no Anexo às nove horas, hora do café da manhã:

– Será isso um desembarque de ensaio como aquele de Dieppe, há dois anos?

Às dez horas, emissão inglesa em alemão, holandês, francês e outras línguas: "Começa a invasão!". Trata-se, portanto, de uma invasão autêntica. Transmissão inglesa às onze horas, em alemão: discurso do comandante-geral, o general Dwight Eisenhower.

Transmissão inglesa em inglês ao meio-dia: "Este é o Dia D".

Transmissão inglesa há uma hora: onze mil aviões voam continuamente de um lado para o outro para desembarcar tropas e lançar bombas atrás das linhas. Quatro mil barcos e outras pequenas embarcações despejam, entre Cherbourg e Le Havre, sem interrupção, tropas e material. Tropas inglesas e americanas estão lutando arduamente. Discursos de Gerbrandy, do primeiro-ministro da Bélgica, do rei Haakon da Noruega, de De Gaulle da França, do rei da Inglaterra, sem esquecer, claro, o de Churchill.

O Anexo está em delírio. Será então verdade que a libertação, há tanto ansiada, a tão discutida libertação, está próxima? Não será isso maravilhoso demais, fantástico demais para se tornar realidade? O ano de 1944 trará, de fato, a vitória? Não sabemos ainda, mas a esperança nos anima, dá nova coragem, nos torna fortes, pois precisamos de coragem para podermos suportar o medo, as privações, o sofrimento; agora, o essencial é conservarmo-nos calmos e firmes. Mais do que nunca, tenho de cerrar os dentes para não gritar. Agora são a França, a Rússia, a Itália e também a Alemanha que podem gritar de tanto sofrer, mas nós ainda não temos esse direito!

Ah! Kitty, o mais maravilhoso disso tudo é que tenho o pressentimento de que amigos estão se aproximando! Os horríveis alemães oprimiram-nos e ameaçaram-nos tanto tempo que apenas pensar, agora, que se aproximam amigos nos restitui a confiança. Agora não se trata só dos judeus. Agora trata-se da Holanda e de toda a Europa. A Margot diz que eu talvez já possa voltar à escola em setembro ou outubro.

Sua Anne.

P.S.: Vou sempre contar para você as últimas novidades.

Durante a noite e logo de manhã cedo, desembarcaram bonecos de palha atrás das linhas alemãs, que explodiram logo que tocaram o chão. Desembarcaram também muitos paraquedistas, que estavam pintados de preto para se confundirem com a escuridão da noite. De manhã desembarcaram dos primeiros navios, depois que a costa foi bombardeada durante a noite com cinco milhões de quilos de bombas. Vinte mil aviões estiveram hoje em ação. Tudo vai bem, embora o tempo esteja ruim. O exército e o povo são uma só vontade e esperança.

Sua Anne.

SEXTA-FEIRA, 9 DE JUNHO DE 1944

Querida Kitty,

Os aliados tomaram Bayeux, uma aldeia na costa francesa, e lutam agora por Calais. Compreende-se bem que querem cercar a península onde fica Cherbourg. Todas as noites os correspondentes de guerra relatam as dificuldades, a coragem e o entusiasmo do exército. Também ouvimos falar dos feridos que tiveram de voltar para a Inglaterra.

Apesar do mau tempo, os aviões sempre levantam voo. Pela BBC ficamos sabendo que Churchill quis tomar parte na invasão, mas que o general Eisenhower e os outros generais o aconselharam a desistir dessa ideia. Imagina a coragem daquele homem, que já tem 70 anos de idade.

Esperamos todos que a guerra acabe finalmente no fim deste ano. E já não será sem tempo! As lamentações da senhora Van Daan estão insuportáveis. Agora que já não nos pode massacrar com a invasão, queixa-se todo o dia do mau tempo. Tenho vontade de enfiá-la num balde de água fria.

Sua Anne.

TERÇA-FEIRA, 13 DE JUNHO DE 1944

Querida Kitty,

Meu aniversário passou mais uma vez. Agora tenho 15 anos. Ganhei muitas coisas: A *História de Arte*, de Springer, em cinco volumes; um jogo de roupas de baixo; dois cintos; um lenço; dois potes de iogurte; um pote de geleia; um bolo; um livro de botânica, do papai e da mamãe. A Margot me deu uma pulseira dupla, os Van Daan, um livro, o Dussel, ervilhas-de-cheiro; a Miep e a Elli, doces e cadernos. E ainda a melhor surpresa: o livro *Maria Teresa* e três fatias de queijo autêntico, do senhor Kraler. Do Peter recebi um belo ramo de begônias. Ele bem que tentou conseguir algo diferente, mas não foi possível.

A invasão continua em pleno progresso, apesar do mau tempo, das ventanias terríveis e das chuvas torrenciais sobre o mar.

Churchill, Smuts, Eisenhower e Arnold visitaram ontem as aldeias francesas que foram conquistadas e libertadas pelos ingleses. Churchill esteve num torpedeiro que bombardeou a costa. Esse homem, como tantos outros, parece não ter medo. Que coisa tão invejável!

Daqui do Anexo não podemos sondar o moral dos holandeses. Sem dúvida as pessoas estão contentes porque a "indolente" Inglaterra resolveu botar a mão na massa.

Todos aqueles holandeses que, embora odiando os alemães, continuam a olhar de cima para os ingleses e a chamar a Inglaterra de covarde, e o seu governo de "regime dos homens velhos", têm de levar uma sacudida com força. Talvez os seus cérebros confusos fiquem com as ideias no lugar.

Sua Anne.

QUARTA-FEIRA, 14 DE JUNHO DE 1944

Querida Kitty,

Acredite, eu não sou tão presunçosa como algumas pessoas julgam. Muitos desejos, muitos pensamentos, muitas acusações e censuras se confundem na minha cabeça como fantasmas. Conheço melhor os meus inúmeros defeitos do que qualquer outra pessoa. Só há uma diferença: é que eu tenho vontade de me corrigir e, em certa medida, já fiz isso. Muitas vezes me pergunto por que é que tanta gente me acha convencida e pouco modesta. Sou assim tão convencida? É defeito só meu? Tem por aí muita gente convencida. Parece que esta última frase é doida, mas não a risco porque não é tão doida como parece. A senhora Van Daan, a minha acusadora número um, é conhecida como pouco inteligente; para falar a verdade, ela é conhecida como estúpida. E as pessoas estúpidas, de maneira geral, não perdoam que os outros saibam mais do que elas. A senhora Van Daan me acha estúpida por eu não ser tão lenta de compreensão como ela. Ela me acha pouco modesta porque é ainda menor. Acha os meus vestidos curtos demais porque os dela são ainda mais curtos. E, afinal, me considera convencida porque ela se mete muito mais do que eu em assuntos de que não entende nada.

Gosto muito do ditado "onde há fumaça, há fogo". Então, admito que às vezes sou convencida.

Eu sou a pessoa que mais me critica e censura. Como a mamãe junta a isso a sua porção de conselhos, o montão de sermões torna-se tão grande que eu, desesperada por não conseguir dominá-lo, me torno insuportável e malcriada, e a isso segue-se, como é natural, a minha velha queixa: "Ninguém me compreende".

Às vezes me torturo com tantas acusações contra mim mesma que seria preciso uma voz reconfortante para me ajudar a repor tudo no devido lugar. Essa voz tem que ser sadia e também se preocupar um pouco com a minha vida interior. Mas, infelizmente, procurei muito e nunca encontrei.

Sei que pensa agora no Peter, não é verdade, Kitty? Sim, o Peter me ama não como um apaixonado, mas como um amigo. Sua dedicação cresce a cada dia, no entanto não sei explicar esse mistério que nos separa. Às vezes penso que o meu violento desejo de estar com ele é exagerado. Mas a verdade é que eu, depois de não ter estado lá em cima durante dois dias, sinto muitas saudades, como nunca tive.

O Peter é gentil e bom, mas não posso negar que muita coisa nele me decepciona. Não gosto da maneira como ele reprova a religião; as suas conversas sobre comidas. Mas tenho a certeza de que, conforme combinamos, nunca vamos nos desentender. O Peter é pacífico, tem bom gênio e cede facilmente. Aceita melhor as minhas observações do que as da mãe dele e faz um esforço enorme para manter a ordem nas suas coisas. Mas por que é que não se abre comigo, por que é que não me deixa tocar o seu íntimo? Ele é muito mais reservado do que eu, sei disso. Até as pessoas mais reservadas têm vontade de se abrir com alguém, mesmo que seja uma única vez.

O Peter e eu passamos os dois anos mais importantes para a nossa formação aqui no Anexo. Falamos muitas vezes sobre o passado, o presente e o futuro, mas, como eu já disse, sinto falta de qualquer coisa de mais autêntico; e eu tenho a certeza de que essa coisa existe.

Sua Anne.

QUINTA-FEIRA, 15 DE JUNHO DE 1944

Querida Kitty,

Ainda lembro que antigamente não me fascinavam os pássaros cantando, o céu azul e brilhante, as flores e o luar. Terei eu agora tanto interesse pela natureza por não poder, há tanto tempo, sair deste buraco? Por exemplo, no Pentecostes, naquele calor, eu me esforcei para ficar acordada às onze e meia, para poder absorver sozinha o luar pela janela. Infelizmente não adiantou nada, porque a lua brilhava tanto que não me arrisquei a abrir a janela. Uma outra vez, isso já foi há vários meses, estava eu, por acaso, lá em cima e vi que a janela tinha ficado aberta.

Enquanto ninguém veio fechá-la, fiquei por ali. A noite chuvosa, a ventania, as nuvens em fuga, tudo isso tomou totalmente conta de mim. Depois de um ano e meio, me vi pela primeira vez cara a cara com a noite. Desde então, o meu desejo de viver outra vez momentos assim tornou-se mais forte do que o medo dos ratos, dos ladrões e dos assaltos. Descia, muitas vezes, sozinha para o andar de baixo, para olhar pela janela do escritório particular ou da cozinha.

Muita gente ama a natureza, várias pessoas dormem ao relento. Outras estão nas prisões e nos hospitais e anseiam pelo dia em que possam aproveitar o ar livre, mas poucas estão como nós, tão fechadas e isoladas daquilo que, no fim das contas, pertence a todo mundo igualmente, aos ricos e aos pobres. Não é em imaginação que fico mais calma e que me encho de esperança quando olho o céu, as nuvens, a lua e as estrelas. É um remédio melhor do que a valeriana e o bromo. A natureza me torna um ser humilde, torna-me capaz de suportar melhor todos os golpes. É, no entanto, inevitável que eu só a possa contemplar através das janelas sujas com cortinas cheias de pó, o que diminui o meu prazer, pois a natureza é a única coisa que não pode ser imitada ou substituída.

Sua Anne.

SEXTA-FEIRA, 16 DE JUNHO DE 1944

Querida Kitty,

A senhora Van Daan está desesperada. Fala em balas na cabeça, em prisão, enforcamento, suicídio. Tem ciúmes porque o Peter confia em mim e não nela. Está ofendida porque o Dussel não corresponde ao seu assédio e tem medo de que o marido gaste todo o dinheiro do seu casaco de peles. Discute, chora, reclama, ri e começa de novo a discutir. O que fazer com alguém assim? Ninguém a leva a sério. Ela não tem caráter, reclama de todo mundo e se veste com roupas inadequadas. Vista de costas parece uma estudante, vista de frente é uma megera. O pior é que o Peter é malcriado com ela, o senhor Van Daan se irrita e a mamãe fica cínica. Uma excelente situação, não há dúvida! Para isso só há uma solução: rir de tudo e não ligar para os outros! Pode parecer egoísta, mas é a única defesa para quem tem que se consolar por conta própria.

O Kraler foi novamente convocado para cavar trincheiras. Está vendo se consegue um atestado médico e uma carta da empresa. O Koophuis tem de fazer outra operação no estômago. Ontem, às onze horas, todos os telefones particulares foram cortados.

Sua Anne.

SEXTA-FEIRA, 23 DE JUNHO DE 1944

Querida Kitty,

Os ingleses começaram com a grande ofensiva sobre Cherbourg. O Pim e o senhor Van Daan acham que estaremos livres em outubro. Os russos também estão ativos. Ontem começaram a sua ofensiva em Witebsk, exatamente três anos depois da invasão dos alemães.

Quase não temos mais batatas. De agora em diante, vão ser contadas e divididas para que cada um se vire.

Nada mais de especial para contar.

Sua Anne.

TERÇA-FEIRA, 27 DE JUNHO DE 1944

Querida Kitty,

Cherbourg, Witebsk e Slobin caíram hoje. Muitos prisioneiros, muita pilhagem. Na batalha de Cherbourg morreram cinco generais alemães, e dois ficaram prisioneiros. Melhoram os ânimos. Agora os ingleses podem desembarcar o que quiserem, pois já têm um porto. Controlam toda a península de Cotentin, depois de três semanas. Grande conquista! Nestas três semanas, desde o Dia D, ainda não houve um único dia sem chuvas e ventanias, tanto aqui como na França. Nem esta má sorte impede os ingleses e os americanos de mostrarem a sua força, e que força! Dizem que a "V-2", a arma secreta, também entrou em ação, mas tais foguetes pouco mais significam do que pequenos danos na Inglaterra e grandes relatos nos jornais alemães. Aliás, se na terra dos alemães souberem que o perigo está chegando, eles vão tremer em suas botas.

Todas as mulheres e as crianças alemãs que não trabalham para os militares são evacuadas das regiões da costa para Groningen, Friesland e Gelderland. Mussert declarou que vestirá o uniforme caso a invasão venha até aqui. Será que o gorducho vai lutar? Podia ter lutado faz tempo, na Rússia. A Finlândia, que tinha recusado, há tempos, as propostas de paz, rompeu de novo as negociações. Vão se arrepender, os idiotas.

Como estarão as coisas no dia 27 de julho? O que será que vai acontecer?

Sua Anne.

SEXTA-FEIRA, 30 DE JUNHO DE 1944

Querida Kitty,

Mau tempo ou: "Bad weather from one at a stretch to the the thirty of June". Está bem assim? Ah, sim, já sei muito inglês. Estou lendo *An Ideal Husband* (com o dicionário).

As notícias de guerra são excelentes. Bobruisk, Mogilev e Orscha caíram. Muitos prisioneiros. Aqui tudo vai bem, inclusive os ânimos. Os nossos superotimistas venceram. A Elli mudou de penteado. A Miep tem uma semana de férias. Aqui estão as últimas novidades.

Sua Anne.

QUINTA-FEIRA, 6 DE JULHO DE 1944

Querida Kitty,

Confesso que eu fico de coração apertado quando o Peter fala que ainda poderá se tornar um criminoso ou um especulador. Sei que ele diz aquilo por brincadeira, mas tenho a impressão de que tem medo da sua própria fraqueza de caráter. Tanto a Margot como o Peter me repetem constantemente:

– Ah, se eu fosse tão forte e corajosa como você, se tivesse tanta força de vontade, tanta persistência...

Mas será que não me deixar influenciar é mesmo uma boa qualidade? Estará certo seguir quase exclusivamente o caminho que me dita a minha consciência?

Com toda a franqueza, não compreendo que alguém diga "sou fraco" e continue fraco. Se conhecemos nossos defeitos, por que não tentar então corrigir? Resposta do Peter:

– Porque assim é muito mais fácil.

Essa resposta me decepcionou muito. Fácil! Quer dizer que ele prefere uma vida de preguiça e de mentira? Ah, não, não, recuso-me a acreditar nisso. Não é possível que a moleza e o dinheiro sejam tão atraentes. Pensei muito tempo no que lhe responder, em como poderei levar o Peter a ter confiança em si e, principalmente, a se corrigir. Mas não sei se vai dar certo.

Considerava maravilhoso ter a confiança de alguém, mas só agora vejo como é difícil me identificar com os pensamentos do outro e dar um conselho justo, tanto mais que os conceitos de "fácil" e "dinheiro" são para mim novos e um tanto estranhos.

O Peter começa a se apoiar em mim, e acho que não deveria ser assim. Não é fácil para um garoto como ele aguentar-se sobre as próprias pernas, mas ainda lhe custará mais na medida em que for se tornando um homem consciente à procura de um caminho na vida, por entre um mar de problemas. Sinto-me como se andasse em torno de mim mesma, procurando uma justificativa para o terrível conceito de fácil. Como eu poderei explicar para ele que aquilo que aparentemente é tão fácil e tão bonito o arrastará para o abismo, esse abismo onde já não há nem amigos, nem beleza, nem apoio, o abismo de onde é quase impossível tornar a subir?

Vivemos sem saber por que e para quê. Todos procuramos ser felizes, todos vivemos de um modo diferente e, no entanto, somos todos iguais. Nós, os três jovens, fomos educados em boas famílias, temos a capacidade de aprender e de conseguir alguma coisa, temos igualmente razão para esperar uma vida bela, mas... depende de nós merecê-la. Para isso é necessário esforço, não basta buscar a comodidade.

Merecer a felicidade quer dizer trabalhar para ela, ser bom e não se deixar seduzir por especulações ou pela preguiça. Talvez a preguiça pareça coisa agradável, mas o trabalho dá satisfação. Não compreendo as pessoas que não gostam de trabalhar, mas não é esse o caso do Peter. Para o Peter só falta uma finalidade, um objetivo firme; ele se acha estúpido e inferior para conseguir coisa boa. Coitado, ainda não conheceu a sensação agradável que é dar felicidade aos outros, e isso não posso ensinar. Não tem religião, troça de Jesus, renega o nome de Deus. Embora eu não seja ortodoxa, sinto uma dor profunda ao notar o seu desdém, a pobreza da sua alma.

Aqueles que têm uma religião podem se sentir felizes, pois não é dada a todos a fé nas coisas celestes. Nem precisam ter medo do castigo depois da morte. Há muita gente que não admite o purgatório, o inferno ou o céu, mas uma religião, não importa qual, mantém os homens no caminho certo. Não se trata do medo de Deus, e sim da nossa própria honra e consciência. Como seria bela e boa toda a humanidade se, antes de adormecer à noite, evocasse os acontecimentos do dia que passou, refletisse o que foi bom e o que foi ruim.

Assim, quase sem perceber, tentamos nos corrigir constantemente e, depois de certo tempo, conseguimos alguma coisa. Todo mundo pode usar esse método, não custa nada, está ao alcance de quem quiser. Quem não conhece deve aprender e experimentar: "Uma consciência tranquila nos torna fortes!".

Sua Anne.

SÁBADO, 8 DE JULHO DE 1944

Querida Kitty,

O senhor Brooks, representante principal da empresa, esteve em Beverwijk, onde conseguiu comprar morangos. Chegaram aqui cheios de pó e de areia, mas são muitos caixotes para o escritório e para nós.

Fizemos imediatamente oito potes de geleias e compotas. Amanhã, a Miep também vai fazer compota para o escritório. Ao meio-dia e meia, quando já não há mais estranhos no prédio e com a porta da rua fechada, buscamos as caixas.

O Peter, o papai e o senhor Van Daan desfilaram na escada, a Anne trouxe a água quente, a Margot os baldes, enfim, todos ajudaram. Com uma sensação estranha no estômago, entrei na cozinha do escritório: a Miep, a Elli, o Koophuis, o Henk, o papai, o Peter, a turma dos escondidos e a do reabastecimento, tudo misturado em pleno dia. Sei que ninguém pode olhar aqui dentro através das cortinas, mas as vozes, as portas batendo, tudo isso me faz tremer de aflição. Pergunto-me se estamos mesmo escondidos, penso que terei uma sensação semelhante quando puder um dia entrar, de novo, no mundo exterior. A panela estava cheia. Subi depressa. Na nossa cozinha estava o resto da família, tirando os talos dos morangos. Colocavam mais frutos na boca do que no balde. Daí a pouco era preciso mais um balde.

O Peter desceu à cozinha do escritório e, nesse momento, a campainha tocou duas vezes. O Peter largou o balde e subiu, fechando a porta giratória. Ficamos sentados, cheios de impaciência! Não podíamos abrir as torneiras, embora os morangos precisassem urgentemente ser lavados. Mas a regra do esconderijo é esta: "Se algum estranho estiver no prédio, todas as torneiras devem estar fechadas por causa do perigo dos ruídos". E essa regra seguimos rigorosamente.

À uma hora, Henk veio nos informar que tinha sido o carteiro quem tocara a campainha. O Peter correu de novo escada abaixo. Trim, a campainha outra vez. E o Peter voltou a subir. Eu fiquei na escuta, primeiro encostada à porta camuflada, depois em cima da escada, sem fazer o menor ruído. O Peter também veio e, por fim, parecíamos dois ladrões pendurados no corrimão escutando o barulho lá debaixo. Não distinguíamos nenhuma voz que nos fosse estranha. Então o Peter desceu muito cautelosamente alguns degraus e chamou:

– Elli!

Não veio resposta. Outra vez:

– Elli!

O barulho na cozinha é mais alto do que a voz do Peter. Ele então desceu e eu olhei para baixo, muito nervosa.

– Suba depressa, anda, Peter, o fiscal da contabilidade está aqui!

Era a voz do senhor Koophuis. Suspirando, o Peter voltou. A porta giratória se fechou. À uma e meia veio, finalmente, o Kraler:

– Pelo amor de Deus! Não vejo senão morangos. Me dão morangos de café da manhã, vejo Henk comer morangos, Koophuis beliscar morangos, a Miep cozinhar morangos, sinto cheiro de morangos por toda a parte. Já não aguentava mais e resolvi subir até aqui, e o que vejo? Gente lavando morangos!

Do resto dos morangos fizeram conservas. À noite as tampas de dois potes saltaram fora. O papai tirou os morangos e fez compota. Na manhã seguinte outras duas tampas saltaram. Na hora do almoço, mais quatro. O senhor Van Daan não esterilizou os potes suficientemente. E agora o papai faz todas as noites compota. Comemos papinhas com morangos, soro de leite com morangos, pão com morangos, sobremesa de morangos, morangos com açúcar, morangos com areia... Durante dois dias, os morangos andaram por toda a parte: morangos, morangos, morangos. Depois não os servimos mais, os potes de compota ficaram bem fechados à chave.

– Vem aqui ver, Anne – chamou a Margot. O quitandeiro da esquina mandou nove quilos de ervilhas.

– Acho simpático da parte dele – disse eu. – É mesmo muito simpático, mas o trabalho que isso dá... que horror!

– No domingo de manhã vocês todos têm de ajudar a descascar! – anunciou a mamãe à mesa.

E assim foi. Hoje de manhã, depois do café, apareceu em cima da mesa o grande panelão esmaltado cheio de ervilhas. Debulhar ervilhas pequeninas é um trabalho aborrecido, mas o que custa é aproveitar as cascas das vagens. Sei que a maioria das pessoas não faz ideia de como são saborosas as cascas das ervilhas depois que retiramos a película. A grande vantagem está em se poder comer muito mais do que se nos limitássemos apenas aos grãos. Tirar as pelezinhas é um trabalho preciso e minucioso que talvez seja mais próprio para dentistas pedantes ou minuciosos especialistas em temperos. Para uma garota impaciente como eu, é horrível.

Começamos às nove e meia. Às dez e meia resolvi fazer um intervalo de uma hora. Os ouvidos zumbem: cortar a ponta, tirar a pelezinha, depois os fios, colocar as ervilhas na panela, etc. Foge-me a vista: verde, verde, bichos, fios, cascas podres, verde, verde, verde.

Fiquei entediada e, para fazer alguma coisa, passei a falar durante todo o tempo. Ao falar bobagens, faço todo mundo rir. É que fico com a sensação de morrer de tédio. A cada fiozinho que tiro, mais me convenço de que nunca quererei ser apenas dona de casa!

Ao meio-dia comemos, finalmente. Mas ao meio-dia e meia começamos de novo a tirar peliculazinhas até uma e quinze da tarde. Quando chegamos ao fim, eu estava enjoada, e os outros também. Dormi até as quatro horas, mas ainda me sinto atordoada por causa de tanta ervilha.

Sua Anne.

SÁBADO, 15 DE JULHO DE 1944

Querida Kitty,

Temos um livro da biblioteca com o título maravilhosamente provocante: *O que pensa você da garota moderna?* Quero lhe falar hoje sobre esse tema. A autora critica, dos pés à cabeça, a "adolescência de hoje", sem, no entanto, acusar tudo quanto é jovem de "não servir para nada". Pelo contrário, ela pensa que os adolescentes, se quisessem, poderiam construir um mundo maior, mais belo e melhor. Diz que a juventude tem os meios para isso, mas se preocupa com assuntos superficiais, sem reparar no que há de essencialmente belo nas coisas. Ao ler certos parágrafos, tive a impressão de terem sido escritos diretamente para mim. Por isso, quero desabafar aqui com alguns pensamentos e defender-me contra aqueles ataques.

Tenho um traço marcante no meu caráter que todos os que me conhecem sabem: a autocrítica. Vejo-me em todos os meus atos como se eu fosse uma pessoa estranha. Enfrento esta Anne com absoluta imparcialidade, sem pretender desculpá-la, e observo o que ela faz de bom e de ruim. Essa autocontemplação nunca me deixa e não posso dizer uma palavra sem pensar logo em seguida: "Devia ter dito isso de outra maneira" ou "Foi bem-dito".

Condeno muitas vezes os meus atos e reconheço cada vez mais a verdade das palavras de meu pai: "Cada criança deve educar-se a si própria". Os outros podem dar conselhos ou indicar-nos o caminho a seguir, mas a formação definitiva do caráter está nas próprias mãos de cada indivíduo.

A isso devo acrescentar que tenho uma coragem extraordinária de viver, sinto-me sempre forte e capaz de suportar seja o que for.

Sinto-me tão livre, tão jovem! Quando me dei conta disso pela primeira vez fiquei contente, pois achava que ninguém está livre de sofrer, que pudessem me esmagar rapidamente. Mas sobre esse assunto já falei muitas vezes. Deixe-me chegar ao ponto principal: "O papai e a mamãe não me entendem". Fui muito mimada, eles foram sempre bons comigo, defenderam-me, em resumo: fizeram tudo o que os pais podem fazer. Mesmo assim tenho me sentido, muitas vezes, terrivelmente só, posta de lado, incompreendida.

O papai tem feito tudo para amenizar os meus protestos, mas em vão; fui eu mesma que me curei, reconhecendo os erros dos meus atos. Mas como se explica que o papai não me possa ter dado o necessário apoio na minha luta? Como se explica que ele tenha falhado quando me oferecia o seu auxílio? O papai falhou porque não conseguiu encontrar a maneira de falar comigo, tratava-me como uma criancinha que só tem preocupações infantis. Pode parecer tolice eu dizer isso, pois foi justamente o papai quem me inspirou sempre confiança e me deu a certeza de que sou inteligente. Mas há uma coisa que se esqueceu de pensar: é que a minha luta para me elevar era mais importante para mim do que tudo o mais. Eu não queria ouvir: "sintomas típicos... outras garotas... isto passa", etc. Não queria ser tratada como todas as garotas, mas como um ser com personalidade própria, como a Anne.

Foi isso o que o Pim não soube compreender. No mais, não me é possível me abrir com alguém que não me fale também de si. Como sei muito pouco da vida do Pim, nunca poderá estabelecer-se entre nós uma intimidade completa. O Pim coloca-se sempre no ponto de vista do mais velho que também passou por coisas semelhantes, mas que já não pode sentir e viver o que vive um jovem, embora tente fazê-lo. Tudo isso me levou a nunca comunicar a ninguém minha concepção da vida e as minhas teorias longamente meditadas, a não ser de vez em quando para a Margot.

Tudo o que me preocupava eu escondia do papai, não o deixei partilhar comigo os meus ideais e, conscientemente, me afastei dele. Não me foi possível ser diferente, deixei-me conduzir pelos sentimentos, mas agi de modo a encontrar sossego. E o meu sossego e a confiança em mim mesma, que fui construindo sobre bases oscilantes, talvez não resistissem se eu tivesse de suportar críticas a esta minha obra ainda não acabada. E nem ao Pim posso permitir que se meta. Por mais duro que isto possa soar, afastei-o de mim, não o deixando fazer parte da minha intimidade, principalmente ao me mostrar tão irritada. É um ponto que me preocupa constantemente. Por que é que o Pim me irrita tanto a ponto de eu não poder estudar com ele, de me parecerem artificiais os seus carinhos, de desejar só o meu sossego e que ele me deixe em paz até eu ter mais segurança do que eu quero? A verdade é que ainda me censuro por causa daquela carta vil que ousei lhe escrever num momento de descontrole. Ah! Como é difícil ser forte e corajosa em todas as circunstâncias.

Mas esta ainda não é a minha decepção mais grave: muito mais do que o papai, me preocupo com o Peter. Sei bem que fui eu quem o conquistou, e não o contrário; construí dele uma visão idealizada, vi nele um garoto simpático, calado, sensível, precisando de muito amor e de amizade. Tive necessidade de abrir-me com um ser vivo, com um amigo que me mostrasse o caminho a seguir. Consegui que ele, pouco a pouco, fosse atraído por mim. Finalmente, depois de ter despertado nele sentimentos amigáveis, passamos a intimidades que me parecem, agora, inconcebíveis. Falamos sobre muitas coisas íntimas, mas sobre aquelas que me enchem o coração ainda não dissemos uma palavra.

Não me foi possível, até agora, fazer uma ideia exata do Peter; é ele um garoto superficial ou não consegue vir francamente ao meu encontro por ser tímido? Mas eu cometi um erro grave: eliminei, logo de entrada, todas as possibilidades de uma grande amizade entre nós, tentando aproximar-me dele com uma intimidade exagerada. Ele está ávido de amor e cada vez gosta mais de mim, eu sinto. O nosso convívio o satisfaz plenamente, mas em mim produz apenas o efeito de tentativas renovadas para recomeçar e tocar nos assuntos que tanto gostaria de abordar e de esclarecer. Atraí o Peter à força, e ele nem se deu conta disso. Agora agarra-se a mim e, por enquanto, não vejo como vou recolocá-lo sobre os próprios pés. Depois de ter percebido que ele não pode ser para mim o amigo que ansiava, esforcei-me para elevá-lo para além dos seus pontos de vista limitados e para que não desperdice a adolescência.

"No fundo, a adolescência é mais solitária do que a velhice." Encontrei essa frase num livro e memorizei porque achei verdadeira.

Nossa vida aqui é mais difícil de suportar para os adultos do que para nós? Não, com certeza não! As pessoas com mais idade já têm opiniões formadas sobre todas as coisas e já não vacilam, não hesitam perante as dificuldades da sua vida. A nós, os jovens, é difícil ficarmos firmes nos nossos pareceres por vivermos numa época que se mostra pelo seu lado mais horroroso, em que se duvida da verdade, da justiça, de Deus!

Aquele que afirmar que os mais velhos sofrem mais aqui no Anexo do que nós, os jovens, não sabe ver até que ponto os problemas desabam sobre nós, problemas para os quais talvez ainda não tenhamos idade, mas que se impõem de um modo violento. Em determinada altura julgamos ter encontrado uma solução, mas essa solução, de maneira geral, não resiste aos fatos que são sempre tão diferentes. Eis a dificuldade do nosso tempo: mal começam a germinar em nós ideais, sonhos, belas esperanças, logo a realidade cruel se apodera de tudo isso para destruir tudo totalmente.

É por milagre que eu ainda não renunciei a todas as minhas esperanças, na verdade tão absurdas e irrealizáveis. Mas eu agarro-me a elas, apesar de todos e de tudo, porque tenho fé no que há de bom no homem. Não me é possível construir a vida tomando como base a morte, a miséria e a confusão. Vejo o mundo se transformar num deserto. Ouço, cada vez mais forte, a trovoada que se aproxima, essa trovoada que vai nos matar. Sinto o sofrimento de milhões de seres e, mesmo assim, quando ergo os olhos para o céu, penso que, um dia, tudo isto voltará a ser bom, que a crueldade chegará ao seu fim e que o mundo virá a conhecer de novo a ordem, a paz, a tranquilidade. Até lá tenho que manter firmes os meus ideais: talvez ainda os possa realizar nos tempos que virão.

Sua Anne.

SEXTA-FEIRA, 21 DE JULHO DE 1944

Querida Kitty,

Tenho muitas esperanças, tudo vai bem! Sim, vai mesmo muito bem! Notícias sensacionais. Houve um atentado contra Hitler, mas, imagina, os autores não foram comunistas, judeus ou capitalistas ingleses, mas, sim, um general alemão da nobre raça germânica e, ainda por cima, um general ainda jovem! A "providência divina" salvou a vida do Führer e ele escapou, infelizmente! Infelizmente, só com alguns arranhões e queimaduras. Alguns oficiais e generais que andavam com ele morreram ou ficaram feridos. O autor principal foi fuzilado. Esse atentado é a melhor prova de que muitos oficiais estão fartos desta guerra e que veriam com prazer o Hitler afundar-se nos mais profundos precipícios. Querem, depois da morte de Hitler, instalar uma ditadura militar, fazer as pazes com os Aliados, rearmar-se, para desencadear uma nova guerra daqui a 20 anos. Talvez a providência tenha hesitado, de propósito, em afastar Hitler desde já, pois aos Aliados é melhor, muito mais vantajoso, que os alemães arianos puros se matem uns aos outros. Assim haverá depois menos canseira para os russos e para os ingleses, que poderão mais depressa começar a reconstruir as suas cidades.

Mas ainda não chegamos a esse ponto, e eu não quero antecipar-me aos fatos gloriosos. Você deve estar vendo que tudo o que estou dizendo é a realidade nua e crua, uma realidade com os dois pés fincados no chão, e que eu, excepcionalmente, não estou delirando com ideias superiores.

Hitler teve a amabilidade de comunicar ao seu povo dedicado que os militares, de hoje em diante, terão de obedecer à Gestapo e que qualquer soldado, se souber que um superior esteve implicado nesse atentado tão covarde e tão baixo, poderá meter-lhe, sem cerimônias, uma bala na cabeça.

Vai ser bonito. Hans está com os pés doloridos de tanto marchar; o seu superior, o chefe, dá-lhe um safanão. O Hans pega na espingarda e grita: "Você quis matar o nosso Führer, toma a recompensa". Pum! O orgulhoso chefe que se atreveu a censurar o pequeno soldado foi despachado para a vida eterna (ou será para a morte eterna?). O resultado vai ser este: os senhores oficiais vão andar sempre com as calças sujas de tanto medo e não se atreverão mais a dizer seja o que for a um simples soldado. Compreendeu tudo? Pulo de um assunto para outro. Estou contente demais para observar a lógica, contente por ter esperanças de que em outubro estarei, de novo, sentada nos bancos da escola. Olá, não disse há pouco que não devo me antecipar? Não fique brava. Não é por acaso que me chamam "um feixe de contradições".

Sua Anne.

TERÇA-FEIRA, 1º DE AGOSTO DE 1944

Querida Kitty,

Um feixe de contradições. Foi essa a última frase da minha carta anterior e é a primeira da de hoje. "Um feixe de contradições", poderá explicar-me, com exatidão, o que isso quer dizer? O que é contradição? Como todas as palavras, têm dois sentidos: contradição exterior e contradição interior.

O primeiro sentido é este: não me conformar com a opinião dos outros, querer saber tudo melhor, querer ter a última palavra, enfim: qualidades desagradáveis que você já conhece suficientemente. O segundo: qualidades que também tenho, que ninguém conhece e que são o meu segredo.

Já lhe contei uma vez que não tenho só uma alma, mas, sim, duas. Uma me dá a minha alegria exuberante, as minhas zombarias a propósito de tudo, a minha vontade de viver e a minha tendência para deixar correr, isto é, para não me escandalizar com flertes, abraços ou uma piada inconveniente. Essa primeira alma está sempre à espreita e faz tudo para suplantar a outra, que é mais bela, mais pura, mais profunda.

Essa alma boa da Anne ninguém a conhece, não é verdade? E é por isso que tão poucas pessoas gostam de mim.

Sei que veem em mim um palhaço divertido para uma tarde. Depois ficam cansados de mim por um mês. No fim de contas, sou como um filme romântico para gente séria, uma simples distração, um divertimento. Alguma coisa de que se esquece depressa, não exatamente má, contudo também nada de especial. Não é agradável contar isso, mas, por outro lado, por que não haveria de contar se é a pura verdade? Esse meu lado superficial tentará sempre afastar o outro, o mais profundo, e alcançará, por isso, a vitória. Você não pode fazer ideia de quantas vezes tenho tentado afastar, espancar ou esconder esta Anne, que não passa da metade daquilo que se chama Anne; mas não adianta, e bem sei por quê. Tenho medo de que todos os que me conhecem, tal como costumo ser, possam descobrir o meu outro lado, o mais belo, o melhor.

Tenho medo de que riam de mim, me achem ridícula e sentimental e não me levem a sério. Estou habituada a não ser tomada a sério, mas é justamente a Anne mais fácil que suporta isso; a "mais profunda" não tem forças para tanto. Empurro às vezes a boa Anne para a luz da ribalta, mesmo que seja por um escasso quarto de hora, mas, logo que ela tem de falar, contrai-se e fecha-se de novo na sua concha, passando a palavra à Anne número um. E, antes que eu me dê conta, a boa já desapareceu.

É por isso que a Anne terna e simpática nunca vem à superfície na presença das outras pessoas, mas é a sua voz que domina na solidão. Sei exatamente como gostaria de ser, sei como sou no íntimo, mas, infelizmente, só sou assim quando estou sozinha comigo. E isso é, talvez, não seguramente, a razão por que chamo minha natureza íntima uma natureza feliz e por que os outros chamam feliz minha natureza exterior. No meu interior, a Anne pura é que me indica o caminho; exteriormente, não passo de um cabritinho que pula de alegria e de animação.

Vejo e sinto as coisas de um modo e exteriorizo-as de outro e tenho, por isso, a fama de ser uma adolescente doida por garotos, sempre a flertar, sempre impertinente e sempre lendo romances. A Anne alegre ri, dá respostas atrevidas, encolhe os ombros com indiferença como se isso nada tivesse a ver com ela, mas, ai de mim! A Anne calada reage ao contrário. Como sou sempre franca, confesso que tenho pena, que me esforço terrivelmente por me modificar, mas que luto sempre contra forças superiores às minhas. Dentro de mim uma voz sussurra:

– Está vendo o resultado?

Más opiniões a seu respeito, rostos zombeteiros, gente que a acha antipática, e tudo isso porque não quer ouvir os conselhos do seu próprio lado bom. Ai, bem que eu queria ouvir, mas não consigo; quando estou calada e séria, todos pensam que estou representando uma nova comédia. Para me salvar só me resta dizer uma piadinha. Pior ainda quando se trata da minha família, que imagina logo que estou doente e me força a engolir pastilhas contra as dores de cabeça e o nervosismo, que me toma o pulso para ver se tenho febre, que pergunta como funciona o aparelho digestivo para, em seguida, censurar o meu mau humor.

Não suporto semelhante coisa. Quando me tratam dessa maneira, torno-me ainda mais impertinente, fico triste e, por fim, viro o meu coração do avesso, com o lado mau para fora, o bom para dentro, e continuo a procurar um meio para vir a ser aquela que gostaria de ser, que era capaz de ser, se... Sim, se não houvesse mais ninguém no mundo.

Sua Anne.

Esta foi a última anotação que Anne Frank fez em seu diário.